一座城市两百年间经历的四周先浩，
见证
俄罗斯帝国、罗马尼亚、苏联和乌克兰的兴衰变化。
它的历史，
既是
一场梦想与自由的庆典，也是一首挽歌。

CHARLES KING

Odessa: Genius and Death in a City of Dreams
Copyright© 2011 by Charles King
Published by arrangement with Massie & McQuilkin Literary
Agents, through The Grayhawk Agency Ltd.

〔美〕查尔斯·金 ／ 著

李雪顺 ／ 译

ODESSA
敖德萨的历史

一座梦想之城

的

创造与死亡

GENIUS AND DEATH
IN
A CITY OF DREAMS

社会科学文献出版社
SOCIAL SCIENCES ACADEMIC PRESS (CHINA)

本书获誉

[《敖德萨的历史》] 首先对这座黑海港口做了再现式的颂扬，但它所展开的却是一首挽歌，是为这个港口的过去和现在写下的一段动人而抒情的墓志铭。

——彼得·M.吉阿诺地，《新闻日报》

《敖德萨的历史》宏伟而动人地叙述了敖德萨这座城市的光荣历史以及罗马尼亚人后来在这座城市里对犹太人展开的杀戮……既是赞歌也是挽歌，同样令人印象深刻。

——哈罗德·布鲁姆

在这部错综复杂的研究性新作里，金生动地再现了作为敖德萨这座"典型的混合型城市"构成要素的俄国人、犹太人、希腊人、意大利人、德国人和罗马尼亚人身上所发生的故事……金凭借这种揭露城市秘密——无论好坏——的本领，给了我们一个借以观察的迷人棱镜。

——《出版者周刊》

引人入胜而又相当令人愉悦……金把一个旅行作家的清新文笔和敏锐观察本领融入了历史书写。

——马修·卡明斯基，《每日野兽网》

这部引人入胜的历史叙事始于地缘政治上相对无名状态下的政治和社会发展状况，继而描述充满革命的成长阵痛，及至进入充满凄惨灾难的 20 世纪……金以一种流畅的叙事性风格，让敖德萨的历史充满理性，易于感知。

——查德·恩斯里，《外交政策》

金再现了这座崎岖港城所潜藏的对立和矛盾……金通过自己的叙述和观察，为进一步研究和揭示众多古老传奇背后的真相打开了多条路径。

——《图书馆杂志》

从鞑靼人到苏联人，再到现在的乌克兰人，敖德萨已经从一座伟大的黑海港口发展——并堕落——为俄国边疆地区最具有传奇色彩的城市。这是一段令人难以置信的丰富历史，但很少有西方人像精明的查尔斯·金那样探寻过这座令人陶醉的贸易中心。

——《黑色地球：解体后的俄罗斯之旅》作者安德鲁·迈尔

这是一座城市的抒情史，它不仅诞生了天才的人民，更是将他们的天才包容在自己的街道、剧院和市场里……查尔斯·金的研究结果无可挑剔，他的写作风格妙趣横生。这是一本值得品味的书籍。

——《舞在敖德萨》作者伊利亚·卡明斯基

[一段] 迷人的历史……一幅充满浪漫、悲剧和韧性的斑斓织锦，《敖德萨的历史》既充分体现了黑海之滨这座传奇城市的种种微妙，也让人深入思考一座多元文化国际都市时常面临的各种挑战。

——多利·欧兹，《纽约居民》

查尔斯·金广泛收集素材——主要来自罗马尼亚人统治下的敖德萨战时档案材料——并对这座城市做了精细而可靠的描述……它以相当出色的文字描述，将历史与导览式游历融为一体。

——斯蒂文·J.齐佩斯坦，《新共和国周刊》

这部妙笔生花的编年史所书写的城市为大多数西方人所不熟知，兼有赞歌和挽歌之意。

——杰伊·弗里曼，《书目杂志》

这是一本非凡之作，讲述了史诗般的勇气、令人仰慕的博学，以及对神话与事实的精明区分。在查尔斯·金精心而响亮的引导之下，敖德萨敢于自嘲的勇气和坚定的怀疑态度，是值得了解其命运的原因之一。

——《布拉格的黑色和金色》作者彼得·德米兹

查尔斯·金径直透过神话与怀旧，以惊人而质朴的目光打量一座城市——200多年的时间里，它在一连串的绝望中为了伟大而奋斗不息……令人信服，引人入胜。

——迈克尔·施沃尔茨，《瞬间》杂志

对知名度略逊但趣味性最强的欧洲城市之一做了精彩介绍……金作为一个很有能耐的叙事作家，以一种能让敖德萨的著名叙事者感到自豪的轻松笔触，讲述了一段世纪传奇。

——德鲁·布拉彻，《华盛顿人》杂志

一项超凡的研究新成果……金完成了一项了不起的服务型工作。

——阿兰·纳德尔,《犹太观点日报》

金巧妙地穿行在敖德萨的历史、地理和地缘政治之间……对一个奇妙的地方进行了尖锐而又优美的描述。

——《科克斯书评》

凭着出色的写作和全面的研究,查尔斯·金的《敖德萨的历史》通过人民的生活讲述了一座城市的历史。他在讲述他们那些充满戏剧性,且不时以悲剧收场的故事时所带有的乐观主义,正是这座"梦想之城"几代人以来所具有的精神特征。

——哈佛大学乌克兰史教授沙希利·浦洛基

献给玛坦家族——卡尔、卡琳、杰伊和杰瑞，

同时追念埃尔顿、玛丽和莱兰德，

他们的先祖怀着勇气和希望，

离开俄国的大平原，来到美国的大草原

一座伟大的城市就是一个迷宫，每一天的每一刻，每一个尽情奉献、无暇他顾的人，都正在践行他那深藏的人生夙愿。

——斯蒂芬·司班德:《世界中的世界》

花开的含义，敖德萨曾经懂得；花谢的意义，她现在同样明了——诗意的凋谢，稍显轻松，彻底无力。

——伊萨克·巴别尔:《敖德萨故事》

尊重契约吧：因为地球上的黑暗之处，满是残酷的居所。

——《诗篇》74：20

Contents /

Contents /

作者说明

是敖德斯、敖德塞还是敖德萨？在意第绪语、乌克兰语、俄语等语言中，这座城市具有多个名字。当今的地图绘制者通常采用其在乌克兰语中的名称——敖德塞，因为自1991年（及其之前的乌克兰苏维埃社会主义共和国）以来，它一直坐落在乌克兰这个独立国家的版图之内。依循不掩饰特定文化议题的传统，我采用的是英语读者最为熟知的名称——敖德萨。

总体而言，我在书中翻译姓名和词语时，采用了容易辨认的拼写形式。注释和参考文献部分采用的版本更具学术性。敖德萨人对应的俄语为"odessit"或"odessitka"，即"敖德萨人"，而我用了发音更响亮的英文单词"Odessan"。

本书所引述的文献，多是已能获取的英译本。除非特别说明，书中的俄语、罗马尼亚语和法语翻译文献全部出自我手。

到1918年，俄国一直采用的是儒略历而非格里高利历。其中的区别，让俄国人在20世纪、19世纪和18世纪，在时间上比西方人分别晚了13天、12天和11天。俄罗斯帝国时期的事件，日期一律采用儒略历。

第九章的故事与薇拉·尼古拉耶芙娜·舍贝尔（Vera Nikolaevna Sepel）和尼古拉·唐纳舍（Nicolae Tanase）两人有关，如果其家人神奇地看到了本书，我将非常乐于收到他们的来信。

于敖德萨

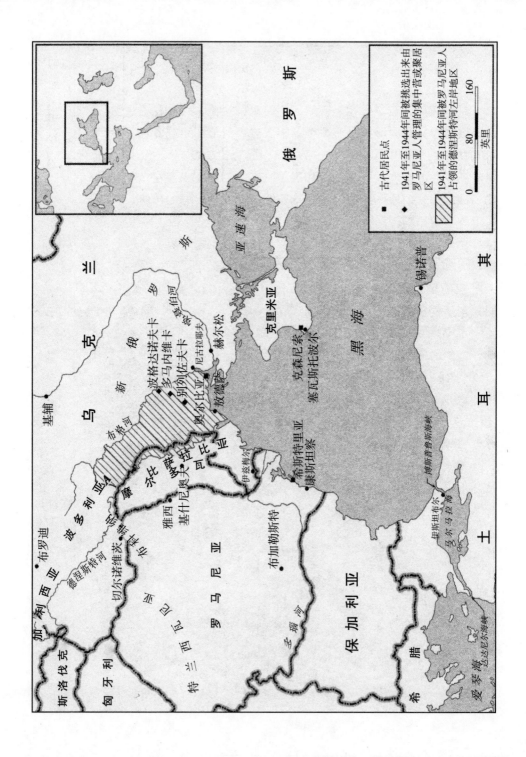

古代居民点

■ 1941年至1944年间被挑选出来由罗马尼亚人管理的集中营或聚居区

◆ 1941年至1944年间被罗马尼亚人占领的德涅斯特河左岸地区

0 80 160 英里

俄 罗 斯

波 兰

乌 克 兰

俄 新

克

斯 伯 河

德 涅 斯 特 河

捷 兹 河

基伯河

亚 速 海

克里米亚

黑 海

土 耳 其

希 腊

保 加 利 亚

罗 马 尼 亚

特 兰 西 瓦 尼 亚

比 萨 拉 比 亚

布 科 维 纳

多 利 亚

波 多

沃 伦

加 利 西 亚

斯 洛 伐 克

匈 牙 利

基辅

布罗迪

切尔诺维茨

雅西

基什尼奥夫

布加勒斯特

锡诺普

伊斯坦布尔

马尔马拉海

博斯普鲁斯海峡

达达尼尔海峡

爱 琴 海

圣 河

普 河

波格达诺夫卡

多马内夫卡

别列佐夫卡

奥尔比亚

赫尔松

尼古拉耶夫

敖德萨

兄赫尼索

塞瓦斯托波尔

希斯特里亚

康斯坦察

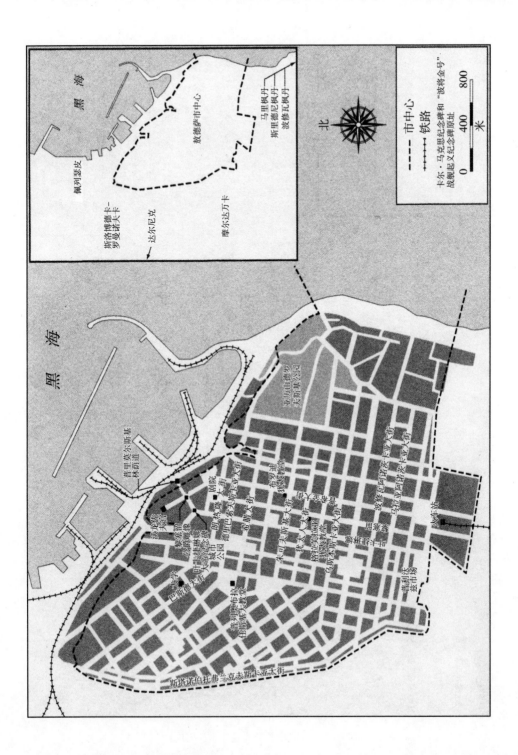

黑 海

黑 海

佩列瑟皮

斯洛博德卡-
罗曼诺夫卡

达尔尼克

摩尔达万卡

敖德萨市中心

马里德尼枫丹

斯里德尼枫丹

波修尼瓦枫丹

北

市中心

铁路

卡尔·马克思纪念碑和"波将金号"
战舰起义纪念碑原址

0   400   800
米

普里莫尔斯基
林荫道

亚历山德罗
夫斯基公园

布瓦迪
德里巴斯街

剧院

德里巴斯街

交易所
大街

希腊大街

普希金街

基地大街

敖德萨博物馆

里舍利耶
大街

卡塔利娜
大街

加里波底街

沃龙佐夫宫

拉斯捷利大街
普希金纪念碑

敖德萨火车站

波修瓦阿诺夫卡大街

马拉亚阿诺夫卡大街

大教堂

火车站

普希金纪念馆
普希金天主教堂

普里瓦兹
蔬菜市场

斯塔诺伯托弗兰克夫斯卡亚大街

1867 年夏末，敖德萨让来访的马克·吐温产生了一种宾至如归的感觉。在《傻子出国记》里，他讲述了自己横跨近东的一趟短途旅程，即乘坐世界上第一艘长途观光邮轮来到这个俄国港口城市。马克·吐温乘坐"奎克城号"美国汽轮，在黑海上航行 24 个小时后，一到岸边就看到了敖德萨那段层层堆叠的石阶。这是全世界最有名的石阶之一，引导着他从港区来到了上半城。在石阶的顶部，黎塞留公爵①的小型雕像看上去就像一个打量着港口的普通游客。身为这座城市的早期建设者之一，他伸出一只手表示欢迎。吐温喘着气，径直爬到高处，俯瞰下边的谷仓和港口。他的身后耸立着城市的中心区，到处是嘈杂的买卖声、送货声和交易声。

一条条十字交叉的街道宽阔整洁。林荫道两侧，两三层的低矮房屋鳞次栉比。朴实的墙面涂着蓝色和黄色，映照着风平浪静的黑海反射到岸上的阳光。刺槐树伸出枝叶遮盖着人行道，呼吸着夏日空气的行人摩肩接踵，每过一辆马车都会卷起一阵灰尘。"街道这头，街道那头，左边看，右边看，"马克·吐温写道，"我们的眼里全是美国景象！"[1]

就看待事物而言，这种方式真是别出心裁。吐温脚下的城市，曾经受到那不勒斯雇佣兵的窥探，被一位俄国女沙皇改过名字，受到她那位秘密的独眼情人的管辖，完工于两位遭到流放的法国贵族之手，在一位毕业于剑桥大学的伯爵手里实现现代化，并由他妻子

---

①　黎塞留公爵（the duc de Richelieu，1766-1822），法国贵族，1803 年被沙皇亚历山大一世任命为敖德萨总督。——译者注（本书脚注均为译者注）

的俄国情人举办了庆典仪式。它是俄国最大的城市之一，也是帝国最著名的商业港口，尽管它到莫斯科和圣彼得堡的距离，超过了它到维也纳和雅典的距离。犹太人占了总人口的近1/4。

马克·吐温那趟旅程之后不久，这座城市见证了俄国历史上最为恐怖的几个反犹暴力场景。毫不夸张地说，在一次次充满仇恨和恐惧的宣泄之中，满大街的犹太人遭到杀戮。又过了很久，在敖德萨的人口中已经占到1/3的犹太群体，在战时屠杀计划中几乎被赶尽杀绝；这是大屠杀计划中被人遗忘的一个章节，屠杀者不是纳粹德国，而是与纳粹德国结盟的罗马尼亚。马克·吐温在敖德萨的街道上和院落里所看到的城市，一如他自己的家乡，孕育了非凡的能力，让一代又一代人实现了民族团结和自我重塑。他所没有看到的，是这座城市容易出现致命的规律性，让自己陷入自我毁灭的绝境。

他前来拜访的时候，敖德萨仍然在孕育着一种身份特征——喜好才智与荒诞，让褒扬者开怀拥抱，让贬低者大加诋毁；俄国文化这层薄薄的表象之下，包裹的是犹太文化、希腊文化和意大利文化核心；经济上繁荣与萧条并行；男人爱臭美，女人拼胆大；音乐和写作风格既有放荡自弃，也有控制试验；政治在激进和保守之间剧烈摇摆。这些习惯和价值观终将因它而传播到一个个新的地方，近至列宁格勒的爵士乐俱乐部，远至犹太人在卡茨基尔山和布莱顿海滩①上的宴会厅。在过去的俄罗斯帝国、苏联、罗马尼亚（占领国）和现在的乌克兰四个国家统治期间，敖德萨明显既是一个混杂和纷乱的城市，又是一座介于

---

① 卡茨基尔山和布莱顿海滩均位于纽约，前者以犹太人建造的度假屋为特点，后者是讲俄语的移民的聚居地。

大海和草原之间的差异之岛，但同时还是一个不断遭到自身复杂性格威胁的地方。"敖德萨没有任何传统，因此它不惧怕任何新型的生活和运动，"犹太复国主义者、敖德萨人弗拉基米尔·亚博廷斯基（Vladimir Jabotinsky）回忆说，"这在我们身上形成的气质多于感情，让我们更加愤世嫉俗，但也更少了些五味杂陈。"[2]

从1794年奠基开建直到现在，敖德萨就一直在成功和自毁之间不断挣扎求生。与许多充满生机的海港和文化多元的城市空间一样，这座城市一直试图解放那些心地较善的恶魔、作为都市生活重要灵感的顽皮捣蛋鬼，以及躁动不安的文学艺术创造者。但它解开的往往是更邪恶的恶魔身上的锁链，他们蛰伏在偏僻小巷里，低声嘟哝着宗教憎恨、阶层嫉妒和种族复仇。如果心想事成，敖德萨会孕育出知识分子和艺术家，这些人的才能将会点亮整个世界。如果事与愿违，这座城市的名字将会变成狂热、反犹主义和顽固民族主义的代名词。

本书顺着敖德萨的故事这条弧线，起于帝国时的初创期，穿插描写20世纪那几段时断时续的悲剧经历，直至通向神话和渴望的王国。本书追溯了敖德萨世世代代的本地居民和外来居民是如何抱持独特而至死不渝的态度，把它建设成俄国最具雄心的港口城市，从而为亚历山大·普希金和伊萨克·巴别尔等作家提供了灵感。本书还交织描写了一些普通人的生活，有的人享誉四方，有的人籍籍无名，由此让这座城市成为犹太人、俄国人、乌克兰人和众多其他族裔挚爱的传奇故土。

一座城市如何兴旺发达？怎样才能让它独具声誉，也就是让它具有一种精神或者特性，从而把外来居民变成本地拥趸？一处房产如何才能变成一种生活方式，而非一处生存之地？诸多城市，尤其是新奥尔良、那不勒斯、拉斯维加斯与利物浦等港口城市和新兴城市都享有盛名，并由此让自己轻易获得了让人耳熟能详的身份标签，但只有部分城市成为生活方式和行事模式。现在，人们稍不注意就会对敖德萨一直试图大胆表现出来的都市田园气息充满留念。敖德萨人自己却对这一点直言不讳。但更为残忍的事实是，与堪称具有某种伟大意义的其他所有城市一样，这座城市带给人多少灵感，就会带给人多少失望。往往一如自身的高尚特性，它畸形的一面最终占了上风，而且比以往的"羞羞答答"更甚。最终，敖德萨的发展历程既代表着创造力量，也昭示着多元化给普通生活带来了种种不易。就城市发展的艰难过程而言，介于创造和毁灭之间的摇摆也许是一种正常状态。

第一部　梦想之城

/ 第一章　凶险的海滨

山巅之城：19世纪敖德萨市中心和港口

　　游客与其说是抵达了敖德萨，还不如说是撞上了敖德萨。陆地一侧的黑海北方的大草原（Pontic Steppe）是一片古老的草场，乌克兰人经营的农庄和苏联时期农业产业化的断垣残壁点缀其间，这座城市不期而至地出现了。地形稍有起伏，一道道干涸的山沟直通大海，挡住了视线，不进入城中，你还发现不了这座城市的存在。"这边是草原，再往里走一步就是城市，"一个多世纪以前，一位德国旅行家写道，"人们不禁有些好奇，它竟然对周边的环境没有产生丝毫影响。"[1]

　　从海上看，敖德萨坐落在海拔不算太高的崖壁顶上，船只绕过那块遮挡着港口的突出海岬之后，城市的中心部位才会映入眼帘。城郊点缀着几栋高大的公寓楼，但不同寻常的是，直到船只转过头，朝着防波堤尽头那座矮小的灯塔驶去时，旧城部分依旧"了无踪影"。"欧洲又出现在了我们的眼前"，回忆起看到映衬

/ 024

在天幕上的公共建筑剪影时，19 世纪 40 年代的一位法国游客如此说道。[2] 不管是本地人还是外来者，都会被反复激起同样的情绪。低矮的屋顶，迎风摇曳的树枝，宣示着这座城市是海市蜃楼般的梦幻之城；空旷的草原、辽阔的大海和浩瀚的天空组成的空白地平线上，出人意料地出现了一个光点。

正如有记录以来最早涉足黑海的古希腊人所经历的那样，水路依然是抵达敖德萨的最佳路径。来到这里时，海岸线缓缓映入眼帘，仿佛是倚靠在褐色悬崖上的一道低矮山梁，即便在明媚的阳光下也会变成暗褐色或者粉红色。在来自爱琴海（Aegean）的海员们看来，这道风景线一定能让他们大饱眼福，因为他们已经沿着海岸线航行了多日，每天重复看到的，只有波浪般起伏的草原和浪花翻卷的大海。现在看来，这样的风景依旧摄人心魄。蔚蓝色的海湾面对着深蓝色的大海，壁立两侧的崎岖海岬高达 30 多米。

黑海沿岸的部分陆地从海面上拔地而起，形成一座座巍峨的山峦，树木繁盛，高耸入云。有的地方，地面陡然下降，形成一段段巨大的石灰岩悬崖，黛青色的波浪喧嚣地拍打着浅灰色的石壁。然而，敖德萨位于黑海西北角，周围的海水与其说是拍打着陆地，不如说是截断了陆地。平缓的陆地柔和地伸展进咸水浅滩。部分海床长着海草和水藻，形成了大草原的延伸部分；大草原上曾经翻滚着虎尾草和牛尾草，现在被分成了一片片被耙犁犁过并种上作物的农田，满眼都是黑褐色的土疙瘩。

不过，即便古人认为敖德萨现在位于崖顶上的城址有什么与众不同的话，也没有谁说过只言片语。古人肯定应该知道这片宽阔而开放的海湾，但对于是否有人长期在此居住，现存书面文献并没有留下确切的记载。位于黑海沿岸或者距离不远的其他城市，如罗马尼亚那座污秽不堪的港口城市康斯坦察

（Constanţa）、俄罗斯帝国那座有史以来声名显赫的军港城市塞瓦斯托波尔（Sevastopol）、黑海地区的"明珠"伊斯坦布尔（Istanbul），都拥有古老的渊源。现代混凝土和柏油路面之下，埋藏着希腊人（Greek）、罗马人（Roman）和拜占庭人（Byzantine）留下的遗迹。但敖德萨的下面什么也没有。这座城址所能提供的，几乎只有一片强劲东北风吹拂着的海湾。不管是乘坐邮轮还是渡轮观察这座城市，你所看到的都是近代的成果；两百年来，由于缺乏历史遗迹，它既感到沾沾自喜，也感到十分遗憾。[3]

探险家在黑海其他地方发现的目的地更具吸引力。也许在公元前10世纪初，来自地中海的水手划着吃水较浅的船只，先是在黑海南部的沿海地区，最终把触角延伸到北部沿岸，从而逐渐统治了沿岸的大部分地区。关键得有吸引力。南部和东部海岸出产贵金属。伊阿宋和阿尔戈英雄（Jason and the Argonauts）寻找神秘金羊毛（golden fleece）的传奇故事所追忆的时代，也许正值希腊商人遍寻今属土耳其（Turkey）和格鲁吉亚（Georgia）的沿海地区，购买当地人从黑海沿岸高山和高加索山脉（Caucasus）湍急的河水中淘出来的黄金。经由北部沿岸可进入平坦的内陆地区，当来自地中海的水手离开温暖的咸水海域冒险北进时，他们获得了早就在此生活的非希腊人培植的谷物。

公元前5世纪时，希腊历史学家希罗多德（Herodotus）可能亲自到访过黑海地区，或者更有可能听到过关于这一地区的一些离奇传说，因为这些传说沿着西部沿岸，也就是现在的土耳其，一路向南流传到他的家乡哈利卡尔纳苏斯（Halicarnassus）。到他所生活的时代时，黑海已经成为一个各种文化和信仰混杂的地区。黑海北部是斯基泰人（Scythian）的王国，希腊作家用这一名称，对在某种程度上具有共同习惯和信仰的牧羊人、耕种者和游牧民等所有非希腊群落进行了笼统描述。在《历史》（History）一书中，希罗多德描述了居住在第聂伯河（Dnieper）、布格河（Bug）和多瑙河（Danube）河口地区的居民，而这些部落都与后来的敖德萨相距不远。他在书里写道，卡里皮达伊人（Callippidae）和阿拉佐涅斯人（Alizones）都属于"希腊－斯基泰部落"，是希腊殖民者和内陆人通婚形成的分支，在服饰和举止方面和斯基泰人相似，但他们种植洋葱、韭菜、扁豆和小米，既满足自己消费，也远销其他地方。

在希罗多德看来，第聂伯河——他称之为玻里斯提尼斯河（Borysthenes），在一定程度上是一条分界线。东岸居住的是很少把外来者放在眼里的"流氓天团"——斯基泰人。还有昂多罗帕哥伊人（Androphagi），被人称作"食人者"（man-eaters），据说居住在一片辽阔沙漠的边缘地带。其他族群要么在荒芜的大草原上策马驰骋，要么无休无止地卷入战事和劫掠奴隶。斯基泰人和希腊人无拘无束地混杂居住在河流的西岸，通过与地中海地区的商业贸易变得富裕起来。受玻里斯提尼斯河及其支流灌溉的平原地区是名副其实的天堂和乐园，这条水系"不仅在本地显得极为珍贵和高产，而且仅有尼罗河流域可与之相比"，[4] 河流沿岸是一望无际的繁盛草场。成群的鱼儿在浅滩里游动。海岸边的潮汐滩出产食盐，腌制的鱼运到南方后，成为希腊和罗马美食家嘴里的珍馐佳肴，尽管 1 世纪时老普林尼（Pliny the Elder）曾经警告说："它会让你的胃肠严重胀气。"[5]

在黑海西北沿岸的奥尔比亚（Olbia）、位于克里米亚半岛的克森尼索（Chersonesus），或者位于罗马尼亚的希斯特里亚（Histria）等地的考古遗址中，还能找到这一文明的实物遗迹，有的与本地人有关，有的跟希腊人和罗马人有关。石头堆垒的房屋沿着狭窄的街道一字排开，有的街道甚至做了铺装处理，配有完善的排水系统。岩石堆砌的防波堤伸进了大海，迎接来自地中海的大船，以及来自其他城镇、商业中心区和偏远村落的大小帆船。自第一批希腊人首次涉足以来，几百年间，这些城市先后经历毁坏、重建和改建，但考古发掘依然让今天的参观者感受到了古人的生活状态，而来自地中海的希腊人曾经把这里当成世界的边缘。

奥尔比亚、克森尼索和希斯特里亚等城镇存在了 500 多年，时而发展扩张，时而落入入侵者手中。随殖民者和原住民关系产生的，既有友善的商业关系，也有血腥的战争和冲突。很多希腊人往往认为这个地区的人粗野无知，喜欢使用暴力，但也有目击者觉得，这些外来的殖民者才是社会问题的根源。"我们的生活方式几乎使恶变结果殃及所有人，"罗马作家斯特拉波（Strabo）评论说，"让他们知道了什么是奢华和感官享受，以及能满足这些恶欲并催生无尽贪婪的卑劣花招。"[6]

斯特拉波出生在距离南部海岸并不遥远的希腊旧殖民地内陆城市阿马西亚（Amaseia），即今土耳其阿马西亚市（Amasya），本身就是黑海地区的产物。他在希腊语环境里长大成人，附近的一条条绿色沟谷直接通往明晃晃的赭石海滩，所以在看待自己生活的环境时，他也许比很多外人带有更多的同情心，更能说出细小差异。例如，诗人奥维德（Ovid）在冒犯元首奥古斯都（Augustus）后，作为惩罚，于公元 8 年被流放到黑海西海岸地区。因为在老家阿布鲁齐（Abruzzi）享受惯了舒适生活，或者在罗马住惯了位于卡皮托利尼山（Capitoline）上的别墅家园，他觉得自己被强行放逐的地点无聊透顶。希腊语和拉丁语用"Pontus Euxinus"这个词语表示黑海，字面意思是"迎接外来者的大海"。但奥维德的看法明显与众不同。"他们说这个地方热情好客，"他在一封寄自黑海边上的信件里写得非常直白，"一派胡言。"[7]

野蛮人在城市中自由穿行，长长的胡须上挂满了严冬里形成的小冰晶。来自内陆的入侵者带着狂怒冲下山，袭扰了附近的各个社区，而居住在这里的居民有说希腊语的水手、边境居民和政治流放者。在内陆与海岸之间不断发生激烈争夺的过程中，前者在罗马后期逐渐占据上风。这个一度被希腊作家比作埃及王国的地方——因为他们认为除希腊王国之外，埃及是最高级的文明社会——再次消失在大多数外来者的视线之外。

1000 年后，也就是 13 世纪和 14 世纪时，意大利的城邦制度（city-states）让地中海和黑海原有的往来联系重新焕发了生机。在中世纪晚期和文艺复兴（Renaissance）时期，拥有强大军事和商业集团的城市，如热那亚（Genoa）、比萨（Pisa）和威尼斯（Venice）等，将触角延伸至自己的海域，并渗透进黑海周边以及更远的地方，建立起全球性的利益王国。这片海域为进入中亚腹地，以及经由陆地到达更远的中国提供了至关重要的水路通道。

意大利人大多在希腊人原有的基础上，对各个城镇进行了建设；在巨大的商业网络之中，这些城镇成为繁荣的节点。一如满载谷物和腌鱼返航的希腊帆船，意大利商队驾驶着宽体船只，满载丝绸、皮毛，以及从鞑靼人（Tartar）、彻尔克斯人（Circassian）、格鲁吉亚人（Georgian）和其他民族那里获得的奴隶，在这片海域纵横驰骋；对四处寻找仆人并为海军和商船寻找桨手的欧洲政权而言，这是一种非常重要的利润来源。他们的风头盖过了当时占据主导地位的政治力量，即以君士坦丁堡（Constantinople）为中心的拜占庭帝国（Byzantine Empire），并以商人和债权人的身份，为说希腊语的拜占庭人有效地提供资金支持；当时的作家并没有忽略这个事实，纷纷对他们将自己视为"黑海主人"的"自大行为"加以谴责。8

这一时期，黑海以及更广大地区已经深为热那亚水手、威尼斯税务官和佛罗伦萨财务官所熟知，就连马可·波罗（Marco Polo）等探险家在对它加以描述时也刻意显得漠不关心。"我们没有跟你们说起过黑海或其周边省份，"他在13世纪晚期时写道，"因为已经有那么多人对这片海域做过探索，并且每天都游弋其中……所以，每个人都知道会有什么样的发现。因此，我对这个话题无话可说。"9

马可·波罗描述的主要是南部和东部海岸一带，这两个方向都能从中亚、印度次大陆和中国获取财富。如果说黑海的西北角在古时候是一个"面包篮子"，为处于权力顶峰的雅典和其他希腊城邦提供大麦和小米的话，那么在文艺复兴时期，从全球商业发展中获益的则是东部地区。在克里米亚半岛的加法（Caffa）和顿河（Don）畔的塔纳（Tana）等由意大利人管理的偏远地区，一代又一代商人或者赚得盆满钵满，或者亏得血本无归。14世纪初期，佛罗伦萨出版了一本内容详尽的商业指南——裴哥罗梯（Pegolotti）撰写的《通商指南》（La practica della mercatura）；该书兼具《简略指南》（Rough Guide）的实用性和商会组织的鼓动性，详细列举了经由黑海沿岸各港口运送的众多商品，如蜡、铁、锡、铜、胡椒、香料、棉花、奶酪、石油、苹果、丝绸、藏红花、黄金、珍珠、鱼子酱、牛皮等。10

不过，这样的商业往来同样仰仗的是沿海和内陆地区之间那种相互受益却又时常令人担惊受怕的关系；古时的希腊殖民者正是利用这种关系实现了繁荣发展。在意大利水手和商人看来，来自内陆地区的伙伴不再是斯基泰人，因为早在几个世纪之前，斯基泰人就在迁徙、联姻和入侵的迷雾之中失去了踪影。从希罗多德到马可·波罗这 1000 多年里，在众多游牧民族和定居民族当中，目前对大草原具有掌控权的是鞑靼人。

鞑靼人是金帐汗国（Golden Horde）的后代，而金帐汗国是 13 世纪初期跟随成吉思汗（Genghis Khan）大规模迁出中亚的民族最后的遗留部分。大蒙古国解体之后，金帐汗国声称拥有欧亚草原的大片区域，在其帝国统治权覆盖的辽阔大地上，土耳其牧羊人、意大利商人、欧洲城邦首领派出的使者、英勇无畏的基督教传教士等往来穿行。来自欧洲的访客对蒙古 - 鞑靼人（Mongol-Tatar）的野蛮行径异口同声地加以谴责，因为后者的习惯和传统似乎代表的是知识和文明的对立面。不过，欧洲人关于自身经历的文字记录往往同偏见背道而驰。

13 世纪 40 年代，身材浑圆的柏朗嘉宾（John of Plano Carpini）教士接受教宗英诺森四世（Pope Innocent Ⅳ）的指派，与蒙古 - 鞑靼可汗取得联系。柏朗嘉宾教士对游牧民族野蛮的处事方式深信不疑。他写道："对他们来说，屠杀其他人不算什么大事儿。"但是，他自己的亲历报告所展示的，却是充满学识和交易的都市文化景象，虽然这一切往往发生在迁徙过程中，因为蒙古 - 鞑靼人要随着他们的羊群、牛群和马群穿过大草原，一直走到黑海和里海沿岸。就在柏朗嘉宾准备与他期待已久的蒙古皇帝见面的时候，他十分尴尬地得知，皇帝的多位大臣会写阿拉伯文、俄文和鞑靼文，而他自己除了拉丁文，竟然对别的文字一窍不通。经过多个回合的沟通，一行人好歹把皇帝可用多种语言表达的想法用拉丁文写了出来，柏朗嘉宾才终于可以坐船回去面见教宗。[11]

很快，金帐汗国与自己那位更加伟大的蒙古先祖一样，成为内部倾轧和王朝竞争的牺牲品。它终于分崩离析，分成了若干个新的小型可汗王国，横跨欧亚大陆。接着，这些可汗王国为争夺贸易线路和自然资源，与本地区一些新兴的基督教政权，如莫斯科大公国（Muscovy）和立陶宛（Lithuania）展开了争斗，因为前者兴起于大草原以北地区，到14世纪晚期正想方设法摆脱蒙古－鞑靼人的统治；后者也利用金帐汗国衰退之机，在14世纪60年代甚至对第聂伯河的下游地区提出主权要求。东边的游牧部落一度对欧洲形成威胁，现在同样往遥远的地方派出了柏朗嘉宾教士那样的外交使团；它再也发挥不了自己在中世纪晚期的那种商业通道作用。与中国的商业往来放慢了节奏，意大利人在黑海周边建立的商业中心逐渐萎缩。

随着上述重大地缘政治变化，虽然大片大片的土地因为决定性战役或者王位继承而在强权之间不断易手，但渔民、商人、农民和牧民的日子却年复一年地不断延续着。一支整体推进的军队毁掉了所有庄稼，剩下的庄稼则全部落入蝗虫之口。要么奶牛无法产仔，要么春季羊羔提前降生。进港船只悬挂着陌生的国旗，说明海的那一边发生了无可预料的变局。敖德萨出于务实而形成的本地特性早已包含在自己最早先祖的命运之中，因为这里本来就是一片规模不大的聚居区，处于几个敌对帝国的夹缝之中，只能任凭风吹雨打。

取名为敖德萨之前的卡吉贝伊（Khadjibey）是一个偏僻的小村子，坐落在黑海岸边的一处高坡顶上。它的起源十分模糊，但当地民谣坚持认为，其初创者是与之同名的一位鞑靼首领，名叫哈吉·伊·吉拉伊（Hadji I Giray）。据说，在与内陆对手和游牧入侵者的对抗中，哈吉为了寻求支持而向立陶宛大公国

ВИДЪ. Одессы съ моря. — Vue d'Odessa de la mer.

20 世纪初时印在明信片上的敖德萨港。作者收藏

（the Grand Duchy of Lithuania）割让了自己西边的部分领土，而后者是一个军事和政治强国，其领土覆盖了今天的立陶宛、白俄罗斯（Belarus）和乌克兰西部。卡吉贝伊村名义上被并入立陶宛，但现实生活也许依旧如常。鞑靼村民一边放牧，一边与对手因牧场而争吵不休，同时也用牲畜和谷物同更远的内陆民族进行贸易，远的有波兰人（Poles）和立陶宛人，更近一点的则是摩尔多瓦人（Moldovans）。[12]

15 世纪初，当卡吉贝伊这个地名第一次出现在文字记录中时，如果说这里的统治力量是立陶宛人的话，那么一个世纪之后，一股全新的影响力则从南边猛然扑了过来。1453 年，信仰伊斯兰教的奥斯曼人（Ottomans）推翻了位于君士坦丁堡的拜占庭帝国，并建立起一个非常贪婪的帝国。说突厥语的奥斯曼人原本是早就迁出中亚地区的几个部落组成的联盟，后来逐渐占领

或吸纳了居住在拜占庭①（Byzantium）边缘地区的多个基督教群体、讲希腊语的村民和迁徙的牧民。这些人的头领是苏丹；苏丹是对一个特殊统治者的称号，其世系可追溯至13世纪90年代的奥斯曼一世（Osman I），这位首领也是"奥斯曼"所对应的英文单词"Ottoman"的来源。尽管本质上信仰伊斯兰教，但奥斯曼帝国不折不扣地演变为一个帝国：把众多民族和广阔的国土松散维系在一起的是一位统领一切的政治领导人，治理依靠的是税收、纳贡和发动战争这套庞大体系。

到奥斯曼人进入君士坦丁堡时，拜占庭帝国已行将就木。数百年间，它早已成为数百年前那个充满荣耀的东罗马帝国的幽灵外壳。奥斯曼帝国的军队已经在数年时间里横扫了欧洲东南部，一路上经过帝国的首都之后，让巴尔干半岛（Balkans）上东起塞尔维亚（Serbia）西至摩尔多瓦的基督教国王和女王们感受到了压力。但到16世纪20年代，随着君士坦丁堡被征服，奥斯曼帝国苏丹已经有能力默许存在于该地区的主要政权，而后者以宣誓效忠的方式，换取苏丹对他们统治地位的认可。如此一来，奥斯曼帝国成为黑海沿岸地区的宗主国，尽管苏丹往往必须通过当地贵族实施间接统治。至于黑海本身，由于奥斯曼帝国的战舰控制了经由博斯普鲁斯（Bosphorus）海峡和达达尼尔（Dardanelles）海峡进入地中海的通道，它已经成为这个全世界最大的伊斯兰帝国的内海。

不管他们知不知道，卡吉贝伊等地的村民就这样成了奥斯曼帝国的臣民。不过，当地人往往并不相信这一点，因为来自黑海北部的海盗时常把奥斯曼帝国的船只当作袭击目标，甚至攻击奥

/ 033

---

① 今伊斯坦布尔。

斯曼帝国的腹心地带安纳托利亚（Anatonia），偶尔还会袭扰君士坦丁堡。这些袭扰者成长于边疆地区，也就是帝国海上疆域的边缘地带，这一地带混居着从前的波兰－立陶宛人或俄罗斯农民、当地的穆斯林以及游牧民；这些人混杂居住形成的群落具有明显的特征，被贴上"哥萨克"（Cossacks）这一笼统的标签。哥萨克群体产生于16世纪中叶，是位于波兰－立陶宛和奥斯曼帝国交界处的一股重要力量，以打家劫舍为生；"哥萨克"一词很可能来源于土耳其语里的"kazak"，意为"自由人"，任何一个哥萨克人都会让君王付出高昂代价。尽管其主要生活来源是袭扰和海盗行为，但哥萨克是真正的边疆多面手，既能种地，又能放牧，还能在第聂伯河等河流入海口处的水草洼地里撒网捕鱼。

17世纪的法国重型火炮工程师纪尧姆·德波普兰（Guillaume de Beauplan）曾目睹哥萨克人的袭击行动，对哥萨克人及其水上生活留有图文记录；他没有把他们描述成他们最终成为的那种传奇骑兵，而是把他们描述为敢作敢为的水手，善于驾驶内河小船，经过改装即可完成跨海出行。他在《描述乌克兰》（*Description of Ukraine*）一书中写道：

> 他们现在已经约有12万人，全都经过备战训练，在不到一周的时间里，就对效忠[波兰]国王这条微不足道的命令做好了回复的准备。正是这些人，时常——[实际上]几乎每年如此——在黑海海域打家劫舍，给土耳其人造成巨大损失。他们已经多次抢劫属于鞑靼人的克里米亚，蹂躏安纳托利亚，洗劫特拉比松（Trebizond），甚至冒险抵达远处的黑海[博斯普鲁斯]海口，距离君士坦丁堡仅3英里，带着大量战利

品和许多奴隶踏上了归程；劫掠来的奴隶通常是小孩子，他们要么养大自用，要么作为礼物送给家乡的贵族。[13]

正如哥萨克人的袭扰行为所揭示的那样，至少在 17 世纪时，奥斯曼帝国对黑海北部地区的直接控制力十分微弱，只有在进入战争状态时是个例外，因为这时军队可以下到当地的村子里，或者烧毁庄稼，或者征用牲畜。即便这时，奥斯曼帝国也要依赖与克里米亚半岛上的基督教王国和穆斯林鞑靼人通过条约、纳贡和隶属关系构建起来的一系列关系网。君士坦丁堡对北部沿岸地区的控制时断时续，直到另一股皇权力量，即俄罗斯帝国挥师向南，对苏丹名义上的盟主地位发起挑战。几个世纪以来，海洋和内地所拥有的财富，如谷物、绵羊、家畜、木材等，一直引诱着众多的帝国竞争者。不过，这片海洋提供的两样东西尤其激起了俄国人的欲望，一是大半个冬季都不结冰的港口，二是通往地中海的潜在路径。

彼得大帝（Peter the Great）统治时期，俄国向奥斯曼帝国及其代理人发动了一系列军事进攻。彼得大帝的南征行动多发生在 17 世纪 90 年代至 18 世纪初，但收效甚微。不过，他的继位者叶卡捷琳娜大帝（Catherine the Great）却有能力把战略胆量、技术革新和谨慎外交融为一体，既敢于挑战奥斯曼帝国，也对旧时金帐汗国据守在克里米亚半岛并不时在黑海北岸地区兴风作浪的鞑靼人残部持续发起挑战。

/ 035

在 1768~1774 年的一连串军事行动中，叶卡捷琳娜大帝成功逼退奥斯曼帝国的军队，并获得了占领领土上的所有收成，从而把俄罗斯帝国变成黑海地区的新兴力量。女皇控制了奥斯曼帝国在金伯恩（Kinburn）、叶尼卡欧（Yenikale）和刻赤（Kerch）等地的要塞，而这些都是第聂伯河、布格河以及浅滩密布、鱼虾成群的亚速海（Azov）等通道上的咽喉之地。根据俄罗斯帝国与奥斯曼帝国签订的和平条约，克里米亚半岛上的鞑靼人宣布从奥斯曼帝国的统治下获得独立，尽管他们可以承认苏丹是自己的哈里发（Caliph）或全体穆斯林的世俗精神领袖。悬挂俄罗斯帝国国旗的船只获准从地中海驶入黑海，对黑海北部沿岸的俄罗斯帝国国土而言，这是重要的商业福音。

女皇发出了大规模造船令，以打造一支全新的商业和海军舰队。现在，俄罗斯帝国控制了多个地区的新兴城镇，村庄虽小，但前景广阔，很快就吸引了来自帝国尚不明朗的边境地区乃至黑海对岸的商人和移民。正如当时的一位观察家所描写的那样，"在一个从前只有匪帮落脚或被游牧部落践踏的国家，突然涌现出这些小镇……以及无数的村庄，现在住满了俄罗斯人、结束流浪生活的鞑靼人，以及数量众多的新移民，尤其是从奥斯曼帝国的邻近省份迁来的希腊人和亚美尼亚人"。[14]

在第聂伯河和布格河的南部流域，居民点不断向内地蔓延，但在沿岸村庄（如卡吉贝伊）、哥萨克人修建的定居点和鞑靼人建造的营地等落后的地方，与难得一见的降雨、季节性迁徙的鱼群，或在冬季时从大草原到沿岸草场所能得到的淡水和盐渍相比，历代国王和苏丹建造的军事建筑也许并不那么重要。早霜，或者某位长者为女儿操办的奢华婚礼留下的印迹，都有可能胜过某位远方新王的加冕礼，或者被入侵者收入囊中的某个帝国的首都。18世纪80年代末期，这一切开始发生变化，此时的俄国人和奥斯曼人把战争的焦点放在了旅游者和经商者都曾经涉足的这一片海洋，那是位于西北沿岸的一处入海浅滩和水草滩涂，以及坐落在尘土覆盖的悬崖之巅的卡吉贝伊村。

奠基人，约翰-巴普蒂斯特·伊·兰佩（Johann-Baptist I. Lampi）为何塞·德里巴斯（Jose de Ribas）上将绘制的画像（1796）

　　"我非但不会像乔治那样签署十三个殖民地的割让书，"叶卡捷琳娜二世提起与自己同处一个时代的英国国王乔治三世（George Ⅲ）时说道，"我还会一枪崩了自己。"[1]俄国已经开始朝着黑海方向扩张，但在叶卡捷琳娜眼里，帝国的天然边界应该更靠近南边，径直延伸入奥斯曼帝国的疆域，甚至有可能还要抵达地中海。乔治三世与18世纪的其他君主，如奥地利的约瑟夫二世（Joseph Ⅱ）和法国的路易十六世（Luis ⅩⅥ）——加在一起，管辖的范围已经横贯欧洲，遍及全球。叶卡捷琳娜不打算在帝国占有欲上输给这些人。她盘算过，把黑海海岸作为起点的俄罗斯帝国可以实现它期待已久的目标，废黜君士坦丁堡的苏丹，由一位信奉基督教（且为俄罗斯人）的亲王取而代之。在俄国人保护下新出现的拜占庭，将会成为这个位于欧洲边陲地区的伊斯兰政权走向终结的标志。

早在1783年，叶卡捷琳娜就正式吞并了克里米亚半岛，取消了这一地区不到十年前获得的独立地位，从而使帝国疆界又向南推进了一步。短期内这带来了毁灭性的后果。数十万克里米亚鞑靼人逃往奥斯曼帝国。他们的穆斯林同胞随即请求苏丹，代表那些正把土耳其的大小港口挤得水泄不通的战争难民实施干预。但不管让苏丹如何大伤脑筋，在叶卡捷琳娜二世的私人朋友兼政治伙伴格里戈里·亚历山德罗维奇·波将金亲王（Prince Grigory Aleksandrorich Potemkin）的指挥下，俄罗斯帝国的大肆炫耀，还是让受到饥荒和斑疹伤寒困扰的鞑靼人显得苍白无力。

身材高大、满头褐发的波将金早就出现在叶卡捷琳娜的宫廷中，并在18世纪60年代初首次引起女皇的关注。风度翩翩的他当时正在皇家卫队服役，而踌躇满志的她是那位粗野无能的沙皇彼得三世（Peter Ⅲ）的伴侣。在叶卡捷琳娜为废黜自己的丈夫策划政变的过程中，波将金加入了效忠新君主的行列。在部队为进军圣彼得堡城外的彼得夏宫（Peterh of Palace）做准备的过程中，波将金骑着马，大胆地向叶卡捷琳娜靠过去。两个人说了几句客套话，皇后拿他那匹难以驾驭的马取笑了一番。

没过多久，他就利用这一层熟识关系，使自己升到了寝宫先生（gentleman of the bedchamber）的位置——此时，它还不是一种职业，只是一种宫廷职位。现在，身处迷宫一样的冬宫（Winter Palace），他有能力策划更多与叶卡捷琳娜碰面的机会。每次碰面的时候，波将金都会跪下身去，表明他那永不褪色的爱恋，并在这位欧洲权力最大的君主的手上留下一个鲁莽的吻。[2]

关于叶卡捷琳娜二世性癖好的某些传闻存有疑点，但确定无疑的是，她喜欢男人的陪伴——关系密切、精力充沛，且无须从一而终。在她执政期间的第一次俄土战争中，波将金凭着叶卡捷琳娜的保护，在帝国作战部队里谋得了一个职位。从前线返回时，他已经成了一名英雄，挂上了中将军衔；战争期间，他和女皇的通信时断时续；为了女皇，他攻下城池，俘获奥斯曼军队，扩张了领土，这一切荣耀都让他深为陶醉。

1774 年，帝国与奥斯曼人商定和平条约期间，波将金成为叶卡捷琳娜的情人和宫廷弄臣，这让他可以畅行无阻地进入女皇的寝宫，并进而参与国家大事。在他之前和之后，还有别的宠臣，而波将金的标志性损伤——左眼失明让他颜面尽失——可能是他撞上了自己曾经试图躲开的一个人留下的，而这个人就是叶卡捷琳娜私生子的父亲——倔强而有哲学头脑的格里戈里·奥尔洛夫（Grigory Orlov）。不过，波将金实现了对手们均未能实现的东西：建立一种既有性爱也有真爱的关系，并通过秘密婚姻掩盖起来，同时让自己在这个处于扩张期的帝国的日常运转过程中不可或缺。

18 世纪 70~80 年代，随着帝国南部边疆地区的飞速发展，波将金成为首席规划师。被叶卡捷琳娜取消首选情人身份之后很长一段时间，他都一直坚守这一岗位。他在沿岸新建了多所海军兵工厂，其中包括现在仍然由俄罗斯帝国黑海舰队驻防的塞瓦斯托波尔港。日耳曼人、阿尔巴尼亚人、希腊人等都获得了特权，可以在大草原、赫尔松（Kherson）和尼古拉耶夫（Nikolaev）等海滨小镇及沿河港口建设农场或贸易社区。

　　落入叶卡捷琳娜军队之手的地区被集中划入一个新设立的行政单位，取名"新俄罗斯"。与新西班牙、新法兰西和新英格兰一样，新俄罗斯是一场帝国植入试验。殖民者被派驻到新的领土上进行探测和定居。学识渊博的圣彼得堡学会派出了地图绘制员和地理学家，对自然宝藏和异国土著进行造册登记。成片的土地——边界不清、附着物不确定——被赏赐给穿长筒袜和褶边服的贵族，他们又可以在自己的荣誉单里加上外国侯爵或从男爵的头衔。"他们糊里糊涂地获知，自己被分给了好几个贵族，"一位新地主谈起本地的鞑靼牧羊人时说道，"但……他们根本弄不明白那是怎么一回事儿。"[3]

　　为了表明大草原和沿岸地区的巨大变革并将其变现，波将金于1787年冬末春初组织了一场大规模的帝国盛况展示活动。仿照克利奥帕特拉（Cleopatra）的风格，叶卡捷琳娜大帝从圣彼得堡出发，向着南方进发，开始了出游之旅；她穿过欧亚大陆交界处的平原地带，来到第聂伯河畔；在这里，她的随从人员踏上水路，朝着黑海方向，一路蜿蜒穿过乌克兰。由14架马车和184部雪橇组成的护驾队伍载着达官贵人，踏上冰雪覆盖的大草原。一行人马抵达基辅（Kiev）后，一个由7艘大型帆船和80多艘其他船只组成的船队，连同3000多名水手和卫士，顺着第聂伯河驶向终点站，即鞑靼可汗位于克里米亚巴赫奇萨赖（Bakhchisaray）的旧王宫。

　　宾客队伍是名副其实的欧洲贵族"名人汇"，上至波兰国王、奥地利皇帝，下至各种类型的亲王和伯爵。大帆船上的包房配备了中国丝绸和东方式沙发。每当有宾客离开或归来时，一支由12位音乐家组成的小型管弦乐队就会发出迎来送往的信号。抵达巴赫奇萨赖后，安排给宾客们居住的住房，一度由克里米亚最后一任鞑靼可汗占据，就连最见过世面的旅行家也会对这样的待遇感到十分心动。

为了款待随从人马，以及多达数千人的观礼者，波将金沿出行路线准备了不少喜悦和惊奇之事。他在处女地般的大草原上布置了英式庄园，并移栽了一棵棵成年大树。用作宴会厅的大帐篷挂满了花环，缀满了珍珠。由哥萨克人和忠诚的鞑靼人组成的兵团从叶卡捷琳娜的面前列队走过，以表达对她的尊敬。来自高加索山脉的银装骑兵一边呼啸而过，一边表演着军事技能。树林里挂满了灯笼，篝火照亮了夜空。即将抵达第聂伯河畔的克列缅丘格（Kremenchug）城时，雄壮地再现了维苏威火山（Vesuvius）喷发的场景，宁静的草原上落下了火焰和硫黄。[4]

尽管表演技能高超，但波将金的布景伎俩无法掩盖的事实是，展现在叶卡捷琳娜身后这帮欧洲政要、大使和贵族眼前的，仿佛是一个奇幻乐园，而这一片新的土地实际上并非如此。新俄罗斯的控制权刚从奥斯曼帝国转到俄国人手中。让居住在平原、丘陵和海边的农牧民感到敬畏的，不是俄国人正在承诺的自由和理性管理，而是女皇出行队伍的华丽阵势。正如当时跟着一同踏上旅程的欧洲贵族查理·约瑟夫·德·利涅亲王（Charles-Joseph, prince de Ligne）所写："不能像我们一样自由行动的女皇被欺骗着相信，那些城镇……已经建设完毕，可那是些没有街道的城镇，没有房屋的街道，没有屋顶和门窗的房屋。"[5]不同于同处一个时代的玛丽·安托瓦内特（Marie Antoinette），波将金没有建造功能完善、符合理想的农民村庄。不过，他凭着热情，用最好的颜色装点南方大草原，倒是催生了"波将金村"（Potemkin villages）这个讽刺标签，用以描述那些好玩的娱乐活动、几乎无法住人的城镇和用来表达忠心的管弦乐表演；他所做的这一切，都是为了他那位"可爱的母亲"（Matushka）——这是他在相当私密的信件中对叶卡捷琳娜的称呼，也是表达对女皇之爱的常用词语。

走完第聂伯河、看过克里米亚、在巴赫奇萨赖住过王宫之后，俄国代表团回到了圣彼得堡，身后的大草原差不多跟原来一模一样。顺河而下的过程中，一支奥斯曼帝国的舰队被拖到了第聂伯河口。它的任务不是阻拦俄国人下河出海，而是对波将金的铺张出行大胆地表示反对。利涅亲王热情洋溢地写道："我把这件事看作一场完美战争的完美预言，而我希望这场战争很快就会让我们感到心满意足。"[6]他没有感到失望。

1787年8月初，奥斯曼帝国向俄罗斯帝国发出最后通牒，要求立即归还克里米亚，承认位于高加索地区的基督教王国格鲁吉亚是苏丹的被保护国，以及承认对过往博斯普鲁斯海峡的俄罗斯帝国船只进行例行搜查的权利。在叶卡捷琳娜看来，上述条款简直滑稽透顶。毕竟，波将金安排这场盛大巡游仪式的全部意义，就是为了视察被她视为自家领土的克里米亚等。再者，十五六年前签订的和平条约保障了悬挂俄国国旗的船只有权自由驶入黑海海域。

俄国人拒绝了最后通牒，奥斯曼帝国宣布开战。两个帝国的陆军和海军都加快了备战工作，以在布格河和第聂伯河入海口一带的战略咽喉位置，以及德涅斯特河（Dniester）沿岸和多瑙河三角洲等地发动攻击。各个要塞再次获得了补给。波将金亲自率领一支十多万人的军队；这是一支由贵族军官、哥萨克人、被强征终身服兵役的农民，甚至被匆忙集中起来的犹太长矛骑兵队组成的杂牌军。[7]叶卡捷琳娜在早年战争中大获全胜，这为她的第二次战争事业吸引来无数雇佣军。有的是贵族，受过良好教育，如利涅亲王；有的是出身低贱的冒险家。战争带来的机会，不仅包括前往东方侍奉这位功成名就的基督教君主，还包括新开放的黑海看似能够提供的财富收益。这两个诱因引起了一位著名的雇佣兵——美国革命中的海军英雄约翰·保罗·琼斯（John Paul Jones）——的注意。

琼斯已经完成自己为刚刚独立的美国要做的工作，于是来到东方，打算在正与土耳其海军交战的一支沙俄舰队里担任指挥官。琼斯在美国的名气，来自他向英国战舰成功地发起了一系列攻击；他至今被尊为美国海军的缔造者，他的遗体被安放在马里兰州安纳波利斯市一个豪华的神龛中。但波将金不为所动。"这个家伙不适合带兵打仗：他动作迟缓，缺乏热情，甚至还有些害怕土耳其人，"他在写给叶卡捷琳娜的信中说道，"他是这个行当的新手，对全体船员视而不见，百无一用：他不懂我们的语言，无法下达命令，也听不懂命令。"[8]

在大西洋上，琼斯是一位出色且成功的船长，但他的技能具有海盗属性：凭着数量不多的一队人马，乘坐一艘战船，他就有能力直面一支敌军。他在复杂战斗——尤其是他置身其中的由操着多种语言的军官组成的欧洲军官团傲慢自大，诡计多端——中担任指挥官的能力受到怀疑。受雇于叶卡捷琳娜的另一位外籍军官、来自拿骚－锡根（Nassau-Siegen）的查尔斯（Charles）说道："作为海盗的琼斯久负盛名，但我担心作为舰队指挥官的他水土不服。"[9]对于贵族军官同僚的轻慢言行,他一旦有所察觉,就会焦躁地反击;来到俄国后,他花费大量时间,为军衔和指挥系统等问题争吵不休。"也许从来没有哪个指挥官开始履行职务的环境比现在更令人痛苦,"琼斯抱怨说,"我的对手为了打垮我,设下了可恶的圈套,是我的坚定和正直战胜了这些圈套。"[10]

琼斯在俄罗斯帝国那些年间挽回的声誉,在很大程度上归功于他的副官——名为何塞·德里巴斯的雇佣兵所具有的良好的决断、操作能力和恪守礼仪。与传说中的美国船长相比,德里巴斯更善于把控自己在俄土边界的命运,以及他作为敖德萨真正奠基人的历史地位,这在与土耳其人作战的过程中得到了证明。他的复杂背景和即兴人生就是他促成建立的那座城市的象征。

何塞·帕斯夸尔·多明戈·德里巴斯·博易森(José Pascual Domingo de Ribas y Boyons)——俄国人称他为奥西普·米哈伊洛维奇·德里巴斯(Osip Mikhailovich Deribas),于1749年出生在那不勒斯,是一位西班牙领事和他爱尔兰贵族妻子的儿子。那不勒斯是一座风景怡人的港口城市,坐落在一个天然形成的圆形凹坡里,对面就是维苏威山顶令人感到恐怖的火山锥;几个世纪以来,它一直是西班牙、法国和奥地利几个国家政治斗争的马前卒。18世纪30年代,它终于成为一个独立的王国,接受波旁王朝(Bourbon)的统治,暂时摆脱了其他外来帝国的阴谋诡计。

那不勒斯随即迈入了一个时代,即将迎来自己的辉煌。波旁王朝尊重艺术,让中世纪和文艺复兴时期的建筑物恢复了原有的辉煌。但它下面涌动着乡村贫困、狂热的圣人崇拜、贪腐和创造性堕落的旋涡,周边的乡村愚昧无知,被耶稣会教士当作"那边的西印度群岛"弃之不管。[11]德里巴斯二十出头时,第一次拜访这座城市的萨德侯爵（Marquis de Sade）嘲讽道："那不勒斯是最愚蠢的人居住的全世界最美丽的地方。"[12]

不管是为了逃离那不勒斯虚假繁荣之下的丑恶，还是为了到海外追求冒险，德里巴斯在18世纪末加入了寻求向上爬升的行列：热望东方，心向俄国，等待下一次良机。和约翰·保罗·琼斯一样，他肯定抓住机会获得了军事任命，效命于传奇女皇，并把异教徒土耳其人打得一心想逃到叶卡捷琳娜的麾下。

18世纪60年代末期，德里巴斯在那不勒斯军队里短暂服役；1772年，也就是叶卡捷琳娜和苏丹的第一次战争接近尾声时，他开始担任初级军官职务。之后，他一直在女皇宫廷外围担任职务。和众多年轻人一样，他也希望获得女皇的青睐，因为她自视为基督教国家的捍卫者，要与大家所认为的奥斯曼帝国的残暴统治做斗争。叶卡捷琳娜二世对此深信不疑。"大家如果在皮埃蒙特（Piedmont）或者西班牙有一个这样的邻国，每年都让你遭受瘟疫和饥荒……"据说她这样描述奥斯曼帝国，指责它给黑海大草原带来一系列自然灾难，"我如果把它纳入我的保护之下，你觉得合适吗？我相信，这样一来，你们就会把我看成一位暴君。"[13]被女皇迎接入宫的人都认同这一观点，把自己当作斗士，要同伊斯兰教、专横和半游牧等文化和宗教的黑暗势力做斗争并挥师南下。他们还认为自己所处的圣彼得堡是伟大的文化启蒙中心之一，可以热烈地讨论自由哲学，用流利的法语发表珠玑妙语，玩惠斯特游戏直到深更半夜。

对一名那不勒斯雇佣军来说，解放和重塑南部边陲地区的重重困难并不陌生。毕竟，德里巴斯在自己的家乡——既是意大利的下属省份，也位于国家的南方——已经见惯了持续改革所取得的胜利和遭遇的失败。从他短暂的战时经历来看，要在巨浪滔天的黑海、闷热难耐的南方大平原，以及布格河和第聂伯河松软泥泞的河口地带展开战斗，他同样并不感到陌生。新的战事于1787年打响时，他被分配到的任务非常令人生厌：在波将金的战地指挥中心和琼斯这个倒霉鬼指挥的部队之间担任联络人。不过，这是一次机会，可以在战争甫一开始时就加入其中，而非像他原来的经历那样，在尾声阶段才寻踪而至。

俄土战争中，德里巴斯见证了最重要和最胶着的阶段之一，与昏头昏脑且优柔寡断的约翰·保罗·琼斯并肩战斗。1788年仲夏，德里巴斯在利曼河口战役（the Battle of the Liman）中担任波将金与琼斯的联络官；这是发生在第聂伯河口的一场遭遇战，旁边是奥恰科夫（Ochakov）和金伯恩两座要塞城堡。前者掌握在奥斯曼人手中，后者由俄国人控制；两座要塞城堡相对而立，中间隔着狭窄的河湾，是连接第聂伯河和黑海的水道。琼斯受命指挥一支由装备小型火炮的木桨船组成的先遣队。他们的任务不是对奥斯曼人的战船展开正面攻击，而是把它们诱入浅滩，深陷于淤泥，从而成为俄军重炮和燃烧弹的活靶子。战斗过程中，琼斯在给德里巴斯的信中写道："仁慈之心夹杂着愤慨和恐惧，不忍见那么多可怜的人葬身火海。"[14]

高级军官或争吵不休，或闪烁其词，但具有压倒性优势的火力和艰难的航行环境给俄国人的胜利创造了条件。更重要的是，这次战役为俄国人在12月夺取奥恰科夫铺平了道路，而后者的死亡场面更加令人恐怖，很多土耳其人因此死亡，俄国人只能把他们的尸体简单地扔在冰雪封冻的河口附近，堆成一座高高的浸润着鲜血的"金字塔"。这是一场来之不易且充满残忍的胜利，在此后两年间继续往西攻打其他要塞的过程中反复出现。在遭到残酷的围困之后，奥斯曼帝国在黑海沿岸的据点渐次沦陷。精彩的海上行动凸显了俄国人全火炮帆船舰队的巨大威力。

尽管在以上战役中发挥了作用，但琼斯在俄罗斯帝国的职业生涯还是很不光彩地结束了。在与拿骚－锡根和其他贵族军官发生过无数次争吵之后，他被波将金调离南方舰队，回到圣彼得堡。尽管战事正酣，但他被指控暴力强奸了一名 12 岁的女孩，从而被逐出俄国。他为自己辩护不是要把自己与这件事情撇清关系——在这件事情上，美国历史学家总是显得遮遮掩掩，而否认事情的强奸性质。他在写给检察官的一份声明中，承认自己仅用一点小钱，便"经常跟那个女孩调情"，但"我可以百分百地向你保证，我没有夺去她的贞操"。[15] 数年之后，他在巴黎穿着褪色的军装，穷困潦倒；依旧时常让外交官厌烦透顶的，是他给那些遥远的国家提出的一摞摞新型海军建设计划；他最终死于贫困。

相比之下，德里巴斯被证明是一个能力卓著、忠心耿耿、彬彬有礼的副官。他的职责是勤勉地调和琼斯和一帮欧洲军官尤其是波将金以及拿骚－锡根之间的关系。遇到违抗命令和酗酒斗殴事件时，他的处理方式是对违令者予以严厉斥责，而不急于做出现场惩罚。他的表现既令人刮目相看，也得到了回报。波将金亲自把他调离海军，安排他在伊万·古多维奇伯爵（Count Ivan Gudovich）——南部战区荣誉最多、成就最高的将军之一——担任作战指挥的队伍中率领一支先遣队。

古多维奇伯爵麾下的德里巴斯受命指挥尼古拉耶夫斯基（Nikolaevsky）掷弹兵营，这是波将金为纪念俄罗斯帝国的守护神——圣尼古拉斯（St. Nicholas）亲自组建的一支精锐部队。该营只有 800 多人，包括来自三个不同的哥萨克兵团的士兵。

1789 年夏，俄罗斯帝国军队对奥斯曼帝国位于黑海西北沿岸的据点发起一系列大规模的新攻势。

奥斯曼帝国近 40 艘战舰锚泊在卡吉贝伊村附近的海面，其中包括两艘大型多桅战舰，均由船帆和划桨驱动。它们是驻扎在村子里的小股部队的后援力量。多年以来，土耳其人加强了这里的防御工事，加盖了一座由石墙砌成的大本营，外加几栋附属建筑物。为给部队提供军需补给，村子的规模有所扩大，而鞑靼游牧民仍旧在更靠后的草地上让自己的畜群过冬。不过，这几栋渺小的建筑物很难配得上奥斯曼人给这个边疆地区取的好名字：叶尼·杜尼亚（Yeni Dünya）或 "新世界"。

那年 8 月，古多维奇和德里巴斯率领的俄罗斯帝国军队小心翼翼地靠拢过来。小分队似乎悄无声息。但叶尼·杜尼亚要塞面对的开阔海湾为奥斯曼帝国舰队的残余力量提供了一个安全的锚泊地，同时因为奥斯曼帝国的强大火力位于海岸加农炮的射程范围之内，所以俄国指挥官对如何推进显得相当明智和谨慎。"我要做出决定，如何派出 [俄罗斯帝国舰队] 及通过陆路接近卡吉贝伊村并将它一举夺下，从而为我们停泊在那里的战舰提供支持，"波将金在战场上给女皇写信报告说，"这件事情需要……极大的技巧和勇气。让上帝助我一臂之力吧，我将请求他的帮助，并尽力包围所有敌人。"这样的挑战正在毁掉他的身体。他在战地报告的结尾写道："但是，痔疮让我心烦意乱，十分烦人。" 16

终于，经过一番精心策划的侦察，波将金在 1789 年 9 月十分惊讶地得知，德里巴斯率领的小分队已经爬上了叶尼·杜尼亚要塞的围墙，并以叶卡捷琳娜女皇的名义发表了声明。实际上，这是整个战争期间不战而胜的伟大战役之一。全部过程仅仅持续了半个小时。奥斯曼帝国的守卫部队，也就是几十名目瞪口呆的士兵和一位高级军官，当即缴械投降。停泊在海上的军舰依旧悄无声息。几天之后，一支大约由26艘战列舰组成的声势浩大的奥斯曼帝国舰队出现在海面上，并向岸上发射了几颗加农炮弹。但经过几轮交火之后，战舰就撤退了。几位舰长似乎感到心满意足，因为他们在胜算不大的情况下，对一处小型要塞展开了历史性防卫行动，让几则荒唐笑谈显得有根有据。[17]

与此同时，俄国人已经着手对这块几乎是通过偶然方式占领的土地进行勘测丈量。需要报告的东西少之又少。卡吉贝伊村只有几座兵营和五六栋小房子。其中一栋比其他几栋维护得略微好一点，被守卫指挥官艾哈迈德帕夏（Ahmed Pasha）当作居所。叶尼·杜尼亚大本营四周有几道带垛口和塔楼的围墙，但没有排水沟或者其他障碍物，可使围墙免遭暴风雨侵袭。[18]

这里没有太多东西值得一个人在此开创事业，德里巴斯从未说过卡吉贝伊村战役除了运气好，以及奥斯曼帝国的驻军和海军舰队缺乏决断之外，还有什么别的因素。他将继续施展他那更加杰出的才能。第二年，在夺取奥斯曼人位于第聂伯河和多瑙河上的多个战略要点的过程中，他发挥了十分重要的作用，就连十分自负的波将金都愿意与他同享战功。"我对德里巴斯少将的赞美难以言表，"波将金在给女皇的信中写道，"他不仅勇气可嘉，而且极富热情"。波将金在描述这位来自那不勒斯的军官时，经常这么说。[19]

没过多久，德里巴斯被调回海军，负责指挥桨橹舰队。在算得上最为重要的一次战役中，他协助制订了一份计划，对奥斯曼帝国位于伊兹梅尔（Izmail）的一处关键的要塞发起进攻，这次胜利为帝国夺得了多瑙河三角洲地区。他最终晋升海军少将（超过了他原来的那位上司，即颜面尽失的海军少将琼斯），肩负起指挥整个黑海舰队的任务。就连拜伦勋爵在自己的叙事诗《唐璜》里写到俄土战争时，都记录了德里巴斯在战役中发挥的作用：

> 但石头城仍弥硝烟味，
> 为首的帕夏稳守阵地：
> 他令俄国人数次败退，
> 挫败他们的全部袭击；
> 他终于低下头来查对
> 城堡的别处是守是失；
> 获知是后者，遂派高官
> 回复德里巴斯的劝降令。[20]

从奥恰科夫到伊兹梅尔，哪怕一路上残酷而光荣地攻城略地，但德里巴斯的心头一直记挂着并不起眼的卡吉贝伊村。战争快要结束的时候，随着奥斯曼帝国在1792年缔结的和平条约中做出放弃的承诺，这座村子正式成为俄罗斯帝国领土的一部分。这个地方被忽视了几百年，但到现在，也就是18世纪即将结束的时候，它将变得不再可有可无，而一代代希腊人、意大利人、鞑靼人和奥斯曼人都不可能预见到这一点。

卡吉贝伊村和修筑有防御工事的叶尼·杜尼亚要塞坐落在多瑙河、德涅斯特河、第聂伯河、布格河等几条主要河流的入海口附近。只需派驻一个团的小分队或者骑兵队，就能有效控制东欧地区这几条最宽阔、最适航河流的入海口。内地的游牧民正在给定居的农民腾地方。这个村子是进入南方流域的牛羊饲养区和位于波多利亚（Podolia）和沃里尼亚（Volhynia）的内陆果园区和耕作区的天然门户，更远甚至可以通往波兰和波罗的海（the Baltic Sea）的商品交易会。经过适当的规划和建设，这一片开阔的海湾可以成为一个十分有用的港口。因为气候比较温和，锚泊在港口的船只能够度过不会封冻的冬季，而这是帝国的任何其他港口在当时都不敢吹嘘的事情。靠东的地方已经修建了码头，如赫尔松和塞瓦斯托波尔，但经由这两个地方的港口都无法直接进入宽阔的海面，也无法与较为成熟的陆上贸易线路连接起来，而卡吉贝伊似乎具备条件。

战争结束后不久，德里巴斯拿着计划找到了女皇，说他可以将这座古老的要塞小镇改造成"一颗明珠"，而这将是她在南方的一笔新的财产。有了足够的钱，加上德里巴斯尽人皆知的执着劲，一座大有用途的城市将会像一座灯塔，矗立于大海之滨。圣彼得堡新修建的一座座大厦，宫廷里的欧洲宾客纷至沓来，无不显示出她的伟大统治，而这也将在南方得以体现。

叶卡捷琳娜显然对这个想法十分感兴趣。1794年5月27日，她向德里巴斯下达一道指令，认可"黑海之滨的卡吉贝伊所处的有利位置，以及由此连通四方的种种便利"。她还下令把它建设成一个商业和航运中心，并亲自委任德里巴斯为该项目的最高长官。她说道："随着我国在该地区的商业活动蓬勃发展，这座城市很快就将人满为患。"[21]

这位来自那不勒斯的雇佣兵现在有了新的任务，那就是要从头开始建设一座属于他自己的城市，而这座城市将完全不同于他的家乡那不勒斯，它不仅清新宜人，充满现代气息，布局合理，而且是这个全世界伟大的帝国最钟爱的财富。这座新建的城市将环绕着一座衰败的要塞，奥斯曼人给它取的名字恰巧也是"新世界"的意思。德里巴斯可能就是那个建议用"敖德索斯"

（Odessos）来命名这座城市的人；这个名字取自一处古希腊殖民地，它曾经存在于离此很远的黑海岸边。他可能对古物情有独钟。因公元 79 年维苏威火山喷发而被掩埋消失的庞贝古城，直至德里巴斯出生前一年才在他的家乡附近发掘出来，于是激发起人们对古代世界的广泛兴趣，并使那不勒斯在艺术、文学和哲学领域成为新希腊主义（neo-Hellenism）的前哨。

不管怎么说，"敖德索斯"都将符合俄罗斯帝国在沿岸地区重塑古代传统的新兴实践。波将金新建或扩建的其他城市都获得了俄语化的希腊地名，而且一个比一个花哨。两个古老的鞑靼村庄分别更名为"塞瓦斯托波尔"（意为"八月之城"）和"赫尔松"（意为"黄金之城"）。克里米亚变为"塔维利达"（Tavrida），是"陶里斯"（Tauris）一词的俄文写法，而欧里庇得斯（Euripides）和希罗多德都可能熟悉这个名字。被任命为城建工程负责人一年不到，德里巴斯就已经促请帝国外交官大力宣扬在古老的卡吉贝伊村新建设施所具有的各种好处。为防止土耳其人对房屋建筑施以报复，专门修建了多处防御工事。100多栋石砌房屋和行政管理大楼取代了"鞑靼棚屋"。[22]

有一个传说，虽有一定合理性，但根本无法核实，那就是女皇对德里巴斯的初步方案做了一个永久性改动。黑海沿岸和大草原上的新建城镇全都拥有霸气十足的名称。俄罗斯帝国历史上最有权势且具有自我意识的叶卡捷琳娜二世下令，"敖德索斯"应该改为"敖德萨"，而这样的女性版本将永远让人联想到机智的古代武士和航海家奥德修斯（Odysseus）。到 1795 年 1 月，当圣彼得堡终于抽出时间，为早在三年前从奥斯曼人手里夺取的土地正式发布地名公告时，它颁布的文件明确指出，这座"被鞑靼人称作卡吉贝伊"的小城将被坚决地改名为"敖德萨"。[23]

绿化带和时髦店铺：19世纪明信片上的德里巴索夫斯卡亚大街。作者收藏

敖德萨最著名的街道是德里巴索夫斯卡亚大街。这是一条绿意盎然的人行步道，树木成行，景色宜人；大街上有一个小公园、几尊纪念塑像，还有一个音乐台，一个随着音乐的节奏而喷发的喷泉。对一个喜欢晚间纳凉散步，喜欢像马德里至伊斯坦布尔一带那样绅士般上演夏夜公开求婚的城市而言，这里便是主要的目的地之一。德里巴索夫斯卡亚大街位于历史名城敖德萨的中心位置，两侧有修建于19世纪的店铺和装饰性立面。在气候温暖的月份，人行道上摆满了小咖啡摊；孩子们手里拿着正在融化的冰激凌，乌克兰人和俄罗斯人正顶着烈日从海滩往回走，你可能还会发现，大街的中央摆放着一张台球桌，一个有生意头脑的

敖德萨人正在卖弄特技表演，以此换取路人微薄的施舍。

这条大街是为了表达民众对德里巴斯的怀念而修建的。他的名字已经成为俄语里的一个形容词。大家仍旧认为，他是这座城市真正的创建者。正如他的预想，在不断扩张的俄罗斯帝国边缘地区，敖德萨即将成为一座文明和商业的灯塔。德里巴斯想方设法获得了叶卡捷琳娜本人的支持，一是扩大这个由奥斯曼人建立的边境要塞；二是着手修建防波堤，为进入港口的船只提供保护。然而，女皇在1796年突然离世，敖德萨的建设项目由此失去了明确的支持与保护。

叶卡捷琳娜去世之后没多久，德里巴斯就陷入了政治阴谋之中。新沙皇——也就是叶卡捷琳娜二世的儿子保罗一世——热衷于毁掉他的母亲取得的诸多成果。她在执政期间刻意让他远离自己，因此这位老沙皇在身患疾病的时候，就对那位已经四十出头的继承人压抑已久的野心感到十分担忧。保罗一世非常蔑视他母亲的朝臣奸党、资政辅弼和情人知己。面子工程可以半途而废。老熟人要么靠边儿站，要么被安置到权力受限的行政岗位。当时的一位目击者指出，在这场人事清洗过程中，约18000人被保罗一世解除了政府部门的职务，另有12000人被迫退休。这不但说明保罗一世做出改变的程度之深，也说明他的母亲和波将金（他去世于五年之前）治下政府机构是何等臃肿。[1]

敖德萨建设工程被晾在一边。政府为宏伟的房屋建设和港口设施提供资金的承诺成为泡影。德里巴斯的梦想是把敖德萨建设为东方的"那不勒斯"，比那不勒斯更庞大、更繁华，但现在都灰飞烟灭了。沙皇保罗一世的漫不经心让德里巴斯深感沮丧，但敖德萨的命运似乎已经成为定局：它将成为他在十多年前轻易占领的奥斯曼帝国边陲小镇的俄罗斯帝国的翻版，而他无力改变这一切。保罗一世执政期间，随着敖德萨建设项目遇到的阻碍越来越多，德里巴斯甚至好像没有了兴趣。

让敖德萨感到幸运的是，德里巴斯对这位新沙皇的沮丧情绪已经广为扩散。保罗一世在俄罗斯贵族中树敌太多，成为宫廷政变和弑君行为的牺牲品，结束了短暂的统治。有人暗示，在1801年那场将保罗一世拉下皇座并取其性命的密谋计划中，德里巴斯可能扮演了一个次要的角色。但就算他参与了帝国皇位继承这场大戏，他肯定未能看见高潮部分。保罗一世被罢黜之前几个月，他已经去世。

新沙皇亚历山大一世（Alexander I）掌权之后，有意恢复其祖母的各项政策，如鼓励与欧洲加强往来，推动帝国迈向现代化，开发建设新俄罗斯这个位于南部的边疆地区等。重新思考新俄罗斯在帝国发展过程中所具有的地位，亚历山大一世对此有着充分的理由。法国大革命造成国际局势动荡不安，凸显了自然资源的重要作用，这是叶卡捷琳娜二世给他的帝国传下来的战利品，尤其包括位于东欧边境地区的作物耕种地和牛羊饲养区。横跨欧洲的陆上交通距离长、费用高，而且随着军队在欧洲大陆来往穿梭，时常面临危险。

在革命性变革后期，随着拿破仑崛起并提出关于泛欧洲（Pan-European）和以法国为主导的统治秩序（French-dominated order）的承诺，这一问题变得愈加棘手。为让自己在欧洲大陆的敌人勒紧裤带过日子，拿破仑对从匈牙利进口的谷物颁布强制性禁令，此举刺激了通过其他途径进口小麦和大麦的需求。与此同时，还可以通过新的途径从帝国富余的粮食供应中获得收益。奥斯曼人屈从于欧洲的压力，允许外国船只经达达尼尔海峡和博斯普鲁斯海峡自由出入黑海。早在18世纪90年代初期，悬挂俄罗斯帝国国旗的船只就已经获得这一特权。1784 年，奥地利获得通行权，法国于 1802 年获得通行权，在此后不久，英国、那不勒斯、拉古萨（Ragusa）、荷兰和其他贸易大国先后获得通行权。

在上述背景的共同作用下，德里巴斯对敖德萨的最初设想所具有的紧迫性，远远超出了这位来自那不勒斯的雇佣兵的想象力。黑海现在成了"欧洲各国共有的领地"（the common domain of the Nations of Europe）。当时的美国访客罗伯特·斯蒂文斯（Robert Stevens）写道："而敖德萨成为这笔巨额投机的中心点……他处的商业已经陷入瘫痪……而敖德萨反其道而行之……"[2] 为提升港口设施质量并完成德里巴斯当初提出的房屋建设计划，当局重新拨付了资金。

随着俄罗斯帝国对南方——同时它作为商业伙伴的地位愈发重要，以及它可以携手应对来自拿破仑的威胁——的重新关注，欧洲人对这座新兴港口的兴趣与日俱增。当俄罗斯帝国与法国和平共处时，货船可以自由出入欧洲的各大重要港口。当它们陷入战争的时候，俄罗斯帝国就为供应各种急需商品四处找门路。欧洲的不幸正是敖德萨的好运，涌入这座城市的资金来自整个欧洲大陆，有荷兰杜卡特①（ducats）、威尼斯希昆②（sequin）、西班牙达布隆③（dubloons）、土耳其皮阿斯特④（piasters）、维也纳泰勒⑤（thalers）等。[3]

---

① 古代铸币，中世纪流通于欧洲各国。

② 古威尼斯金币。

③ 古西班牙金币。

④ 奥斯曼帝国辅币。

⑤ 德国旧银币。

从货船上卸下的货物有来自西班牙和法国的加烈葡萄酒、来自佛罗伦萨和热那亚的丝绸、来自黎凡特（the Levant）的橄榄油和干果，以及来自安纳托利亚的坚果和优质木材等。返程的货船装上了来自大草原地区的袋装谷物和成捆的牛皮。[4] 新建的防波堤使货船不再受到破坏性风力的影响，新建的码头在成桶成捆货物的重压下嘎吱作响。在这个不断扩大的国际网络体系中，海路和陆路商业活动把敖德萨变成了中心，使它与欧洲城市之间的联系超过了它与圣彼得堡和莫斯科等帝国其他大都市的来往。俄罗斯帝国破败的道路系统意味着，遇到恶劣的天气状况时，从莫斯科到敖德萨的陆上旅程可能要花上 40 天，而一个旅行者从伦敦经汉堡、柏林和克拉科夫（Cracow），不到 21 天就能抵达敖德萨。[5]

一如把它当作实际首府的新俄罗斯地区，敖德萨走过了一条从偏远的殖民地军事基地发展成为商业中心的道路。德里巴斯的远见是这座城市的奠基石，亚历山大一世主导下的新俄罗斯地区的第一波蓬勃发展，使敖德萨在帝国南部扮演的角色焕发了活力。不过，敖德萨得以腾飞的真正功劳，多要归于一个逃亡至此的法国贵族。

在 18 世纪 90 年代的混乱时期，俄罗斯帝国成为穷困潦倒的欧洲贵族、百无聊赖的冒险家以及穷得叮当响的哲学家、音乐家和艺术家的天堂；这个帝国直到最近才发现自己在欧洲的使命，这帮人就开始跑来这里寻求赞助。黎塞留公爵阿尔芒·伊曼纽尔·索菲·赛普蒂玛尼·迪普莱西（Armand Emmanuel Sophie Septimanie du Plessis, duc de Richelieu）就是其中之一。黎塞留于 1766 年出生在法国一个了不起的贵族家庭，其先辈长期担任政府公职。他的叔祖父曾在路易十三（Louis XIII）身边任首相职务，声名显赫，权倾一时。

这位年轻的公爵受过良好教育，彬彬有礼，身材瘦削，腰背微驼；他的满头黑发和一双黑眼睛十分引人注目，据说和那位枢机主教长得十分相像。仅凭黎塞留这个名字就能出入法国宫廷。18世纪晚期的法国社会充满金钱和阴谋，黎塞留因为意志坚定和处事诚实这两种难得一见的品质而声名鹊起。黎塞留早年经历过包办婚姻，在此之后的很多年里，无论在外游历还是担任政府公职，他都是个怕老婆的人。

不到二十岁时，他就已经荫袭祖父的衣钵，在法国国王的寝宫担任首席绅士（First Gentleman），而这已经是法国宫廷里的高级职务。没过多久，他就成为深受玛丽·安托瓦内特信任的顾问；在法国大革命的消息传到凡尔赛宫（Versailles）时，他甚至祈求王室不要返回巴黎。这层关系差一点要了他的命。当革命民众冲向巴士底狱，法国贵族被纷纷推上断头台时，黎塞留逃往东方，来到了俄罗斯帝国。在这里，他和成群结队的欧洲贵族一道，侍奉起叶卡捷琳娜二世和波将金。在俄罗斯帝国与奥斯曼帝国第二次战争期间，他先后在波将金、德里巴斯和约翰·保罗·琼斯身边担任不起眼的职务。在围攻伊兹梅尔要塞期间，他受了轻伤，由此如愿得到女皇颁发的军功章和她的感激之情。

作为在凡尔赛宫中就已经熟谙宫廷斗争的老手，黎塞留游刃有余地度过了这位新主子（彼得三世）驾崩及脾气暴躁的保罗一世短暂执政期间的无常岁月。当亚历山大一世于1801年成为沙皇之后，处于有利地位的黎塞留得以在重组后的政府里担任重要职务。法国的重要性与日俱增，一是它成为新俄罗斯的商业伙伴，二是它间或性地与俄罗斯帝国为敌。因此，任命一位与法国有联系的人到南方任职就显得至关重要。1803年，亚历山大一世任命37岁的黎塞留担任敖德萨总督（gradonachal'nik），全面负责军事、商

20世纪初期明信片上的普列奥布拉任斯基大教堂（Preobrazhensky Cathedral）。作者收藏

业和市政管理工作。为了到这片土地上履行新职务，他旋即踏上了前往南方的旅程；据他在回忆录里的描述——也许有所夸张，这片土地仍旧"是一片沙漠，居民只有一些鞑靼游牧民和哥萨克人，这些人排斥一切文明成果，通过抢劫和暴行制造恐怖"。[6]

　　黎塞留到达后才发现，尽管商业欣欣向荣，但这与其说是一座城市，还不如说是建筑师手里的一张图纸——一切都还是计划，几乎没有实质性的东西，平坦的沙土之上只看得见几条街道和几处地基。德里巴斯影响最深远的贡献之一，是他始终坚持城市组织的自我意识。以欧洲甚至美国的标准来看，敖德萨都是一座年轻的城市。被现在的我们普遍想象成旧世界产物的这座城市，其建城时间比华盛顿哥伦比亚特区还要晚三年。在这两座城市的中心区都能找到18世纪的城市所应该具有的奇异景象：对称的街道形成规整的方格，横贯其中的是又长又宽的大街，以及分散点缀的微型公园。宽阔的大街让人在眺望远方的时候获得一种具有教化意义的视觉线条。微型公园里摆放着颂扬责任感、荣誉感和爱国主义的雕像和纪念碑，既可用于休闲，也可用于培养公民意识。对在晚些时候来到敖德萨的访客如19世纪60年代来访的马克·吐温而言，当他站在宽阔的大街中间时，这头可看见辽阔的草原，那头可看见空旷的大海，真是令人震撼；正如来到华盛顿的访客，横穿几条主街和宽敞的空间，也能将国会大厦（Capitol）、林肯纪念堂（the Lincoln Memorial）和其他地标性建筑连成一线。

黎塞留发现，这座城市已经具备基本的格局。德里巴斯已经和荷兰工程师弗朗茨·德·沃兰德（Franz de Voland）一道，设计出方格状的城市规划图，或至少把尽可能多的东西"塞进"卡吉贝伊这片沟壑纵横的土地。数百个木屋商店、粮食仓库和土坯板房边上，二十多栋管理用房已经从无处不在的石灰岩地面拔地而起。[7]但没过多久，蜂拥而至的人群与设计者着力强调的秩序和理性便形成了巨大的反差。农民沿着宽阔的大街一字排开，有的在叫卖商品，有的在码头上寻找暂时的工作机会。船只进港期间，水手四处寻欢作乐。人口不断增长，到黎塞留上任的时候，已经达到七八千人，这给公共秩序带来了极大的压力。[8]黎塞留的应对措施是开展重塑城市管理运动，改善卫生状况，并修建了一些公共建筑——虽然它的街道规划已经显得比较合理，以让这个比殖民者建立的边境要塞略好一点的地方变得更加靓丽。当时的一位法国见证者写道："完善、鼓励、竣工：这就是本届政府的精神。"[9]

在短短几年的任期内，黎塞留就修建了一座剧院和几所公立学校，其中一所接纳商人的子女就读，在教育依旧是上流阶级特权的俄罗斯帝国，这算是相当创新的举动。他修建了一座图书馆，创办了一家出版社，出版了多种语言的作品（全都受到官方审查机构的监管，而审查机构就位于最早修建的一栋政府大楼之内）。他要求在全城范围的街道两旁和公园里种植树木，此举在这片位于蔚蓝大海和黄色草原之间的平地上开辟出一片绿洲；那些不给新种植的树苗浇水的市民，会受到他当面批评。[10]

对于黎塞留任期前几年间的改变，以及卡吉贝伊老居民表现出的巨大变化，美国商人罗伯特·斯蒂文斯以诗歌的形式，描述了他的亲眼所见。他在一份《与敖德萨建立商业联系的好处》的宣言中写道："在当今时代，假如这个国家的远古居民，也就是那些四处游牧的鞑靼人，被突然运到这座城市之中，亲自看到公家的繁荣和私人的富裕，以及周边物体的优雅和庄严，他将不会不相信，自己所看到的正是一件件富有魅力的作品。"[11]在很短的时间里，敖德萨人就变得和其他大城市的人一样具有了地位意识。"现在，单马马车成了谦逊的最低表现和节省至极的基本配备，"法国加布里埃尔·德·卡斯泰尔诺（Gabriel de Castelnau）侯爵写道，"也就是说，再没有人步行出门。"[12]

但就黎塞留的全部公民意识而言，敖德萨无法摆脱自己所处的地理位置。作为一个新兴的商业中心，敖德萨对外来者的开放程度，远非这个帝国的其他城市所能相比。在内港下锚的船只往往装着未经检视的货物，淹没于成捆成捆的纺织品和一箱箱的干果。敖德萨的边疆身份里还有一个特征，那就是凶险的传染病，以及帝国与之持续近一个世纪之久的斗争。

1812年那个炎热的8月，敖德萨人以前所未有的速度生起病来。8月12日，当地剧院的一位女舞蹈演员在发病后不到36个小时死亡。三天之后，又一位演员死亡。很快，第三个人发病。又过了几天，两个佣人和一个演员相继死亡。他们的症状全都一样：轻微头晕头疼，继而感到恶心并呕吐，接着是乏力和眩晕、口干，腋窝和腹股沟出现疼痛难忍的肿胀。六天不到，就一命呜呼。[13]

在黑海周边地区，霍乱和鼠疫等大规模传染性疾病很常见，这和任何地方都很相像，只要它的地形、气候、商业发达程度和可变性免疫有利于细菌找到合适的繁殖地点和传播路径。黑死病（Black Death）这种高感染性的细菌性传染病在 14 世纪 40 年代夺去了 1/4 甚至更高比例的欧洲人的生命，可能就是在货船驶离当时还属于意大利的克里米亚港口时，细菌"搭"上了船并跳跃式地传播到了西方。叶卡捷琳娜大帝将这一地区并入她的帝国之后，从战场上归来的帝国士兵和水手往往在不经意间把疾病从南方的瘟疫高发区带到帝国中部的城镇和乡村。对新俄罗斯地区的城市尤其是那些常年需要迎接来自奥斯曼帝国瘟疫侵扰区的船只的城市而言，各种疾病会很轻易地从码头周围地区蔓延至市中心。

正是基于上述原因，沙皇亚历山大一世在颁给黎塞留的首份诏书中有一项具体的任务："挑选合适的地点修建检疫场所，并加快建设进程。"[14] 实际上，大约从敖德萨建市开始，就在考虑建立检疫体系。船载货物需要接受检查，并用二氧化硫或其他化学物质做烟熏消毒处理。乘客则需要在用奥斯曼人修建的城堡改建的隔离观察点驻留至少 14 天，因为按照人们的认识，只有在这样长的时间内症状才能显现。

当时的检疫官员对鼠疫发生的具体原因，即鼠疫杆菌（Yersinia pestis）及其主要传播媒介——跳蚤，几乎没有什么概念，但他们知道，有些传播路径比其他路径更容易传染疾病。鼠疫杆菌随跳蚤传播，跳蚤跟着老鼠乱跑，而当船只进港停靠码头的时候，老鼠就会随之进入市中心的谷仓和垃圾遍布的街道。人也会成为传播媒介。在一个海关官员贪腐尽人皆知的城市，一些受到感染却没有出现症状的乘客往往只要稍稍贿赂海关官员，就能够逃避检疫监管，神不知鬼不觉地爬上山坡，进入城市的中心区域。

疫病暴发的 8 月初就有传言说，当地那家剧院的一位女演员收到一只用小棉团包着的戒指，而送戒指的人是一个匿名的崇拜者。作为跳蚤首选的藏身之地，棉花肯定接受过检查和烟熏处理，但这位刚刚乘船抵达的崇拜者设法躲过了码头有关部门的检查，把那只戒指和包装物私自带了进来。这样一来，在本市唯一一家剧院工作的多名男女演员首先被报告出现了疼痛性肿胀或者腹股沟腺炎（淋巴腺鼠疫因此得名）等主要症状。

黎塞留刚从克里米亚度假归来，本应在抗击拿破仑的战争中担任战地指挥官；但他明智地做出决定，仍旧留在本市工作。他下达了命令，对这次疫情展开调查。官员很快就呈上报告，说过去七个月里就出现了大量死人这一可疑现象，但因为死亡的主要是农民和仆人，因此并没有引起关注。让这个问题的严重性变得明朗的，是生活在公众眼里的男男女女，也就是在黎塞留亲自修建的那家剧院从事表演的那些人——开始死亡的事件。但到了这个时候，瘟疫已经深深地潜入敖德萨市民之中。

拿破仑的大军已经危及莫斯科以北地区，但黎塞留推迟了奔赴战场的行程，因为他觉得与前往莫斯科郊外与自己的法国同胞作战相比，留下来与看不见的本地敌人——疫病作战更具紧迫性。他召集了几位医生听取建议。就疫病的原因和严重程度而言，医生们众说纷纭。有人认为属于瘟疫的可能性不大。没有收到水手生病的报告，君士坦丁堡也没有传来瘟疫暴发的消息，而如果要对来自奥斯曼帝国首都的船只采取特别防范措施的话，人们会把它当成一种信号。

不过，仅依据市里已经出现瘟疫这一征象，黎塞留就做出了采取行动的决定。他于 8 月 26 日下令关闭人群可能大量聚集的所有建筑物，如教堂、商业交易中心、法院、海关和剧院。市场可以继续开放，但必须采取新的监管措施，以防止有人四处闲逛。人口稀少的大巴扎里飘荡着醋味，商人需要把钱放入液体中浸泡，以杀灭被认为可以携带病菌的一切有害之物。

与应对其他流行病一样，信息公开是首选武器。黎塞留要求将城市划分为若干区域，并指派代表在入户调查的基础上，每天就各自区域的疫病情况提交报告。防疫区逐渐向内陆延伸，直抵布格河和德涅斯特河沿岸，覆盖通往北方的各条道路和赶牲小道，而检疫时间由检疫官员加以监控，没有携带行李的人隔离 24 天，携带货物或可疑商品的人隔离 12 个星期。

尽管采取了上述预防措施，但死亡人数仍然持续上升。区域检查员每天报告的死亡人数达到 20 人。人们对禁止接触受感染者的规定置若罔闻，由于母亲拥抱染病的孩子，丈夫照料病人膏肓的妻子，周围的村子暴发瘟疫。医生走村入户，为行将死亡的人提供临终治疗，同时把自己也变成了受害者。

至此，黎塞留做出了一个大胆的决定，也许可以借此拯救敖德萨的未来。他下令封闭城市的边界地区，并在所有毗邻区域建立了综合检疫体系。这是大胆而蛮干的动作。他的手里几乎没有用于强制执行检疫的军事力量。士兵大多已被派往前线。黎塞留好不容易拼凑了一支由 500 名哥萨克人组成的小分队，但他们被赋予的是一件几乎无法完成的任务，即看管一座城市，而在黎塞留任职初期，它的人口就已经暴增到 32000 人左右。

新的监管措施于 11 月 12 日开始生效。关闭所有门窗。只有提供公共服务的人员可以走出家门，但就连他们也被要求持有特别身份证。为给这座关门歇业的城市提供补给，警察和物资供应官员每天向每个区域运送两次食品。肉要用冷水浸泡，面包要做烟熏处理，然后才能分发。每天，对每一栋房子要做两次检查，任何人只要表现出生病迹象，就会被送往单独的监视区域，直至其死亡或者（极其罕见地）康复。

木板车穿行于大街小巷，运送那些需要离家接受观察的人。红旗说明车上运的是活人，黑旗表示车上的病人已经过了大限。囚犯被强制编入运送死人和将死之人的运输队。他们穿着具有防疫功能的油浸罩衣，在空荡荡的大街上艰难跋涉，身后拖着一辆辆满载死尸的木板车。

"我目睹了这样的凄凉景象，"法国旅行家、拉加德伯爵奥古斯特（Auguste, comte de Lagarde）写道，"让我感到心酸的是，他们为了躲过死亡，绝望地做好了舍弃一切的准备。"[15]另一位目击者描述了港口一带可怕的死寂状态，以及这场疾病给人们的日常社交带来的一些改变：

> 人们几乎不敢呼吸了，唯恐传染病正在空气中飘荡——大家在自家门前点起火堆，烧掉了一切发出臭味的东西……每条街上都驻守着两位马夫，步子缓慢，背向而行；公务人员交谈也要隔着一段距离；收到的信件先做烟熏处理，然后用一根带杈的木棍送到收件人手里，再做一次烟熏处理后才能打开阅读；友情的外显方式一律遭到禁止；谁也不敢打听亲戚或者朋友的下落，因为大家都害怕听到对方已经死于瘟疫的消息。[16]

这座曾经充满喧嚣和生机的城市，现在逐渐陷入停滞状态。满大街都是冒着烟雾的火光，散发出刺鼻的气味。郊区随处可见刚

/ 066

挖好的大墓坑，平坦的大草原上看似点缀着一座座小土丘。当这些墓坑被填满之后，成堆的尸体只能做火化处理。瘟疫暴发期间，有人看见，当工匠们有所倦怠或者因为自身安全而表现出恐惧时，就连可以在全城自由走动的黎塞留也要拿起镐头挖掘墓坑。

随着死亡人数不断增加，黎塞留终于下达命令，对港区——也就是这次感染的始发区和死亡人数的高发区——予以全面清理。笼罩在滚滚浓烟里的，既有德里巴斯建造的码头，也有分布在港区的货仓。尽管公共集会有规可循，但有些市民仍然大胆外出，躲过哥萨克人组成的纠察队，四处察看这座城市的颓废景象。停泊在黑海的船只看见了远处升起的滚滚浓烟，那是这座城市正在进行自我祭奠的黑色证据，也是警告它们远离这座灯塔。

经过近两个月全面防疫，也就是在1813年1月7日，市民获准走出家门，尽管全城范围内的海关和检疫路障仍然没有被拆除，且永远不会被彻底拆除。已经人去楼空的可疑房屋被付之一炬。黎塞留采取的严厉措施不但没有激起胆怯和无序，反而奇迹般地驱散了这场瘟疫。从1812年8月到1813年1月，3331人受到传染，得以康复的仅有675人，死亡人数占到全市总人口的10%以上。[17]

这座由蛮荒的边境口岸发展起来的小型年轻城市，曾经幻想向外界展示一种光彩夺目的典范形象，在自己的四周修建了一道道围墙，以抵御那些来自海上的危险。敖德萨经历了内部冲突特征明显的第一个阶段，并一直持续到20世纪，这是一场塑造开放与恢宏的自我形象和偏狭与恐惧之间的冲突。不过，它也产生了较为光明且未曾料到的副作用。数千人死亡所带来的忧伤情绪，连同那个漫长而死寂的冬天，带来了一种全新而充满喜感的风气。到1813年秋季，市政官员注意到人口出生数有了明显增加。[18]

在黎塞留应对瘟疫的诸多创新举措中，对这座城市的未来最具重要意义的一点也许是公平性，由此让禁止随意走动和公共聚会这种堪称最苛刻的限制性规定也能得到贯彻执行。在当时看来，让人感到惊奇的是，犹太人接受的管理规定与他们基督教邻居的一模一样（尽管受到感染的犹太人被送到单独的隔离场所和医院接受治疗）。

在之前瘟疫暴发过程中，不管是从普罗旺斯到加泰罗尼亚，还是从瑞士到莱茵兰，犹太人往往被当作瘟疫暴发的替罪羊。他们会因为一系列构想出来的罪行而承担责任，如所谓的"不讲卫生"，企图削弱基督文明等惊天阴谋，而这已经成为一种惯例。自 14 世纪以来，犹太人在西欧各地反复遭到放火、殴打、拷问和流放等形式的攻击，这成为他们向东、向中欧与俄罗斯帝国交界地区迁徙的首要原因，波罗的海至黑海一带最终成为欧洲犹太人的文化中心。然而，在这场瘟疫中，黎塞留聪明地避免了将瘟疫与屠杀进行致命性挂钩这一惯常做法，从而为把敖德萨变成日益多元的社会群体的庇护所提供了早期范例。

除了每个贸易季节在敖德萨稍事停留的数百名水手外，这座城市开始对那些想在海洋与大草原交界地带碰一碰运气的各色人等产生吸引力。早期的几份非正式普查数据记录了希腊和阿尔巴尼亚士兵组成的几个先遣队，经商的有意大利人、犹太人、希腊人和保加利亚人，也有逃脱的俄国农奴以及哥萨克团体。越来越多的人知道，这座城市位于俄罗斯帝国境内——就算是吧，但又与俄罗斯帝国迥然不同。短短几十年之内，这座位于海边的城市已经成为"欧洲各国共有的领地"，罗伯特·斯蒂文斯写道，而敖德萨现在处于贸易开放所形成的"巨大投机"的中心位置。[19]正如拉加德伯爵记录的那样："绿树成荫的漂亮广场上来往穿梭着土耳其人、希腊人、俄国人、英国人、犹太人、亚美尼亚人、法国人、摩尔多瓦人、波兰人、意大利人和德国人，他们大都穿着适合自己的服装，讲着不同的语言。"[20]

作为各大商行的拥有者，与地中海国家有着稳定的家庭和商业往来的意大利人，在城市生活中占据了主导地位，再现了热那亚人和威尼斯人当年在环海地区建立起一连串商业中心时所扮演的角色。意大利语成了这座城市的通用语，不时回响在商品交易所和码头。街头招牌是黎塞留在任期间的又一个发明创造，上面既写着意大利语，也写着俄语，在他离任之后很长一段时间内，这一做法仍然得以延续。[21] 在瘟疫暴发前三年由黎塞留主持修建并由被称作圣彼得堡的伟大塑造者之一的让-弗朗索瓦·托马斯·德·托蒙（Jean-François Thomas de Thomon）设计的八百人剧场里，一家来访的意大利公司的演员主演了全部经典剧目。该公司提供了 19 世纪初期版本的唱词字幕，如果有观众碰巧听不明白意大利语，俄罗斯演员就会提供唱词的大意。[22] 据说，就连城市里无处不在的运货马夫和小摊小贩也会齐声高唱《女人善变》，只要没有走到赶牲小道的尽头，他们就可能仍在哼唱关于这座荣耀之城的自编小调：

> 我正赶往敖德萨，
> 敖德萨的日子真潇洒。
> 不用搬麦袋，
> 也不用伺候地主和老财，
> 不交人头税，
> 也不扶犁翻田埂……
> 人人称我是主人！[23]

1814年9月末，一个凉意袭人的星期一上午，黎塞留终究还是退休了。街上挤满了车辆，祝福的人比肩接踵，直至他乘坐的马车驶出城门。据说，他离开敖德萨的时候，仅携带了一只小皮箱，装了几天的换洗衣物。不同于在帝国其他地方任职的官员，他收获了为人谦逊和处事公正的好名声，尤其讨厌通过总督职位谋取私人利益。他不仅建造了这座城市，而且亲历了这座城市的第一场毁灭性危机。

走出城区的黎塞留来到检疫路障时，他的心思已经飞回自己的故乡法国。前一年春天，一支规模庞大的欧洲联军已经涌进了巴黎的街头。拿破仑已经让出了皇位。打着波旁王朝的旗号，路易十八（Luis XVIII）得以重返王位。复辟带给人一种兴奋的紧张感，吸引着黎塞留踏上西归的旅程。最终，他利用自己家族的名望和国际关系，重新在法国政府担任了职务。他见证了被放逐到厄尔巴岛（Elba）的拿破仑从出逃，到短暂执掌权力，再到最终在滑铁卢惨败的过程。随着法国多年的危机渐近尾声，他被任命担任这个自己自成年后大多数时间都出走在外的国家的首相。他于1822年去世，还不到60岁。法国和俄国的关系进入了数十年未曾有过的状态：不仅彼此和平共处，而且与大多数邻国维持了和平。

而在遥远的东方，在敖德萨，黎塞留已经把德里巴斯早年规划的愿景变成了现实。他的任期横跨叶卡捷琳娜大帝和亚历山大一世，先后经历了踏勘、教化和现代化阶段。他在去世前几个月寄给一位记者的信里写道："没有我，敖德萨也会变得欣欣向荣。"[24] 这座港口正在从1812~1813年那场悄悄逼近的死亡和幸运的大火中恢复元气，随着法国船只不断进港，新一代建设者和外来者正在把敖德萨变成活力四射、充满生机——在一对苦命夫妻和一位流放诗人看来——且充满非凡浪漫情调的俄罗斯帝国之角。

伟大的现代化者。一张拍摄于 19 世纪晚期的照片上，位于"波将金石阶"顶端的黎塞留公爵雕像。作者收藏

　　1828 年 5 月底，一个阳光明媚的星期六上午，一大群人聚集在尼古拉耶夫斯基大道两旁，欢迎黎塞留公爵重返敖德萨。公爵已经去世六年，敖德萨人此时正在见证的，是他纪念雕像的安放仪式。黎塞留公爵雕像是全城第一尊公共雕像，位于码头上方那条绿树成荫的街道上。

　　在黎塞留初期设计方案的基础上，他的继任者，也就是路易·亚历山大·安德罗·朗热隆伯爵（Louis Alexandre Andrault, comete de Langéron）对那条林荫道进行了扩建，栽了树，铺了路，方便市民在周末出来吹海风。朗热隆与众人站在一起，但由于身体不好，他在几年之前就已经卸下了这座城市的领导职务。和黎塞留一样，他也是为了逃避法国革命才躲到叶卡捷琳娜大帝的皇宫之中，并巧妙地凭着那段经历，在这个收留他的国家里任职到老。作为敖德萨和新俄罗斯的主要负责人，他不仅延续了黎塞留的事业，更重要的是让这座城市获得了"自由港"地位，从而把敖德萨变成了一个面积巨大的免税区，并使之对外国商人更有吸引力。

在朗热隆等显要人物的注视之下，这尊新竖立的雕像覆盖着帆布垫子。石头基座上的一个浅短栏杆固定住了它的四个角，周围飘扬着大英帝国、法国、奥地利和俄罗斯帝国的国旗。在这尊尚未揭幕的雕像前面，肃立着一队士兵，他们来自沙皇的乌法军团（Ufa Regiment），彩色的制服亮丽夺目。正对他们的是一群戴着眼镜的教授和学生——来自这座城市里颇有名望的黎塞留中学。穿着正装的外国领事也加入了观众行列。数千名敖德萨人争相靠前，急切地想要一睹雕像安放过程。

大约 11 点整，一行人从市中心的天主教堂鱼贯而出。率领牧师队伍的是那位本地主教，他那件沉重的绣袍在身后拖起一阵阵灰尘。一行人来到雕像的安放地点后，一位官员宣读了沙皇的敕令，同意敖德萨人为黎塞留立一尊纪念雕像。随后主教走上讲坛，以洪亮的神职俄语为这座城市和它的人民做了祈福祷告。

他做完祷告之后，有人揭去那块帆布，亮铮铮的公爵铜像露了出来，只见他穿着一件罗马式宽袍，头顶月桂叶环，右手向外伸展，仿佛在挥动手臂，向人们介绍这座城市。人群中响起了欢呼声。士兵以军礼向其致敬。乐队奏响军乐。赶来参加仪式的军舰停泊在海湾里，此时鸣响了礼炮。致辞依次进行——城里最年长的居民夏尔·西卡尔（Charles Sicard）用法语致辞，学校派

来的两位博学的老师用意大利语和俄语致辞，接着乌法连队进行
分列式表演，军乐队奏响了更加欢快的曲子。那天晚上，从纪念
碑前走过的每一个人都会发现，雕像周围点满了火把，照得黑夜
里的公爵雕像熠熠生辉。[1]

那年五月，人群中不时出现显要人物的身影。但每一场仪式
的主人都比身边的人高出一头，圆圆的脸庞上长着一双柔和的蓝
眼睛。他就是新俄罗斯新任总督。他比德里巴斯和黎塞留晚了一
代人，喜欢穿着长裤和紧身上衣，而不是穿马裤，戴三角帽。他
奉命管理的这座城市正在一条宽阔的道路上前进，即将成为俄罗
斯帝国南方地区的重要中心城市。自波将金用俄语给这座城市命
名以来，他是敖德萨历史上首位关键性人物。

1782 年，米哈伊尔·谢米扬诺维奇·沃龙佐夫（Mikhail
Semyonovich Vorontsov）出生在圣彼得堡一个原本富裕但最
近开始衰落的贵族家庭。两岁不到的时候，他的父亲被任命为俄
国驻圣詹姆士宫（the Court of St. James）大使，他就跟着来
到了伦敦。沃龙佐夫与英国的这层关系就此开始，并伴随着他度
过了整个青年时光。这也成为很多笑谈的来源，比如有人说他亲
英，有人说他性格冷峻。列夫·托尔斯泰在中篇小说《哈吉·穆
拉特》（Hadji Murat）里对他的描述，正是他在同时代人眼里的
形象："充满理想，对下有善心，举止温和，对上则带着一点微
妙的奉承意味"，脸上藏着"一丝诡诈"，"心地细腻而友好"。[2]

沃龙佐夫的父亲谢米扬（Semyon）是波将金的宫廷政敌，
在叶卡捷琳娜大帝的儿子保罗一世短暂而动荡的统治时期，他是
被迫退出国家事务的诸多贵族之一。沃龙佐夫的性格主要来源于
他对专制统治的随意性的亲身经历，以及他从小就浸润其中的英
国自由价值观和乡野田产的罪恶性（country estate vices）。从

剑桥大学毕业后，沃龙佐夫回到俄国参加了亚历山大一世的加冕礼，并开始了自己一生中漫长而卓著的公职生涯。

他的早期经历是一场冰火考验。作为一个有着相当社会地位的年轻人，他被安排在普列奥布拉任斯基卫队（Preobrazhensky Guards）任职，这是一支最辉煌也最有传奇色彩的俄国部队，其历史可以追溯至彼得大帝时代。当在 1801 年秋末接过军官佩剑时，这位年轻而踌躇满志的中尉被安排的任职地点是位于俄国南部边境丛林里的高加索。这里独立王国、宗族和部落林立，在俄国和它的两大对头——奥斯曼帝国和波斯——之间形成了一个缓冲地带。沙皇刚与卡特里－卡克黑提基督王国（the Christian kingdom of Kartli-Kakheti，在今东格鲁吉亚）签订一份条约，允许该王国并入俄国。沃龙佐夫向指挥官提出申请，请求调往该国首都梯弗里斯①（Tiflis）担任职务。他很快就陷入了微妙处境。

卡特里－卡克黑提的王室尽管深信只有并入俄国才能对抗自己的穆斯林邻国，但它对全面合并并没有太大的热情。与之类似，俄国摆出一副意欲保护基督徒免遭战争威胁的样子，但其他邻国的国王对它的领土图谋心知肚明。通过巧妙的外交手段、持续不断的甜言蜜语，以及不时诉诸残忍武力的组合手段，该地区的俄军司令官帕维尔·齐齐阿诺夫（Pavel Tsitsianov）终于把那些并不情愿的高加索贵族收拾得服服帖帖。相对而言，沃龙佐夫发挥的作用并不重要。他代表自己的司令官，承担了一系列外交使命，偶尔也参加过几场针对高地突击队的小规模战斗。但在高加索的短期任职让他明白了一点，他后来也把这一点带到

---

① 今第比利斯。

米哈伊尔·谢米扬诺维奇·沃龙佐夫画像

了敖德萨，那就是和大英帝国一样，此时的俄罗斯帝国无论从政治、文化还是从宗教上来讲，所具有的广阔性和复杂性，似乎都远远超过圣彼得堡任何一个人的认识。管理这片国土所需要的能力，远比在偶尔发起的夏季攻势中摧毁一座堡垒更为精细和微妙。

　　沃龙佐夫这一代俄罗斯帝国军人和政治家已经完全远离了18世纪的价值观和战略观，但在进入19世纪时他们显得犹豫不决。他在高加索地区的表现立即引起了其他指挥官的注意。在接下来的13年里，即1805~1818年，沃龙佐夫的身影几乎出现于俄罗斯帝国每一次重大军事行动的前线：拿破仑对沙皇盟友普鲁士国王的首次进犯、与奥斯曼帝国展开的第二次战争、拿破仑于1812 年入侵俄国腹心地带之后的保卫战等。

在最后这次冲突中，已经晋升为少将的沃龙佐夫成为中心人物。他参加了具有决战性质的博罗季诺战役（Battle of Borodino），大腿部位遭到弹片重伤；他也参加了克拉翁讷（Craonne）战役，指挥军队与拿破仑展开决战。当法国侵略者被迫撤出俄国国土时，沃龙佐夫率领军队步步紧逼。1814 年 3 月，他率领自己的师团踏上了香榭丽舍大道。次年，沙皇提拔他为俄罗斯帝国驻巴黎占领军的指挥官。

沃龙佐夫时年三十五六岁，在自己的职业生涯中第一次受命监管一个战地军事单位，同时还要管理占领军这群特征明显、数量多达三万人的常备军以及随从人员。在之后的三年时间里，他推行了一系列创新举措，包括为自己的军团开设邮政系统，为军士和随从人员提供扫盲和教育计划，改革现行的违纪士兵惩罚制度——以前主要采取粗野的肉体惩罚。与黎塞留在拿破仑时代结束后帮助重塑法国政府的做法一样，沃龙佐夫重塑了俄国占领军的形象。1818 年底，占领状态结束，沃龙佐夫带领部队跋涉回国。没过多久，他又回到了巴黎；自担任战地指挥官多年以来，他终于享受到一段闲暇时光。这是一座刚从战争状态和外军占领中苏醒过来的城市，正是在市中心的一次盛大聚会上，他邂逅了伊丽萨维塔·布拉尼卡（Elizaveta Branicka）。

人们都叫她莱斯（Lise），她母亲所在的波兰家族出了多个土地巨头。通过与俄罗斯贵族的战略联姻，她的家族积累了财富，受到尊敬，与欧洲社会建立了良好的关系。她是波将金的侄孙女，伟大的亲王即将死于肺炎，最后的时光里他气若游丝，她的母亲亚历山德拉·布拉尼卡伯爵夫人还在轻抚他的头发。

按现在的说法，与其说莱斯长得漂亮，不如说她长得十分端庄，容貌特征若非精致可以形容，起码是经过精心雕饰，显得十分优雅；她长着一双蓝眼睛，一头黑发被她卷成小卷盘在头顶。尽管韶华已逝，但她凭着自己的名望，仍旧显得十分迷人。虽然有时候显得过于自负，但举止优雅，这让早已成熟的她仍然具有一定的社会地位和社会条件。

在充满风险的 26 岁，她在人生道路上还没有遇见自己的婚姻伴侣，或者还有一种更大的可能性，那就是还没有人满足她母亲定下的严苛条件，尽管此时的她已经是一位更显苛刻的老年寡妇。当他们相遇的时候，沃龙佐夫立刻就被迷得神魂颠倒，而莱斯也对他崇拜得五体投地。接着，伯爵夫人也喜欢上了将军——现在的他年龄够大，事业有成，且从事过一份传奇性十足的职业，长长的家谱里全是中落而有钱的俄国人和英国亲戚。1819 年 5 月，莱斯和沃龙佐夫在一场盛大的婚礼中结为夫妻。

此时的沃龙佐夫处在一个转折点。他既对巴黎的沙龙聚会和伦敦的会客室感到十分自在，也在战场上为沙皇英勇战斗过。他将以哪里为家？去哪里谋取下一份如此精心打理的事业？此后的几年间，他时常前往俄国，有时候还会把莱斯带上，即便两人已经有了第一个孩子。在新俄罗斯扩张的领土上，他立刻就发现了定居、经商和种植的可能性。应朋友朗热隆伯爵的邀请，他走访了敖德萨。这座城市正在不断发展，对它的治理既需要精力，也需要活力，而朗热隆坦承自己并不具备这样的品质。"我只是尽量不造成妨碍，"他在写给沃龙佐夫的信中说道，"我时常安慰自己，如果不再发生战争，我希望看到你坐在这个位置上取代我的那一天。"³经过在沙皇宫廷内部和俄国行政部门的精心运作，沃龙佐夫打探到，自己有可能成为已显疲态的朗热隆的继任者。为了确保生计，他从莱斯不菲的嫁妆里拿出相当一部分，在南方、克里米亚、敖德萨和位于亚速海边的港口城市塔甘罗格（Taganrog）广置房产。1823 年春末，正式任命下达：沃龙佐夫担任新俄罗斯总督——这是刚为首席行政长官设计的职务名称。沃龙佐夫一家立即动身前往黑海之滨。

到 19 世纪 20 年代，新俄罗斯地区已经点缀着大大小小的村庄和内河港口。大草原上修起了纵横交错的道路。德国人、保加利亚人和西伯利亚农民建立的聚居区在大草原上遍地"开花"。派往南方的那一代管理者都很有能力，用俄罗斯人的话来说，就是要去驯服边疆地区，让"荒野"改变模样。

尽管条件已经大为改善，但这里仍旧是一处流放地。新俄罗斯的城镇和港口充斥着刚从乡下涌入的一大批衣衫褴褛的农民、刚来这里定居的游牧民，以及来自地中海和黎凡特的水手，与帝国都市干净整洁的街道和繁华的城市面貌形成了巨大的反差。这样的目的地正适合那些政治鼓动家或者自命不凡的作家和学者，他们虽然不会对沙皇政权构成直接威胁，但他们的自由思想和年少傲慢会冒犯圣彼得堡或者莫斯科的权势阶层。亚历山大·普希金（Alexander Pushkin）就属于这种情况。

普希金是个出了名的情场老手，也是个脾气刚烈且暴躁的作家；他蓄着一头蓬乱的时髦卷发，双颊留着两大绺络腮胡；他是阿布拉姆·甘尼巴尔（Avram Gannibal）的后人，这个非洲人在彼得大帝的皇宫中长大成人，后来被赐予土地保有权。普希金被贬到南方的官方理由是从外交部的岗位调离，前往担任辅助监管南方领土聚居区事务的政府公职。实际上，他这趟旅程就是变相的内部流放。作为一个 20 岁不到就已经小有名声的诗人和政治宣传家，普希金开创了一种俄罗斯文学种类，将抒情意象和政治激进有机结合，以夹杂着浪漫苦难的语言作为幌子，发出对僵化的沙皇专制统治实行改革的呼吁。圣彼得堡的一个沙龙聚会中突然出现了一帮年轻的作家和艺术家，他作为发声最响亮的成员之一，很快就引起政府审查人员的注意，并于 1820 年收到"滚出首都"的命令。

普希金在南方平原度过了之后的三年时光，这里靠近高加索山脉，位于比萨拉比亚（Bessarabia）边疆地区，群山起伏连绵，随处可见向日葵以及吉卜赛人的宿营地。这个地方激发着他的想象力，让他坚定自己是一个充满热情的外来者的自我形象——在他的心里，他就是沦落到黑海边书写哀伤书信体诗文的"当代奥维德"。他在从比萨拉比亚寄出的一封书信里写道："可恶的基什尼奥夫（Kishinev）啊！懒得费口舌斥责你。"[4] 1823年，他请求调往敖德萨的申请获得批准，主要原因是沃龙佐夫的私人介入，因为他十分可怜这位诗人。他再次获得任职，在新俄罗斯总督身边干起了行政工作。

确切地说，普希金在这一时期的声誉好坏参半。众所周知，他是一位聪明的作家，尽管他有个习惯，即在舞会和社交宴会上即兴作诗的时候，总要践踏礼仪和规矩。他在流放期间继续出版文学作品，而在南方颠沛的经历给他的作品增加了一丝东方色彩，这样的创作受到拜伦勋爵东方主题和古雅的"伊斯兰之爱"（Islamophilia）极大的影响。普希金充满期待而极富抒情意味的《巴赫奇萨赖的喷泉》反映了诗人对人性和帝国缺陷的思考；这是他在参观克里米亚鞑靼可汗旧王宫里一座非常精致的喷泉雕塑之后创作的作品，而这个地方几十年前接待过叶卡捷琳娜大帝和波将金。他的诗作《高加索的俘虏》来源于他在远眺高加索山脉时的积极想象，成为关于这个帝国南部荒野最为精辟的文学叙述：这片土地上有浪漫的原住民、永不安分的边境居民，以及带有异国情调的美景。

1823 年 7 月，普希金冒着酷热终于抵达敖德萨；他带着文学名人和公众名流的架势，把自己的流放变成一个公共事件。他收到的宴会和饮酒邀请从来没有断过档。城里的众多妓女都对他了若指掌，尽管她们对来自希腊和意大利的水手并不陌生，但结识诗人的机会并不多见。过去的三年里，他在帝国这一偏远的边境地区游荡不定（虽然算得上相当奢侈）；现在，他要不时踏着泥泞和灰尘，前去参加沙龙和晚宴。8 月，他在寄给弟弟列夫的信中写道："我又回到了敖德萨，仍然无法适应欧洲人的生活方式。"[5]

与德里巴斯和黎塞留时代相比，这座城市已经发生了相当大的变化。人口快速增长，到 19 世纪中叶时，已经翻了三番，达到 116000 人。在过去由土耳其人修建的城堡遗址上，一座漂亮的总督官邸即将拔地而起，并最终在 1830 年完工。一楼的国事厅使用的门扇、百叶窗和烟囱全部来自已故沙皇保罗一世的居所（及其遇袭之地），即圣彼得堡的米哈伊洛夫斯基宫（Mikhailovsky Palace）。台球室、宽敞的餐厅、敞亮的会客室和图书室摆放着漂亮的英式家具，单独设置的"土耳其厅"有着高高的天花板，厅内摆放着镀金家具，地板上铺着波斯地毯，靠墙的地方摆放着真丝覆盖的长沙发。图书室存放着全帝国最好的私人藏品，有图书、画作和科学仪器样品。[6]

在城里的其他地方，建筑工人正围着一个圆形广场修建一排墙面抹灰、房顶盖瓦或者覆盖铁皮的房屋，它们的侧面很快就会建起一座博物馆、一个公共图书馆和几栋政府大楼。热那亚人或者其他外国商人经营的旅馆随处可见。初来乍到的人可以光顾酒吧和小饭馆。在一年之中的商业高峰期，也就是4~10月，由于这里仍旧享有与更广泛地区自由通商的便利，因此随着体力劳动者、马车夫、拥有土地的俄国人和波兰人，以及外国商人涌进港口，它的人口会增加一万多人。[7] 要不是这些临时居民带来的异国情调，沃龙佐夫任期内的一位英国访客写道，"敖德萨会被人当成微缩版的圣彼得堡"。[8]

刚到敖德萨的普希金二十岁出头，很快就对名媛——有已婚者，也有单身者；有年少者，也有年老者——展开了追求，并时常得胜而归。有个27岁的女子，名叫卡罗琳娜·索班斯卡（Karolina Sobańska）；严格地说，她仍旧与敖德萨的一位富商保持着婚姻关系，但她与新俄罗斯军事殖民地（military colony）的指挥官公开同居，同时还作为政府密探，打探政治激进分子的消息。还有一位名叫阿玛利亚·里兹尼奇（Amaliya Riznich），她的鹰钩鼻十分显眼；他们首次相遇的时候，她已经怀有身孕。

就情事和性事而言，普希金是个轻浮且难缠的人，时常喜欢和朋友们闲聊一些很小的细节。"我将乐意侍奉于你／用我那火热的情话，"在基什尼奥夫担任沙皇政府官员的菲利浦·魏格尔（Philipp Wiegel）是他没有出柜的同性恋男友，他在给这位男友的信中写道，"可是啊，魏格尔，——请不要弄疼我的屁股！"[9] 不过，普希金在敖德萨生活期间，关于他感情生活的最有效记录来自一个意想不到的渠道：他自己的信手涂鸦。《叶甫盖尼·奥涅金》（Evgeny Onegin）是他的名篇，他在比萨拉比亚期间就已动笔，在为沃龙佐夫工作期间继续写作。在这部作品早期手稿的空白处，文字周围画满了男男女女的小幅图画，有朋友和熟

亚历山大·普希金像

人、他在街头碰到的人，以及先后迷恋过的情人。这个天使一般的群体中有寡妇和无邪少女，也有黑头发的外国人和身材曼妙的俄国女人，其中有一位比他大七岁，被他用来"装点"手稿的频率比任何人都要多，她就是沃龙佐夫的妻子莱斯。

　　莱斯与普希金第一次见面的时间并不确切，但因为敖德萨上流社会圈子很小，而且总督的妻子必须参加公共活动，这意味着普希金抵达不久，他们就可能见了面。他最先住在意大利街的杜诺德酒店（Hotel du Nord），但没过多久就搬到了离海边更近的地方；这个地方位于德里巴索夫斯卡亚大街和黎塞留大街交会处，空气更加清新，有利于在比萨拉比亚逗留过的他恢复健康（急需呼吸到能够恢复活力的海边空气，这是他申请调往滨海地区时列举的理由之一）。搬到这里之后，他定期参加各种活动，在漫长而温暖的社交时节，他的日程表往往安排得满满当当。

莱斯喜欢创新意味十足的社交活动，她组织的文艺晚会、舞会和晚宴在整个帝国都很有名气。"要离开敖德萨真不是一件容易的事，"当时的一位俄国访客很是不满，"因为凡是有伯爵和伯爵夫人出席的场合，我都不愿意让自己缺席，因为其他地方根本没有类似活动。"[10] 普希金在敖德萨居住期间，沃龙佐夫宏伟的官邸还没有建成，但是通过莱斯后来在官邸里举办的各种聚会，我们可以对她在小型场所举办的文娱活动有所了解。

到晚上 9 点左右，前往沃龙佐夫官邸的访客，很可能遇到这里正在举办一场盛大的沙龙。乐队正在表演，有人戴着面具，有人穿着奇装异服，有人像俄国马车夫那样穿着束腰服和长裤子，也有人像瑞士农民那样穿着蕾丝围裙，正在一块镶木地板上跳着四步舞。突然，人们跳舞的地板中央落下一顶圆锥形的帽子，一个跳着吉格舞的老头蹦了出来。在这群跳舞的人中间，像轻骑兵（Hussar）那样穿着扎绳锦缎紧身上衣的，正是沃龙佐夫伯爵夫人；她正在迎接刚刚抵达的客人，他们要么来自乡间别墅，要么来自尼古拉耶夫斯基大道一带，如沃龙佐夫的表兄列夫·纳雷什金（Lev Naryshkin）将军及其妻子奥尔加（Olga）、她的娘家人波托茨基（Potocki）夫妇（赫赫有名的波兰籍俄国地主）、开旅馆的法国人（兼普希金的房东）巴伦·雷诺、谢尔比宁（Shcherbinin）夫妇、布拉伦贝格（Blaremberg）夫妇、普辛（Pushchin）夫妇和拉耶夫斯基（Raevsky）夫妇。[11]

随着新近在商业上的成功，以及逐渐得以恢复的声誉——因为《巴赫奇萨赖的喷泉》即将出版，印刷厂为《高加索的俘虏》的重印权争得不可开交——普希金那与生俱来的招摇只增不减。他可能是在1823年秋天或初冬时节遇上了伯爵夫人，而时机有可能是在一次换季舞会上，或者在总督每两周举行的一次招待会上，当时要么在玩室内游戏，要么在玩惠斯特牌。一如几年之前的沃龙佐夫，普希金很快就拜倒在她的石榴裙下。

根据各种记载，他的感情收到了回报。在作为省城的敖德萨，打情骂俏被提升到高雅艺术的地位，莱斯据说熟谙此道。普希金妙语连珠，出口成章，与沃龙佐夫公事公办的刻板举止形成鲜明的对照。更重要的是，总督本人因循俄罗斯贵族阶层的旧例，已经有了一位情妇；她叫奥尔加·纳雷什金（Olga Naryshkina），差不多比莱斯年轻10岁，已经嫁给了一位声名显赫的将军，而她的私情也是个公开的秘密。[12]

在1823年至1824年那个寒冷的冬季，黑海的边缘地带全都冻成了咸咸的冰块，平原上吹来的冷风呼呼地刮过尚未铺石的街道，诗人和伯爵夫人的私情很快变为敖德萨街谈巷议的丑闻。他们的私情可能早在2月初就有了结果，因为沃龙佐夫当时正好住在基什尼奥夫，而普希金在《叶甫盖尼·奥涅金》手稿的空白处，用伯爵夫人法文名和她姓名的首字母把这次会面标注为"去C.E.W.家喝汤"，即"与伊莱斯·沃龙佐夫伯爵夫人共进晚餐"。

冬去春来，因为沃龙佐夫回到敖德萨，所以两个人改在大名鼎鼎的旅馆老板巴伦·雷诺的一栋乡间别墅中幽会。雷诺在这处乡间房产旁边修建了一处海滨临崖浴场。这里很隐蔽，虽远离城市，但距离又不算远，这对有情人整个季节都溜到这里来，普希金据此写了一首直白的色情诗：

爱的庇护所永远

冰凉、朦胧且潮湿，

起起伏伏，不知羞耻，

持久吼叫，永不停歇。[13]

　　很显然，这不是莱斯的第一次婚外情。亦如当时的许多夫妇，她和丈夫有约定，允许对方享有相当程度的性自由。问题在于，根据社会习俗，这是一件不能大张旗鼓言说的事情，普希金却始终拿他们之间的私情不当回事儿。正如普希金的一位传记作家所说，诗人屈从于常人的诱惑，对于被他伤害的人嗤之以鼻。[14] 他选用的武器是讽刺短诗。"半是老爷，半是店主"，这是他对沃龙佐夫的性格所做的简短总结。他还说他"半是英雄，半是白痴"。

　　这些"居心不良"的诗句有好几个广为流传的版本，很显然反映了普希金对沃龙佐夫的公开态度。这样的行事方式不但有失谨慎，而且十分危险。沃龙佐夫不仅是他情人的丈夫，而且从拥有的权力来看，尽管现在被人戴了绿帽，但值得公众敬重，何况他还是普希金的上司。毕竟，诗人得以来到敖德萨的唯一理由，就是要在总督手下做事。如果被开除且拿不到后续任职的推荐意见，普希金就将面临真正的流放，从而在俄国的各大平原上四处游荡，不但没有任何援手和身份，而且永远无法回到圣彼得堡。但沃龙佐夫同样身处困境。因为沙皇已经驱逐了普希金，而且沙皇的明文准许是总督可以对他放任不管的必要条件。"把我从普希金身边调开吧，"1824 年春，沃龙佐夫在给俄罗斯帝国外交大臣卡尔·内斯尔罗德（Karl Nesselrode）伯爵的信中写道，"他也许是个了不起的人，也是个出色的诗人，但不管在敖德萨还是在基什尼奥夫，我都不想再看见他。"[15]

敖德萨本已名声渐起，突然之间发生了几件不可思议且损失惨重的事情，蝗虫入侵是其中之一，这座城市遭遇的新灾为沃龙佐夫意料之外的调离提供了条件。和往年一样，周围的乡村地区遭到蝗虫的大规模袭击；这样的事情几乎年年都会发生，蝗虫会啃噬庄稼、啃光树皮、吃掉给牛马预备的草料。蝗虫的数量多达百万只，它们摩擦翅膀，向上跃起，形成一片黑云，田地里、园子里像是刮过了一阵黑风。

/ 086

蝗虫一旦飞临，当地人所能采取的办法就少得可怜，这不但听起来凄惨，而且显得十分滑稽。首要的办法是弄出足够大的声响，把蝗虫吓跑。一位英国女士，与经商的丈夫住在乡下的别墅里，每年都要组织一场游行来对付这些虫子。先是她的丈夫摇着一把大铃铛，尾随其后的园丁使劲敲打一只水桶，几个男仆接着用铁铲发出震天的响声，跟在身后的女仆拍打罐子和水壶，走在最后面的几个孩子手持面包叉子，使劲敲打手里的茶盘。[16] 一位乘船抵达的访客一下船就写道，即便在城市里，"当地居民与那些残酷无情的植物敌人也正在进行一场恐怖的战斗。从手枪到迫击炮，从瓦罐鼓到锡制锅，每一种能够发声的武器都在居民手里发出震天的声响，目的是守护他们那点可怜的领地"。[17]

与几十年前遭遇瘟疫危机的黎塞留一样，沃龙佐夫认为，如果对每年虫卵的相对数量有更多了解，将有助于想出更好的对策，用于对付这一意料之中的袭击。5月，沃龙佐夫正式命令普希金前往各个乡下地区，调查虫卵的种群范围，评估在夏季虫卵孵化之前对其采取破坏行为的功效与作用，并以书面形式提供调查结果。

这是一项令人吃惊的任务。普希金在政府任职期间，从来没有执笔过官方文件。竟然为了数蝗虫卵而住在乡下，这显然是他经过仔细斟酌的回绝理由。普希金以书面形式表示了反对。"我是个有些名声的文人。"他这样写道。他坦承，自己是个失败的政府官员，只会把这样的事情办砸。他身上长有动脉瘤，随时可能破裂。沃龙佐夫不为所动。普希金很快就领命而去，和那些小小的入侵者打起了交道。[18]

沃龙佐夫的行动收到了预期的效果。在乡下待了几个星期之后，普希金提交了辞去公职的申请书。这样的行为很鲁莽，但也可能是他唯一能保住尊严的选择。他已经让一位享有相当权力的人公然感到难堪。敖德萨人都很讨厌他，不是因为他越过了两性礼仪的边界，而是因为他践踏这一礼仪的方式很没有风度。到这年仲夏时节，他的命运就已确定。沃龙佐夫请求中央政府将这位诗人调离敖德萨，而沙皇爽快地答应了。

不过，在沃龙佐夫决定将他调离敖德萨这件事上，婚外情和沃龙佐夫对普希金的私人感情也许只起到了相当次要的作用。因为敖德萨的上流社会有好色的传统，所以高调的通奸行为及毫无顾忌的四处谈论都很难说是什么新闻事件。普希金更加严重的越界行为和革命传闻有关，一如外省贵族的滥性行为，这也是敖德萨人的典型特点之一。

来到敖德萨之前，普希金在一封信中提到，层出不穷的"事件不仅对我们国家十分重要，对整个欧洲也很重要"。[19]1814年，敖德萨出现了一个由希腊爱国者建立的秘密组织——"腓立克·赫泰拉"（Philike Hetairia），意为"友谊社"（Society of Friends），目的是团结散居在东南欧地区的希腊人，以起义的方式夺回被奥斯曼帝国控制的古代基督教国家的土地——东起君士坦丁堡，西至希腊本土。敖德萨为他们酝酿革命计划提供了理想的环境。

这是一座政治激进分子比较容易进入的城市，因为它所处的位置远离俄罗斯帝国的各个统治中心。自由的社会氛围已经十分明显。在圣彼得堡或莫斯科，在公共场所抽烟、处于丑闻边缘的各种风尚、公开谈论上至国际时事下至税收政策之类争议性话题等都是相对罕见的特权。但在敖德萨，这是十分平常的街头现象。数十个秘密社团争相招募激进的知识分子、政府官员和贵族家庭的子女，有的具有半宗教性质，如共济会（Freemasons）；有的政治特征模糊，仿照意大利"烧炭党"（Carbonari）的模式；还有的出于保密目的，秘不示人。

作为一个自由港，这座城市每年吸引的船只越来越多。新的政治观点充斥着敖德萨众多的饭店和酒馆，一如小麦堆满了港口周围新修建的粮仓。"我认识的一位先生把敖德萨称作世界的尽头，"一位英国访客在18世纪20年代初期报道说，"实际上，这个地方自成一体，特立独行，是一座半东方式城市。"[20] 它远离俄罗斯帝国的首都，与摇摇欲坠的奥斯曼帝国相向而望，因此成为各种政治阴谋的温床。意大利人寻求推翻波旁王朝，或者确立君主立宪制度，希腊人和罗马尼亚人意图结束穆斯林人的统治地位，而俄国人正着手推动改革沙皇专制制度。大家都把这里当作庇护所。

"友谊社"的成员一般缺乏组织性，野蛮好斗，忠诚度不高，但他们的暗中阴谋与早已遍布欧洲各地的地缘政治变局互为关联。在更靠南的地区，希腊爱国者发动了针对奥斯曼帝国统治者的起义，并宣布实现了独立。很快，奥斯曼帝国的其他附庸国，如敖德萨的西部近邻，即罗马尼亚的摩尔多瓦公国和瓦拉几亚公国（Wallachia），发出了争取自由的声音。1821年2月，在俄国军队服役且身兼"友谊社"领导职务之一的希腊人亚历山德罗·伊普西兰蒂斯（Alexandro Ypsilantis）率领一支杂牌军，打过了位于比萨拉比亚和奥斯曼帝国附庸国摩尔多瓦之间的普鲁特河（Prut River），伺机在信仰基督教的农民中间全面点燃起义之火。这就是普希金所说的对俄罗斯帝国和欧洲都具有重要意义的"事件"之一。当时的一些观察者把这次事件与恺撒渡过卢比孔（Rubicon）河相提并论，很多人希望它是一个开始，巴尔干半岛和地中海地区的基督徒借此掀起更大规模的针对奥斯曼帝国的反抗活动。欧洲的浪漫主义者争相支持希腊人的反抗事业，一如更早之前，他们的先祖纷纷东进，加入叶卡捷琳娜大帝的陆军和海军。拜伦勋爵不但以自己的诗歌激发了普希金的灵感，而且在数年之后的希腊独立战争中献出了生命。

希腊人发起的反抗活动引发了东南欧地区长达十年之久的斗争。整个19世纪20年代，被称作"克莱福茨"（Klephts）和"阿玛托罗伊"（Armatoloi）的希腊游击队和非正规军穿着五颜六色的高地人服装，挥舞着短弯刀和长长的毛瑟枪，针对奥斯曼军队发起小规模攻击。欧洲政权一开始对任何形式的革命迹象都十分谨慎，后来便以向奥斯曼帝国苏丹施展外交手腕的方式，逐渐设法控制了希腊危机。1827年，俄国以非正式形式加入了这场战争，在纳瓦里诺（Navarino）海战中与英、法合力摧毁了位于地中海的奥斯曼－埃及舰队。一年后，俄罗斯帝国与苏丹（1828~1929）展开了一场速决战，确保了黑海海域的自由航行，因为奥斯曼帝国为了镇压巴尔干半岛的反抗运动，让这一海域变得十分危险。

敖德萨是希腊革命的发源地，而且那里有着十分强大的同情力量。对俄国人来说，革命与蝗虫和瘟疫一样，对宿主没有什么选择性。说希腊语的士兵和知识分子发起的这场针对奥斯曼人的革命运动，很容易蔓延到俄罗斯帝国。对反抗沙皇的叛乱行动并非没有耳闻。1820年秋季，驻扎在圣彼得堡的谢米扬诺夫斯基卫队（Semyonovsky Guards）中的精英分子起义，以抗议过于严格的军队纪律。这次起义很快就遭到镇压，但它表明了一点，对于在欧洲广布的革命情感而言，俄罗斯帝国并不具有免疫力。"友谊社"这样的秘密社团是自由和政治改革观念的主要传播者。

很早就有人怀疑，普希金与激进思想眉来眼去，而他在南部边境地区的逗留，只会让他对沙皇政策中的严苛成分愈加反感。沃龙佐夫可以充分借用这些疑点。在写给中央政府的告密信中，他暗示普希金支持激进的甚至主张共和的政策主张，一是他收集了来自有关省区的传闻报告，二是来自他不时发表的颂扬自由的诗。到1824年夏，圣彼得堡已经相信，如果把这位诗人继续留在敖德萨这样的温暖环境，且继续处于相对不受监督的状态，将是一件危险的事情。普希金将被开除公职，但他仍然需要接受看管。否则，"他利用自己的独立身份，无疑会越来越广泛地散播他所持的有害观点，并逼迫政府对他采取最为严厉的措施"。内斯尔罗德在写给沃龙佐夫的信中说道。[21]

普希金将会被遣送回家，也就是他的家人位于普斯科夫省米哈伊洛夫斯基市的乡间住所，因为他在那里将几乎没有机会惹是生非，并易于接受来自首都的监管。1824年7月29日，他踏上了北归的漫长旅程，永远地离开了莱斯和敖德萨。九个月后，莱斯生下了女儿苏菲（Sohpie）。敖德萨流言四起，说那是普希金的孩子；针对这一传言，诗人几乎没有发声。毕竟，他们的爱情故事不久就将以其他方式变得永垂不朽，不仅有《叶甫盖尼·奥涅金》手稿空白处的信手涂鸦，更以小说和诗歌语言，具有了故事情节。正如一开始就被迷得晕头转向的莱斯·沃龙佐娃，作为故事中心人物之一的塔季亚娜·拉琳娜（Tatyana Larina）最终选择的是忠于自己的丈夫，而非一场糊里糊涂的爱。这部作品保留了敖德萨的点点滴滴，而他的作者——普希金后来成为民族诗歌和俄语文学的终极缔造者。

　　出于私人和政治的双重原因，沃龙佐夫终于把普希金赶出了敖德萨。但这座城市日益提高的激进名声也即将使沃龙佐夫的命运蒙上阴影。即位前几年的沙皇亚历山大一世一直是个具有自由思想的改革者。然而，后拿破仑时代看似具有威胁性的革命浪潮，让他越来越怀疑自己的身边人。1825 年 12 月，在巡视新俄罗斯的路上，他突然死于塔甘罗格，且无人继位。一时间谣言四起。沙皇遭到了暗杀吗？他真的死了吗？公众十分紧张，而帝国皇位的继承人仍不确定。就在亚历山大一世的遗体被运回圣彼得堡的过程中，他的弟弟尼古拉（Nicholas）发表了一份有所拖延的声明，说自己将继承皇位，似乎跳过了哥哥和皇位第一继承人康斯坦丁（Constantine）。

　　皇位继承的不确定性，以及公众认为尼古拉有意僭越康斯坦丁的行为点燃了造反的火种。在滴水成冰的圣彼得堡，一群军官和他们的同情者拒绝向尼古拉宣誓效忠。12 月 14 日，一支由三万名军人组成的暴动队伍聚集在元老院广场（Senate Square），与数量更为庞大的尼古拉的效忠者对峙。几声炮响就驱散了示威者，造成了几十人死伤。随即实施了大规模的抓捕和开除行动。最终，五名首要分子被送上绞刑架，这些主张自由的激进分子和知识分子就是历史上的"十二月党人"（Decembrists）。

　　在敖德萨，十二月党人运动影响深远。图利钦（Tulchin）是自由激进活动的中心之一，这座小型要塞位于敖德萨北部，年

/ 092

轻的贵族、团级军官和作家时常在这里交流自由思想和社会改革观念，甚至要推翻沙皇的专制统治。新任沙皇尼古拉一世自然怀疑到这座城市和它的总督，因为他在英国的会客厅和剑桥的辩论俱乐部形成的自由倾向和进步观点，与十二月党人的革命思想所具有的危险性似乎十分相似。

既要表明他对皇帝的个人奉献，还要让皇帝相信新俄罗斯的忠心耿耿，这让沃龙佐夫深感痛苦。"值得注意的是，在敖德萨，尽管之前有人说过那么多坏话，但没有一位市民或者一位政府官员在这场阴谋中发挥过丝毫作用，更没有人因此被捕。"伯爵在回忆录中如此写道。[22] 他前往圣彼得堡，亲自向皇帝表明忠心。他是如此诚恳地向皇帝表忠心，因此很快就被调到国家法庭（state tribunal）任职，对之前造反的十二月党人提起诉讼。沃龙佐夫的事业和他曾主宰的这座城市背负的嫌疑立马烟消云散，但反叛的气息一直没有彻底消散。它将在敖德萨的上空持续飘荡一百年之久。

1828 年夏天，当尼古拉一世带着家人造访敖德萨时，沃龙佐夫抓住机会，向他展示了这座城市的忠诚。莱斯的接待能力为人所共知，为了给皇后庆祝生日，她精心组织了一场花园舞会。舞会地点位于敖德萨郊外，与皇室成员在南方消闲的乡间别墅离得很近。

在通往别墅花园的道路上，用大树枝和灯芯草搭建了一个凯旋拱门。在离海边更近的地方搭建了一个戏台，边上是用土耳其布料搭起的帐篷，四周的帐幔用长矛撑着。一个轻骑兵团乐队正在奏乐，拱门前站着一排贵族的女儿和年轻妇女，她们穿着白色的夏季礼服，按照帽子和彩带的颜色分群而立。皇后抵达后，年轻的苏菲·沃龙佐夫——也许在一阵关于这个女孩所谓的"父

（上）彼得·费奥德罗维奇·索科洛夫（Pyotr Fyodorovich Sokolov）为伊丽莎白·沃龙佐夫伯爵夫人作的画像（1823）。莫斯科特罗皮宁（Tropinin）及其同时代者博物馆／布里奇曼艺术图书馆供图

（下）该素描被认为代表的是莱斯·沃龙佐娃，选自普希金《叶甫盖尼·奥涅金》手稿

亲"普希金的窃窃私语中——为她献上了花环。

乐队再次奏响音乐。人群随即移步海滨，只见海滩上站着三个身着铠甲的人。就在海上，敖德萨歌剧院的首席女歌手玛丽康尼（Mademoiselle Mariconi）小姐一边唱着罗西尼（Rossini）的《坦克雷迪》（Tancredi）里的一支咏叹调，一边把船慢慢地划到岸边。人们跳起了华尔兹和四步舞，间或停下来享用一点冰镇茶点，中式灯笼照亮了岸上那些弯弯曲曲的树木，以及岸边那些下锚轮船的桁端。23 尼古拉一世十分喜爱这座城市，他后来说过，就对帝国的重要性而言，应该正确看待敖德萨，它仅次于圣彼得堡。24

皇室出访的盛大排场开启了一个时代，敖德萨不再被视为边陲小城，而是与帝国北方的大都市遥相呼应的南国名城。在沃龙佐夫的领导之下，敖德萨开始获得一座真正的城市所应具有的各种设施。近乎每天一期的俄语报纸《敖德萨先驱报》（Odessa Herald）创办于1827年，此前更早的时候已有两周一期的法文刊物《敖德萨杂志》（Journal d'Odessa）。1830年，开办了一家公共图书馆。1828年，一家试验性的蒸汽轮船公司开业营运，它后来的业务逐渐把敖德萨和黑海以及更远的主要港口连为一体。到19世纪40年代，这座城市已经有100多所学校——由希腊人、德国人、犹太人和亚美尼亚人创办的私立学校还没有被计算在内，雇用的教师超过400人，录取的学生近5000人，男女学生均可入学。25

从锚泊在检疫码头的一艘船上往外看，可以看到一座臻于完备的城市：有林荫道，有交易中心，有装饰着古典石柱的沃龙佐夫宫，有剧院，也有带着绿色和金色尖顶的教堂。"实际上，我们眼前看到的是一座欧洲城市，富有、动感十足、充满欢乐。"19世纪30年代晚期，法国工程师哈维·奥美尔·德·赫尔

/ 094

（Xavier Hommaire de Hell）如此写道。[26] 雄伟的普列奥布拉任斯基大教堂是这座城市最重要的教堂，它的尖顶完工于 1837 年；四年之后，沃龙佐夫主持敖德萨最著名的地标建筑的揭幕仪式，那是一段宏伟的石阶，从上方的城市直通底下的码头。这 220 级石阶和 10 级平台的设计者是两位俄国建筑师，造价不菲的砂石从的里雅斯特（Trieste）进口，花费了 80 万卢布。这一段石阶在当时受到批评，被说成是"怪物艾斯卡利亚"（escalier monstre），而且做工拙劣，要不了几年时间就有可能坍塌。[27] 然而，顶上的尼古拉耶夫斯基大道立上黎塞留公爵的雕像之后，这一段石阶很快就成为这座城市的绝佳标志。

从底下看，这一段石阶仿佛延伸到了空中，在阳光的映衬下泛着浅灰色。这是精心设计的效果，因为底下的梯级比顶端宽大很多，所以会给人一种印象，那就是黎塞留雕像远远大于它的实际尺寸，从而制造出高大的黎塞留正站立在他自己堆垒起来的人工山体之上的感觉。从上往下看，人们只会看见一个个宽大的平台；从下往上看，完全没有平台的影子，只有一阶阶令人望而却步的梯级。就算在今天——为给扩建港口腾出空间，已挪掉了十级石阶；石阶全部由本地的大理石而非原来易碎的砂石砌就。沃龙佐夫的这一成就所发挥的作用，依然是使敖德萨进一步向大海的方向延伸，同时让新来者见识这座位于山峦之巅的城市的宏伟气势。

几十年后，也就是沃龙佐夫调离新俄罗斯地区并辗转于纷乱四起的高加索各地担任总督之后，人们依然记得他对这座城市做出的种种贡献。1856 年 11 月，他在敖德萨旅行期间死于中风。他刚刚经历了人生的最后一场危机，也是对他本人来说具有毁灭性的一场危机。他的两个家乡——俄罗斯帝国和英国——刚刚在克里米亚战争中结束了一场旷日持久却没有任何结果的战役，两边都有沃龙佐夫的亲戚参加战斗。敖德萨的奠基者们可以随意在世界各地游走的日子结束。后来，这座城市所在的帝国醉心于基督教正统教义、民族主义和专制统治等纯粹的理想。在为沃龙佐夫举行的纪念仪式上，当地的主教回顾了他任职期间敖德萨的扩建过程及它所享有的卓著地位。"他（沃龙佐夫）把它当作婴儿加以呵护，它的发展超出所有的城市，"他在高耸入云的普列奥布拉任斯基大教堂里朗声吟诵道，"它成为俄罗斯帝国在南方真正的首都。"[28]

马斯基尔（Maskilim）中心，20世纪初，布罗迪犹太教堂里的独唱者和男生合唱团。
纽约伊沃（Yivo）犹太人研究所档案馆供图

意第绪语里有一句习语："在敖德萨，活得像上帝！"这可以是一句祝福语、诅咒语，也可以是对矫揉造作的一句随口反击。对生活在东欧地区和俄罗斯帝国的犹太人来说，敖德萨很有吸引力，因为这里有相对自由的社会氛围、舒适的天气和前景乐观的商业机遇。不同于众多的欧洲城市，这里看不到十分明显的"犹太聚居区"。睦邻友好的决定因素是阶层和财富，而不是宗教和种族。只有一个时期出现过犹太人居住区，那是在第二次世界大战期间法西斯占领者炮制出来的。

依照传统说法，犹太商人来自六个家族；俄罗斯帝国占领卡吉贝伊村的时候，他们就已经在此生活，总共只有几百人。19世纪90年代，第一次非正式人口统计数据显示，登记为经商者的犹太人已有几百人之多。数年之后，犹太人生活中的主要机构，如教堂、殡葬社、掌管社区事务的"科希拉"（Kehillah）一应俱全。[1]19世纪，犹太人从黎塞留担任总督时的不足4000人，已增至60年代的7000多人，约占敖德萨总人口的1/4。随着全市总人口的不断增加，它的犹太特征也逐渐显现出来。[2]

连接中欧地区和黑海的陆上贸易线路形成了多条交流通道，自中世纪以来，犹太人就在这些通道上留下了足迹。这一广阔的商业网络覆盖下的各个城市，成为敖德萨这座港口城市的内陆伙伴。北边的主要集镇有位于加利西亚（Galicia）的布罗迪（Brody）等，千千万万的赶牛人、马车夫和小商贩把这些城镇和海洋联系起来，他们月复一月地穿行在介于欧洲腹地和海岸地区之间的山区和平原地带。在仅仅一个世纪的时间内，敖德萨的犹太人社区就成为这座城市经济生活的发动机。到20世纪初，在约2/3的工艺品商店和工业企业、近70%的贸易公司和近90%的谷物贸易公司，都能够看到犹太经营者的身影。[3]

对所有类型和信仰的移民而言，敖德萨富有吸引力，但它对犹太人的吸引力具有特定的原因。它的自由港地位为整个黑海和地中海地区的船只提供了港口和码头，这反过来也让它成为一个重要的枢纽，经其连接的陆上线路可通往中欧地区的各个犹太人居住区。从华沙到维尔纳（Vilna，今维尔纽斯），再到乌克兰西部的一个个小型犹太村落，内陆城市和村庄已经出现较大规模的犹太人居住中心。在俄罗斯帝国，犹太人的居住地点和职业种类都会受到严格限制。自18世纪晚期以来，犹太人主要被限定在所谓的"栅栏区"（Pale of Settlement），这一面积广阔的区域主要位于帝国西部的边境地区，涵盖现在的立陶宛、白俄罗斯、波兰东部、摩尔多瓦和乌克兰西部。一般不允许犹太人迁居帝国的其他地方。即便在"栅栏区"内，犹太人的收入也只能来自依法限定的特定的工作，如打理酒馆、酿酒和做小买卖。"栅栏区"里的犹太人人数较少，到19世纪90年代，其在总人口中所占比例仅略高于12%。但因为在少数城镇，他们聚居程度较高，因此往往成为最显眼的攻击目标，而且他们居住的社区也成为这个帝国里最明显的种族和宗教社区。

/ 099

意大利人和希腊人一直把敖德萨视作亚得里亚海和爱琴海地区各港口城市在北方的伙伴城市，直至19世纪中叶，它们都对出口贸易拥有极大的控制权。但犹太人在敖德萨的商业格局中扮演着重要的中间人角色，把住在内陆地区的农民、外来农户和游牧民联系起来，并为这座港口城市的大型出口企业搭建重要的桥梁。通过他们的努力，凭借他们的社交网络，敖德萨的发展超出了从波将金到沃龙佐夫等早期缔造者的想象：它是意第绪语区一座实力超群的港市。作为一座既需要人口也需要收入的边境城市，敖德萨成为"栅栏区"重要城市的中心之一；它是一座充满活力的现代化城市，在这个非此就要设限的区域下，犹太人可以做到生意兴隆，并享有一定的自由权利。在帝国的其他地方，犹太人会被视作基督教商人的竞争对手，所以会对犹太人的经济行为设定法律限制，而在这座欣欣向荣的城市，他们的商业联系却被视作一种恩赐。

/ 100

所有商人需要在三个同业公会中的任意一个登记并取得会员资格，这样才能在敖德萨从事商业活动。每个同业公会都拥有特定的权力，会员资格费实行累进制。19世纪中叶，第一公会的会员要缴纳 980 银卢布（相当于现在的 740 美元）的年费，才能从事任何形式的海外商业及对俄商业活动，并可最多开设三家零售机构。第二公会的会员只需缴纳 400 银卢布（相当于现在的 300 美元），但年度营业额以 9 万卢布为限。第三公会的会员费最低，只有 100 多银卢布（相当于现在的 80 美元），但他们受到的限制更多，仅限于帝国境内，不能从事海外贸易。除长期在敖德萨经商的少数商人外，外国商人必须选择加入第一公会，而俄罗斯帝国国民可以任选其一，这取决于自己的经营方式和经营性质。每个公会都有相当数量的犹太人成为代表人物。根据 19 世纪 50 年代末期的一份报告，敖德萨的第一公会有 25 名商人获准登记，其中 5 名是犹太人，而在第二公会获准登记的有 52 名商人，其中 15 名是犹太人。真正的差异来自第三公会，犹太人的数量是 367 人，几乎占到了会员总人数（782 人）的一半。[4] 犹太人穿行于农村地区，为"栅栏区"内其他城市和乡村的相同信仰者与家庭成员建立了联系，因此在以敖德萨为起点的帝国国内贸易中，他们很快就成为重要角色，并把具有很强的限制性且通常带有压迫性的制度变成一种成功的商业媒介。

敖德萨的商业环境嘈杂喧闹，极大的商业自由和创业精神是它的主要特点，这反过来影响到生活的其他方面。自由经商权意味着自由开办各种企业的权利——只要他付得起对应的公会会员费，这反过来催生了某些领域的公共事务许可证制度，而这种做法在帝国的其他地方闻所未闻。上层的自由思想曾经对普希金和他的同龄者具有巨大的吸引力，而它在敖德萨公共事务的诸多方面同样如此，不管是在繁忙的码头区域，还是在一手交货一手收钱的商业交易场所。就连戏院和剧团这样的公共娱乐场所，也为不同阶层和种族的自由融合提供了条件，远胜过沙皇统治下的其他地方。[5]

　　然而，尽管具有了种种可能性，但敖德萨和自己的犹太特性是矛盾的。作为一座发端于旧时土耳其边境地区的年轻城市，这里没有出过伟大的犹太教领袖"拉比"，找不到学识渊博的人，也不像其他城镇那样有几位神秘的传教人物。这里找不出和哈西德主义（Hasidism）的创始人巴尔·谢姆·托夫（Ba'al Shem Tov）齐名的人，也没有像维尔纳·加翁（Vilna Gaon）那样精通犹太律法的著名学者。欧洲东部有小型犹太村庄和哈西德式的贤人（Hasidic Tsadiks）居住的独门小院，这些原本籍籍无名的小村子因此变成学习场所和朝圣目的地，但在敖德萨却找不到类似的地方。往好了说，这座城市是个"二流暴发户"；往坏了说，它就是坏蛋和叛教者聚集的窝点。这是相当一部分住在欧洲东部的犹太人对它的看法。"每个地方都乱糟糟的，仿佛是要拿这个世界开玩笑，"现代意第绪语文学之父门德尔·默伊克·斯夫瑞姆（Mendele Moykher Sforim）笔下的一个角色，即以四处乞讨为生的跛子费希克（Fishke the Lame）说过，"你们的敖德萨不适合我居住。"[6]传统犹太教的传播路线在更远的北边，位于波兰和立陶宛交界地区。敖德萨历史短暂，位置偏僻，因此处在传统犹太思想和文化的边缘地带。

　　不过，尽管众多犹太人觉得它不太像一座犹太城市，但在很多非犹太教徒看来，敖德萨的犹太特性明显易辨，认为它是文化融合之后的敖德萨的一个组成部分。"我在那里看到了各个民族的人，"一位俄国游客在19世纪30年代记录说，"有希腊人、意大利人、德国人、法国人、犹太人（人数还不少呢）、亚美尼亚人和数量众多的乌克兰人，他们就在广场上歇息，旁边卧着牛群，停着马车。"[7]当时的一份法语导游手册说得很直白："人们觉得犹太人是个小集团，躲他们就像躲瘟疫。"[8] 但对众多诋毁者而言，敖德萨也有很多东西是他们完全看不见的，如不断前进、态度乐观，而且经济上居于主导地位的犹太群体，对"栅栏区"乃至整个帝国境内犹太人的生活方式做出了标志性贡献。

站在市中心也注意不到朱可夫斯基（Zhukovsky）大街顺山而下的斜坡上有一栋房子。房子掩映在拐过街角把树枝伸展到普希金大街上方的一片悬铃树丛里，旁边那座冷峻宏伟的交响乐演奏大厅令它相形见绌。尽管这栋浅蓝色房子的地基有所移位，锻铁栅栏围着的抹灰墙面已经斑驳脱落，但它曾经是敖德萨犹太人生活特征的主要标志之一。直到苏联把它变成罗莎·卢森堡（Rosa Luxemburg）工人俱乐部，并在随后的第二次世界大战时期把它作为储藏室和档案馆，在此之前它一直被名为"马斯基尔"（maskilim）的团体用作主教堂。

19世纪20年代晚期，敖德萨约有4000名犹太人，约占其总人口的13%。[9] 在后来的十年间，犹太人社区的规模和性质经历了一次重大变化。大批犹太人开始从"栅栏区"内的其他城镇迁出，移居敖德萨。作为自由港所拥有的商业机遇，加上帝国政府对居住限制政策的执行有所放宽，由此敖德萨成为雄心勃勃的犹太商人十分向往的目的地。新来者不仅给这座城市带来了财富和活力，还带来了新奇的东西，即被人称作"哈斯卡拉"（Haskalah）或者犹太启蒙（Jewish Enlightenment）的一整套信仰、观念和文化习俗。

"哈斯卡拉"发端于18世纪德国著名的犹太知识分子摩西·门德尔松（Moses Mendelssohn）的生活和工作。犹太生活的诸多传统特征，如祭司权威性、社会隔离等，需要和理性、自由与进步等价值观一道加以变革，这便是门德尔松思想的核心。门德尔松及其追随者并不对犹太文化的所有特征持拒绝态度，相反，对那些能使犹太人融入文明国家成为完整公民的文化元素，他们会设法培育并使之现代化。他们推崇的变化涉及服饰、语言、与非犹太人的关系，以及有可能给犹太人重新带来成就感的职业领域，如农业。

实际上，"哈斯卡拉"是一场革新运动，而非一场抗拒运动；在中欧和东欧的城市，它都有很多十分明显的外在表现形式，有与基督教大教堂相似的犹太教堂，有采用欧洲古典音乐的音阶与和声的礼拜唱诗班，也有出版社倾向于用德语、波兰语或者俄语而非意第绪语印刷出版物。门德尔松于 1786 年去世之后，他的思想在"栅栏区"生根发芽，而"哈斯卡拉"坚持的价值和行为却在"栅栏区"内的犹太人社区出现裂痕。犹太人不但被划归人数众多的"马斯基尔"群体——这一通用名称既指称"哈斯卡拉"的虔诚信徒，也指称它那些进步的追随者，而且被归入他们共同的敌对者，如因循守旧者、哈西德犹太人，以及那些排斥"哈斯卡拉"却偏向于同俄罗斯文化激进融合的犹太人。

19 世纪前二十年，"马斯基尔"信众从"栅栏区"内的其他地方进入敖德萨，但这次新的移民潮也给这座港口城市带来无数的外国家庭，尤其有的犹太家庭来自布罗迪和加利西亚等地。布罗迪和敖德萨同属自由港，对多个商业税种实行免收政策。1772年，波兰被瓜分，布罗迪被纳入奥地利的势力范围，从此获得了自由港地位。在中欧与俄罗斯帝国的贸易活动中，敖德萨发挥了关键作用，它是在波兰被瓜分的过程中，由奥地利、普鲁士和俄国三方通过谈判生效的一座内陆港口。敖德萨完成建设之后，布罗迪找到了自己的天然向海伙伴。随着这两座城市间商业联系的日益密切，移民很快就接踵而至，他们趁着进出口激增的机会，持续不断地迁居敖德萨。

自敖德萨建市以来，希腊人和意大利人一直是商业界的主力军，但从 18 世纪 30 年代开始，来自布罗迪的犹太人在贸易尤其是农产品贸易方面逐渐成为中间商的主要力量。他们对内地的生产商了如指掌。他们与牲畜贩子和马车夫关系融洽。他们在欧洲中部和东部地区编织了一张由朋友、亲戚和商业伙伴织成的巨大关系网，这些人既是投资人又是零售商，来自地中海的货物经由水路，成捆成箱地交到他们手里并由他们负责经销。作为敖德萨最重要的"哈斯卡拉"作家和思想家之一的约阿希姆·塔纳泊尔（Joachim Tarnopol）曾经这样描述布罗迪移民拥有的权力："来自布罗迪的人往往态度积极，精力充沛：他们在体面谋生、满足家庭需求方面从不弄虚作假……他们与欧洲的多个知名投资人有关系，他们合理准时地履行自己的义务，因此全方位地从事起银行业务，由此为商业界……发挥了巨大作用。"[10]

来自布罗迪及其周边地区的犹太人不仅因为敏锐的商业头脑而为人所知，还是"哈斯卡拉"的坚定支持者。在很短的时间内，他们就开始在敖德萨着手创建机构；在南方的气候条件下，这些人重新创造的成果，很快就超越了他们在加利西亚时所熟知的东西。在市政府的支持下，他们建起了一所私立学校，既教授《圣经》课程，也教授俄文、数学、地理和记账等，而这样的教育模式遭到乡下的传统主义犹太人的强烈抵制。后来，他们得到一笔资金，修建了一座小型犹太教堂，其中的礼拜方式遵循的是中欧地区广为流传的"启蒙"风格。固定式座位可避免冲撞和拥挤。礼拜仪式过程中，祷告者不可以说话，对在传统主义者中间流行的一种被"马斯基尔"认为具有简单性和混乱性的礼拜仪式予以禁止。不再使用老式音乐，转而采用具有创新性的合唱作品，作曲者是著名的指挥家尼桑·布鲁门萨尔（Nissan Blumenthal）；在1903年以98岁的高龄去世之前，他每次都会亲临现场。到19世纪60年代，召集人已经筹集到足够的资金，修建了第二批更为精致的设施，其中一栋高耸入云的摩尔式建筑，成为该市最显眼的一栋公共建筑。直至今天，这栋摇摇欲坠的建筑物仍然矗立在朱可夫斯基大街和普希金大街交会处。[11]

安息日这天，随着布鲁门萨尔的四部和声在大教堂里飘荡回响，来自布罗迪的"马斯基尔"终于可以信心十足地思考自己在这座城市发展过程中的地位了。和所有犹太人一样，他们仍然要面临一系列法律限制和社会歧视，有的甚至来自沃龙佐夫这样相对自由的管理者。但在城市里的犹太人社区内部，"马斯基尔"已经负责起本地事务，其所领导的委员会和公共机构实际上涉及犹太人集体生活中从割礼（bris）到葬礼的各个方面。他们在这座城市投下进步的光芒，以他们为先锋的改革浪潮席卷整个帝国。敖德萨的犹太学校成为典范，犹太人在教育领域开展了更广泛的主导性试验。布鲁门萨尔的作品响彻各个教堂，很多乐曲至今仍在全世界范围内传唱，而他创办的合唱学校培养了一批又一批歌唱家和作曲家。商人、音乐家和宗教领袖所具有的魄力和信心，使这座城市里的犹太人社区成为令人尊重和敬畏的对象，哪怕它照旧受到传统主义犹太人的诋毁。马斯基尔方式很快就传播到更远的地方。与俄罗斯语言和文化的融合，使它取代第一代加利西亚犹太人——他们曾经渴望成为德国灵感与指示改革的领路人——的价值观。这座城市已经走上要成为俄罗斯帝国犹太主义现代化中心的道路。

"地狱之火烧遍敖德萨"，说意第绪语的村民中流行一种说法；一些版本说，有人认为火苗已经蔓延到城外七英里之外的地方，其他版本则说它已经蔓延至十英里甚至更远的地方。但是，远处闪动的火苗与其说是一种警示，不如说是一种诱惑。敖德萨对犹太生活的定义，是融合而非强制性分裂。星期六的傍晚，尼古拉耶夫斯基大道挤满了来这里吹海风的犹太家庭，只见男人们穿着双排扣长礼服，女人们穿着最新潮的欧洲时装；吹够了海风，他们会纷纷来到黎塞留宾馆附近的一家咖啡厅。[12] 剧场里，犹太主顾和非犹太教徒并排而坐，或者在舞台附近的站票区挤成一团。"栅栏区"的划定意在限制犹太人与非犹太教徒混杂居住，作为坐落在"栅栏区"里的城市，敖德萨成为一座大熔炉，其中的传统主义者和改革者、犹太教徒和基督教徒都可以处于同一个社会空间。"多亏了外来者，"一份把敖德萨大多数犹太人都囊括进来的商业报告说得十分明白，"这座城市才有了现在的繁荣景象。"[13]

敖德萨是帝国对犹太小村庄的回应——它对犹太人实行的政策是社交融合而非孤立隔绝，是"启蒙"而非维持其传统观念，同时相信他们有能力向帝国证明自己的社会作用。新的规定为犹太人在帝国体制下发出更大的声音提供了条件。犹太青年获得了新的教育机会。帝国甚至不时做出限定，不允许穿着哈西德式长袍以及其他风格迥异的服装，而这样的规定普遍受到"马斯基尔"欢迎。正如约阿希姆·塔纳泊尔在 20 世纪 50 年代针对敖德萨犹太人生活的一份充满自信的调查报告里所说："文明的火花……［已经］驱散了偏见的阴影，发出了光芒。"[14] 但是，在其后的二十年里，随着犹太人逐渐摆脱中间商身份并进入敖德萨经济生活的中心区，原本对"马斯基尔"产生吸引力的开放、机遇和一体化遇到考验。

当外国旅游者冒着风险穿过欧亚大草原时，很难说清哪种情况更糟糕：一是坐着租来的马车，沿着有车辙的道路高速疾驰；二是车子停在一家苍蝇乱飞的小酒馆，饭菜仅有发霉的面包和发涩的葡萄酒，床铺上只有一床草席和一条破毯子。

接着，更令人感到惊讶的是，在这片多风的平原上，旅游者会突然碰到几个移居这里的德国人。在一座朴素的石质教堂的周围，整齐地分布着一排排小型木屋。门柱上装饰着简单而大气的花卉图案。朝外的窗台上挂着鲜花盛开的花篮。迎接旅游者的是礼貌而谨慎的问候语——"您好"，而如果旅游者想打听前往下一个村子或城镇的方向，他应该确保自己知道所问地名在德语而非俄语里的说法。"在我们向南行进的过程中，我既高兴又惊讶的是，一路上农业十分发达，"敖德萨建成之后没多久，一位俄国军官的妻子写道，"同时我所拥有的这个伟大的帝国——我曾经认为它是个人烟稀少的国家，因为它拥有如此广阔的土地——到处是人头攒动的村庄和迎风摇曳的棉花［小麦］。"15 叶卡捷琳娜大帝从奥斯曼帝国手里夺取这片土地没多久，就邀请德国人尤其是门诺派（Mennonite）信徒前来新俄罗斯地区建立农场。在以游牧民和哥萨克人为主要居民的边疆地区，德国人带来了他们缺少的农业技术。作为回报，他们获得了土地、免服兵役，并可使用黑海沿岸蓬勃发展的帝国港口，作为产品出口的现成通道。

敖德萨的缔造者是在帝国履职的外国人，这一传统代代相承。新兴产业如雨后春笋般涌现。如果你是个富商，为你理发的可能是个亚美尼亚人，为你打理花园的可能是个保加利亚人，为你粉刷墙壁的可能是个波兰人，你的马车夫可能是个俄罗斯人，而你的育婴保姆可能是个乌克兰人。16 一位持不同意见的旅行者回忆说："敖德萨没有民族色彩。"¹⁷ 有些人只用类比手法称呼他们——俄罗斯籍佛罗伦萨人、俄罗斯籍那不勒斯人、俄罗斯籍巴黎人、俄罗斯籍芝加哥人，甚至还有俄罗斯籍辛辛那提人。¹⁸ 也有人对在林荫道、码头和市场上遇见的外来人采用一种十分冗长的方式加以描述，如那个戴着阿斯特拉罕羔羊皮（astrakhan）帽子的亚美尼亚人，那个穿着蓝色及膝长裤的希腊人，那个穿白色及膝裙、戴高呢帽的阿尔巴尼亚人，那个戴着无边土耳其毡帽的土耳其人，那个穿着粉红皮衣或者披着大披肩的鞑靼人，那个蓄着长胡须、身后跟着紫袍金发随从的东正教牧师，那个严格地穿着黎塞留中学校服的学生，那个披着镶边头巾的俄罗斯或者乌克兰妇女，那个把蓝色印花棉裤塞在低筒靴里的农民，以及那几位率领100多名海军士兵和文职人员，身着绸缎、肩披绶带、佩戴花彩饰物的军官等。¹⁹1851年夏天，旅行作家埃德蒙·斯宾塞（Edmund Spencer）从君士坦丁堡出发，经过50个小时的海上航行后抵达这里；他觉得这不是他想象中的俄罗斯城市，而是一座具有"半东方色彩的"城市："严格地说，敖德萨不能算是俄罗斯城市，因为它的居民主要是德国人、意大利人、希腊人、犹太人、亚美尼亚人，也有不少法国人和英国人；同时，作为一座自由港，在大街上闲逛的商人来自世界各地，他们穿着五颜六色的衣服，有欧洲服饰，也有亚洲服饰，这给欢乐丰富的街景增添了不少亮色。"²⁰

很多观察者没能注意到的是这座城市断断续续的统一性：尽管人们的习惯、宗教、服饰和职业存在巨大差异，但大家都越来越觉得自己就是敖德萨人。实际上，不管是出生在这里还是中途来到这里，本地人其实就是各自所希望定义的外来者：与传统主义犹太人相对的激进犹太人、在广袤的欧亚大草原而非在欧洲北部冲积平原上耕种的德国农民、在自有土地上而非专为远方贵族

/ 108

侍弄土地的自耕农、所依附的同一段海岸曾经被来自古代爱琴海的水手和中世纪热那亚商人光顾的希腊人或者意大利人。随着时间推移，各个群体之间的实力对比发生变化。但总有一根金线，把敖德萨的各色人群串联在一起，而且正因为此，敖德萨的经济在 19 世纪中叶获得了巨大发展。19 世纪 30~60 年代，谷物贸易使这座城市成为俄罗斯帝国境内最繁忙且最具活力的港口，其众多族群的生活由此得以有所改变。

"谷物有需求，一切都看好。"[21] 这是黎塞留公爵曾经提出的简单等式。而在 19 世纪的相当一段时间里，这个等式可能就是敖德萨的座右铭。19 世纪 60 年代之前，敖德萨是西方世界的"米袋子"，先是为饥饿的欧洲，继而为全球市场越来越多地提供粮食。因为小麦和大麦的价格起伏波动，外国领事向欧洲各国的首都发回一封封令人窒息的函件。涉及食品供应的接连不断的外交口角产生的后果令各国的部长们陷入沉思。随着帝国在高加索山脉和里海沿岸的港口城市巴库这两个更靠东的地方发现石油资源，敖德萨作为出口换汇领头羊的地位才被超越。

敖德萨在商业上的成功，得益于它处在平原和海洋交会处，因为前者生产的产品，可以经由后者进入市场。但是，一系列好运让这座城市提升了这样的天然条件。沃龙佐夫等能力出众的管理者坚持维护它的自由港地位，因为这一地位对外国及本地生意人是巨大的诱惑。码头经过修缮后，大型船只可以安全地进港锚泊。黑海周边地区的瘟疫感染人数逐渐减少，船只、货物和旅客的检疫时间都大大缩短。沙皇和苏丹于 1829 年签订《阿德里安堡条约》（the Peace of Adrianople），从而结束了为期近十年的外交口水战、贸易纷争和全面战争，俄罗斯帝国由此从奥斯曼人手里获得了历史性的让步，其中包括奥斯曼人不再登船检查俄

19世纪的照片中，敖德萨港挤满了驮着小麦的牛车。作者收藏

罗斯帝国的商船。19世纪20年代末期至50年代初期，敖德萨处于相对和平状态，船只可以便利地通过博斯普鲁斯海峡和达达尼尔海峡。

经济收益相对可观。1813年之前，俄罗斯帝国黑海沿岸各港口的年均谷物出口量不足200万切特维特①（chetverts），但至19世纪60年代，就超过了1600万切特维持。在所有出口中，

———————————

① 俄罗斯帝国的一种干容积单位，1切特维特相当于5.77美式蒲式耳。

超过一半来自敖德萨。[22]19 世纪 30~50 年代，出口至意大利各港口的谷物量增长了一倍多，而法国在这一时期从敖德萨进口的谷物总量增长了 9 倍左右。19 世纪 40 年代晚期之后，英国放松进口限制，帝国引入耐寒小麦品种，这都为敖德萨的产品开辟了新的市场，到达的地方远超出传统意义上的地中海沿岸。[23] 到 19 世纪中期，每年从敖德萨开出的船只远超过 1000 艘。[24]19 世纪 40 年代中期至 50 年代初期，驶入黑海的英国船只数量增长了 7 倍，而以英国作为目的地的船只占到 1/3 及以上。[25] 飘扬着欧洲各国国旗的远洋海船，满载小麦、大麦、黑麦和其他谷物。

在所有商品中，小麦位居第二。经由黑海沿岸各港口输出的小麦总量，占到帝国小麦出口量的 90%，人们在敖德萨的所见、所听与所闻多与小麦及其销售过程有关。[26] 数量众多的牛群产生的粪便为农村地区提供了肥料，它们还拖着数千辆木制牛车，把农田生产的谷物运输到储备中心。大草原上遍布着深深的车辙，运盐的马车夫沿着既定的路线，从帝国西部偏远的比萨拉比亚、波多利亚等地会聚于此。进城之后，他们可以卸载货物的储藏场所有数百个之多，既有已经腾空且经过改装的石头房子，也有专门修建的谷仓，装配着华丽的壁柱和三角墙，隔着一条沟壑与城区遥遥相望。[27]

一些马车夫返回北方时，会带上布匹、葡萄酒，或者由抵达这座港口的商船运来的其他进口商品，有的还会选择把马车开进首都。干牛粪可以收集起来，当作燃料卖给贫困家庭，动物屠宰后可以得到肉和皮。富含杂草的粪便燃烧时发出一丝甜味，与脂肪桶散出的腥味和硝皮发出的恶臭混杂一起，飘散在空气中；工厂生产的方砖形成品脂肪和一捆捆粗制牛皮，即将销往土耳其、意大利或法国。

每到丰收季节，数十万头牲畜就穿城而过，灰尘和泥泞于是变成敖德萨城市生活的两大特征。牲畜蹄子激起的灰尘呈淡黄色，被永不停歇的风刮得四处飞扬，不但呛鼻，而且落在人身上，像是撒了一层滑石粉。雨水再把累积至几英寸厚的石灰石尘垢变成一道道无法穿越的泥淖。为了应对临时形成的一处处灰白色泥泞洼地，马车夫被迫采取一种独具特色的敖德萨方法。因为英国人靠左驾驶，法国人靠右行驶，于是有旅游者报告说，敖德萨的马车夫根据障碍物所处的具体位置，径直对着迎面而来的驾车人吼叫道："靠左！""靠右！"[28]

与主大街并行的开放式砖砌排水系统深约60厘米，不时有人行桥或者厚木板跨越其上。但是，排水沟里既有民居和旅馆排放的废水和固体污物，也有大街上冲刷进来的动物粪便和淤泥污渍，即使再顽强的行人也会被熏得阵阵作呕。[29]芬芳的刺槐花和夹竹桃花香压住了恶臭，但风向一变，情况往往跟着改变，随着大风不停地从草原刮向海洋，这座城市才得以摆脱恶臭。

小麦交易市场同样使敖德萨形成了独具特色的声音种类。为让倔强的阉牛走上正道，赶车人不干不净地大声咒骂，与之交织在一起的是码头上和屠宰场里的牛发出的低声呜咽和高声号叫，还有破旧的运麦车被劈成柴火时清脆的啪啪声。每头牛都带进来一大群苍蝇，要么在交易市场里围着商人们嗡嗡乱飞，要么对着普希金大街和黎塞留大街两旁那些店铺的窗户一阵乱撞。每年4~10月，随着小摊小贩到来，市区人口急剧增加；卖货郎和表演艺人增添了热闹的氛围，广场和大街上都能听到他们的叫嚷声和金属管乐声。即便在稍微安静一点的大街上，也能听到东正教唱诗班发出的拜占庭式旋律，或者从布罗迪犹太教堂里传出的一阵阵欧洲和声，缭绕于为谷物交易而兴建的一栋栋大楼。在市中心靠近剧院和黎塞留宾馆的地方，光顾小餐馆的食客大声点着咖啡或者用发酵面包酿制的淡啤酒——"克瓦斯"，希冀自己的声音能够盖过掷骰子的咔嗒声、多米诺骨牌倒地的啪嗒声，以及玻璃杯碰撞的叮当声。"不过，在这一阵阵喧闹声中，'卢布''谷子'等词语仍然清晰可辨，"19世纪30年代末期的一位见证者写道，"不时也能听见'皮子''羊毛''剑麻''油脂'等词语。"[30]

19世纪中叶流入的大量财富为新建公共建筑和改善市政状况创造了条件。早期的建设者要求国家或贵族提供资金，用于修建一座真正的城市所应有的配套设施，但在利用公共资金全力解决卫生、灰尘和腐蚀等问题的形势下，配套设施的修建不得不退居其次。很多建筑物用的是软质石灰岩，容易受到风力和含盐空气的剥蚀，即便新建的楼房也会显得陈旧，并布满大大小小的凹坑，而这又会让市区多一些四处飞舞的沙砾。楼房的立面每年都要做翻修和刮灰处理，而街道也会逐段做压实或铺装处理，在其上面铺上一层密实的碎石。

为满足相对富裕且品位不断提高的敖德萨居民的需要，先后修建了一些文化设施。到19世纪中期，敖德萨已经拥有三家印刷厂、一家石印所、六家书店，以及数十家私人俱乐部、剧院、学会和公私立学校，其中就有著名的黎塞留中学——它为后来创办的一所预科学校和新俄罗斯大学（Novorossiya University）奠定了基础。正如一位旅游者所说，在一个"对音乐有着狂热劲"的城市，戏剧和剧院应是主要的娱乐内容，表演者既有巡演公司，也有自己的后备演员。[31] 作为这座城市拥趸之一的历史学者康斯坦丁·斯莫利亚尼诺夫（Konstantin Smolyaninov）写道，到1851年时，该市已有32座教堂（其中17座为非东正教基督教堂）、2 座男性和女性修道院、4 座犹太教堂、34 个犹太教祷告室、76 栋公共建筑、5 个公共花园、65 个私人花园、4463 栋私人住房、1619 家商店、564 间粮仓、47 家工厂、3 条林荫大道、49 条街道（其中 24 条已完成铺装工作）。[32]

但在 19 世纪中期，敖德萨赖以成功的基础并不牢固。斯莫利亚尼诺夫提供的列表显示，商店、粮仓和公共建筑物的数量远远多于工厂的数量。除了砖头、绳索、部分食品（如通心粉），这座城市几乎不生产任何东西。它就是一个商业中心，与搬运、交易和金融有关，与生产过程没有任何关系。它的财富很大程度上来自乡下奴隶的有效劳动，即它是帝国奴隶制经济结出的一颗黑色果实，因此生产者对提高农业技术没有丝毫的投资兴趣。同时，因为农民多数时间被束缚于土地，所以即使敖德萨人决定着手修建工厂，也根本找不到现成可用且确实具有流动性的劳动力。[33] 敖德萨的命运取决于农村地区生产的谷物和通过海路进口的商品，所以也可以说它受制于无常的大自然和时常变化的外国生产者。蝗虫、冰雹或持续的干旱都可能让地里的庄稼毁于一旦。19 世纪 30 年代，也就是米哈伊尔·沃龙佐夫任职中期，一场毁灭性的干旱在新俄罗斯地区造成了一次饥荒，政府只有分发储备粮赈灾，才能让数千人不至于吃不饱饭。[34]

即便对城市本身而言，淡水往往也是一种稀缺资源。敖德萨远离河流或者其他水源。从城市出现开始，就需要修建大型水箱和水库，作为牲畜的饮用水源；在城市周边，可以看到一条条淌水的水渠流向草原深处。[35] 对人而言，淡水同样难以获取，因此也就变得十分昂贵。主要的水源是一眼泉水，坐落在离城几英里远的地方，位于海岸一段十分陡峭的堤坝上。泉眼之上修建了一座小房子，并派出一个由哥萨克人组成的小分队加以看守。泉水从四周的石灰石里汩汩涌出之后，人们用桶盛接并送到城里。19世纪20年代，一桶水的价格是一个半卢布，而一个家庭要买足一个星期的淡水，需要足足支付20卢布，哪怕对那些殷实的家庭而言，这也是一笔可观的费用。[36]后来人们又修筑了一条渡槽，但直到1873年通过管道供水系统从德涅斯特河引入河水才满足了这座城市的用水需求。[37]在此之前，正如普希金曾经戏谑的那样，敖德萨的葡萄酒比水卖得都便宜。

这座城市已经学会处变不惊，如港口延迟封冻会打乱航运节奏；灼热的夏季或突然降临的雹灾、风灾会让畜群数量减少并将麦田夷为平地，或将大麦连根拔起；突发的斑疹伤寒、霍乱甚或鼠疫会让整座城市陷入封闭状态，并切断城市的商业生命线；皇帝突然改变的偏好或者某个遥远国家的购买者陡转的口味有可能让价格大幅波动，并使交易市场上充斥着以交换国际重大事件信息为主的投机行为。1854年的春天就出现了这样的局势，此时城里已经得到消息：帝国出人意料地与敖德萨最好的客户即大英帝国发生了战争。

敖德萨在战争中生根，因此战争对这座城市并不总是坏事。帝国与拿破仑的冲突让它得以繁荣发展，它不仅成为欧洲产品通往帝国的替代性线路，对受制于法国贸易禁令的欧洲大陆而言，它还变成各种原材料的来源地。19世纪20年代，希腊和巴尔干地区的混乱状态使这座城市迎来新一波希腊人移民潮，让精力充沛的商人阶层得到扩充。但在19世纪50年代，敖德萨与冲突的核心地带近在咫尺。有史以来第一次，把它当作目标的不是英国商船和英国商人，而是英军火炮。

克里米亚战争既不关乎任何事情，但又关乎所有事情。沙皇和苏丹之间的这场战争，是为了争夺位于耶路撒冷的多个圣所的控制权，具体而言，就是哪个帝国才应该对圣墓教堂（the Church of the Holy Sepulchre）拥有控制权：是教堂所在地，即奥斯曼人代表的伊斯兰政权，还是俄罗斯帝国这个自称与它有着特别宗教关联的东正教政权。但更大的问题在于，两个帝国都在为边境地区——高加索山脉、巴尔干半岛南部、多瑙河沿岸、黑海沿岸等的影响力展开争夺。

对于那些被帝国夹在中间的古老王国和公国，帝国已经于19世纪上半叶获得了较大的控制权。有的已经完全并入帝国，如格鲁吉亚王国和靠近里海的多个穆斯林王国；有的虽然仍旧是奥斯曼帝国的附庸国，却不时处于帝国的占领之下，如位于多瑙河以北地区的摩尔多瓦公国和瓦拉几亚公国。俄国给人的印象，就是要彻头彻尾地干涉奥斯曼人的事务，如为由"友谊社"发动的希腊人起义提供支持等。西方国家的担忧与日俱增。对于这场意在使近东地区的基督教徒摆脱残暴的穆斯林统治的人道冲动，英国和法国本来大体上抱持支持态度。但俄国人挑动奥斯曼人摆开进攻阵势的习惯，在这个时候似乎成为战略计划的内容之一，甚至可能让叶卡捷琳娜大帝自18世纪以来的那个目标得以复活，进而获得对博斯普鲁斯海峡和达达尼尔海峡的控制权。

为解决圣所地位问题的外交努力宣告失败，俄国于1853年7月派兵越过普鲁特河进入摩尔多瓦和瓦拉几亚，占领了这两个被奥斯曼人视为保护对象的公国。因为担心俄国人很快就会跨过多瑙河，并在巴尔干半岛引发东正教基督徒起义，甚至有可能威胁到君士坦丁堡自身的安全，苏丹于是下达命令，在河流沿线和高加索前线地区展开针对俄罗斯帝国的军事行动。奥斯曼帝国的船队受命驶入黑海，破坏俄国的航运和海军行动计划，随后跨过

克里米亚战争期间，英国于1854年4月对敖德萨展开炮击。选自19世纪的雕刻作品。
作者收藏

这座防御薄弱的城市，并驶往位于黑海南部海岸中部的港口锡诺普（Sinop），做好越冬的准备。

奥斯曼帝国的舰队虽然高枕无忧地驶离了君士坦丁堡，却前所未有地靠近了帝国海军炮火的中心地带，即军民两用的塞瓦斯托波尔港，而从这座位于克里米亚半岛的港口跨海航行到锡诺普并非难事。1853年11月30日上午，在舰队司令、著名的帕维尔·纳西莫夫（Pavel Nakhimov）的指挥下，帝国舰队驶出塞瓦斯托波尔港，扑向奥斯曼帝国舰队，发动突然袭击。在欧洲历史上，这是木质舰船最后一次参与重要海战，也悲剧性地宣告了帆船时代的终结。没有采取任何防卫措施的奥斯曼帝国舰队成为活靶子，不断靠近的帝国舰队对它形成包围之势，能够为舰队提供保护的只有防护力差的海岸炮台。仅一个小时过后，奥斯曼帝国舰队即被摧毁。随后的几天里，约 3000 具奥斯曼人的尸体陆续漂到岸边，而帝国军队的阵亡名单上只有 37 人。[38]

/ 118

西欧国家担心，黑海周边地区本来就不稳定的平衡状态已经被打破。毫无疑问，俄国人会在奥斯曼人身上占尽便宜，会一步一步地蚕食周边地区，直至沙皇有能力获取君士坦丁堡这个真正的"战利品"，并借此控制地中海和黑海之间唯一的水上通道。羸弱无能的奥斯曼帝国会是引发帝国采取干涉手段的持久诱因。但它也是一种战略必然，促使欧洲各国对帝国的野心保持警觉。如果没有奥斯曼帝国横在其中，几乎找不到任何手段，可以阻止帝国在巴尔干地区和地中海东部地区形成政治和军事主导局面。

锡诺普溃败之后，英国和法国与奥斯曼帝国结成同盟，并于次年 3 月，即帝国港口的冬季风暴和解冻的情况刚一适合海上作战时，便宣布对帝国开战。英国、法国和奥斯曼帝国组成了远征军。针对帝国在锡诺普展开的冒险行动，三国决定把黑海作为复仇地点。9 月，联军在延伸至黑海的克里米亚半岛登陆。此后一年间，联军先后包围了帝国位于塞瓦斯托波尔的海军基地，以及克里米亚沿岸地区的其他战略城镇和港口。其间采取了一系列军事行动，如"轻骑旅的冲锋"，因为他们的勇敢和大胆闻名于世。潮湿的冬季、酷热的夏季和肆虐的疾病夺去了很多士兵的生命。

敖德萨处在战火的边缘，距离塞瓦斯托波尔不到 200 英里——与纳西莫夫率领舰队奔袭锡诺普的距离不相上下。这座城市由此陷入被动，不管是从君士坦丁堡驶来的还是停靠在西海岸的联合舰队，都有可能对它实施攻击。同时，因为敖德萨与英国具有长久的商业联系，俄罗斯帝国的战略中就多了一项内容，不仅要让这座城市免遭联合舰队的攻击，还要让它对民用船只实施封港政策，以确保英国的进口商无法从这座有可能遭到其炮轰的港口继续获益。

西欧国家结成的同盟一旦看似做好加入这场战争的准备，沙皇尼古拉一世着即颁布禁令，禁止一切船只经帝国在黑海及亚速海沿岸各港口从事谷物出口，此举既是为了力保战略粮食储备，也是为了削弱英国和法国的商业。这期间敖德萨囤积了100万切特维特（几乎相当于600万蒲式耳）谷物，着实让老鼠饱餐了一回。商人们无法完成商品报价工作，因为贸易几乎陷入停滞状态。美国领事约翰·拉里（John Ralli）在报告中写道："交易量大为减少，这在这个地方是前所未有的。"[39]

没过多久，不远处就出现了更具有威胁性的情况：英国和法国组成远征舰队。4月初，30艘联合战舰锚泊敖德萨。大约在1854年4月9日下午4点，舰队派出一艘小艇驶到岸边，向所有的英国、法国和俄罗斯帝国商船下达了投降的命令。当地的军事指挥官没有给予任何答复。第二天一早，舰队向布置在港口周围的炮台开火。报告说损失并不严重，但作为一个曾经向全世界敞开怀抱的城市，它第一次经历战争。联合舰队终于驶向克里米亚半岛，远处回响着加农炮和水雷爆炸的声音，把敖德萨的房屋和旅馆窗户震得啪啪响。[40]两艘蒸汽战舰继续停泊在那里，既为了封锁这座港口，同时也对可能路过此地的中立船只执行军火搜查。

当这座城市的居民看准报复的时机时，就没有让它白白溜走。1854年4月30日，英国的"老虎号"蒸汽战舰因为浓雾在岸边搁浅。第二天一早，迷雾散去时人们才看清楚，它所处的位置已经十分靠近海岸，敖德萨的火炮于是从悬崖的高处向它开火。船上的260人争相逃离已经受到损坏的船只，但很快就有人挂出了投降的旗帜。那天晚上，猛烈的火力攻击致使这艘船发生爆炸，腾起的蒸汽和水柱十分壮观。军官和船员悉数被俘，从船体残骸上取下的枪炮被当作战利品，当俄罗斯帝国军人试图鸣炮致敬时，它出人意料地爆炸了。[41]

有船队从岸边经过，驶往克里米亚半岛。种植谷物的田地已荒废。粮仓已空。三年时间里，一切都结束了。1856年4月的第一个星期，敖德萨通过电报得知，俄罗斯帝国已经和多国同盟在巴黎签署了和平协议，从而给这场残酷的战争画上了句号。在这场战争中，一方面，俄罗斯帝国舰队在塞瓦斯托波尔港被全歼，沉入海底；另一方面，英国、法国或奥斯曼帝国都没有实现真正的战略价值。消息被辗转送到仍然锚泊在敖德萨港口外的联军汽船上。船长们依次派出小艇驶到岸边，请求获准向俄罗斯帝国国旗致敬。人们聚集到港口，船队缓缓驶进来，主桅杆上升起俄罗斯帝国国旗。船队鸣炮致礼，岸上的炮台做出回应，也礼节性地升起英国国旗。封锁很快得以解除，锚泊在港口外的联军汽船也从这个不受待见的长期岗位上撤离。[42]

"我得承认，我原来也坚持认为敖德萨应该被摧毁，"一位参战的英国老兵在1871年参观这座城市时说道，"但是现在，我亲自参观了这个地方后，有了不一样的观点。"[43]这场战争以一种彬彬有礼的方式结束了，它掩盖了这座城市很快就要面临的巨变。它的自由港地位因为战争而终止，并再也没有得到恢复。英国和法国吃尽了出口遭到禁止的苦头，转而发现新的粮食来源地。很快，美国堪萨斯州和内布拉斯加州就为在与欧洲的谷物贸易中争夺主要份额，而与新俄罗斯展开直接竞争。旨在为地中海找到南面出口的巨大工程，即苏伊士运河于 1869 年完工，它对贸易格局带来的多重改变，令黑海的重要性大打折扣。从中欧和南欧前往波斯和中亚的陆上通道曾经以奥斯曼人在黑海建立的各个港口作为起点，现在已经被通过苏伊士运河的便捷水道取代。

小麦贸易仍然具有重要性。第一次世界大战爆发前，谷物的年均产量可能再次实现了翻番。[44] 但俄罗斯帝国在黑海和里海沿岸的其他港口，如新罗西斯克（Novorossiisk）、巴统（Batumi）、巴库（Baku），甚至包括塞瓦斯托波尔，都在遭到联军破坏十年之后得到重建和修复，此时正在逐步走出敖德萨的阴影，构建自己作为贸易、工业和军事中心的多重身份。到 1914 年，敖德萨仍然是俄罗斯帝国南部地区最大的商业中心，但它在黑海地区商品交易中的占比不到 20%。[45] 尼古拉耶夫（Nikolaev）和罗斯托夫（Rostov）这两座城市都比敖德萨古老，但因长期被西边的邻居压抑而黯然失色，此时也正在奋起直追。[46]

战争即将结束时成立的俄罗斯轮船公司（the Russian Steam Navigation Company）利用蒸汽技术，使旅游和商业活动完全覆盖了这一片海域，并把沿岸的各个港口紧密联系在一起。到 1860 年，定期巡弋在这片海域和多瑙河、第聂伯河等河流上的俄罗斯帝国蒸汽船已经达到 35 艘。[47] 但是，铁路开始对从南方地区出发的贸易线路进行调整，使横跨帝国全境并向北延伸至波罗的海的商品运输过程有所简化。沃龙佐夫伯爵已经离任，而他的继任者良莠不齐，一直未能继续其先辈管理者的开明管理，巩固其优势地位。新俄罗斯总督官邸于 1874 年被彻底废弃；与提升敖德萨的天然优势相比，取而代之的州管理机构更为关注中央集权和铲除政治危险分子。

敖德萨人一直觉得自己的城市是滨海好客城市的典范，也是温和自由主义的天堂；这个时期社会所遭遇的变化，同样令他们感到十分陌生。克里米亚战争中期，沙皇亚历山大二世即位，作为他掀起的自由化改革浪潮的内容之一，俄罗斯帝国于1861年废除了农奴制。但乡下的农民起义让庄稼颗粒无收，大量涌进城市的村民让本已怨声载道的城市管理者不堪重负。自杀率不断攀升，1870~1890年自杀人数增长了近1/4。就城市的规模而言，敖德萨的自杀人数超过了圣彼得堡或伦敦。依靠枪支实施管理的情形超过了帝国任何一座大城市。春季和夏季是死亡人数最多的时候，这时花香充溢着全市的公共公园，阵阵暖风吹拂着海岸线——但这也是赚钱或者赔钱的时候，而它全取决于收成，或者远在马赛或里窝那（Livorno）的买家的兴致。[48]

公共暴力一直是敖德萨日常生活的一部分，但州政府开始在其中发挥作用。1878年8月的报纸报道，死刑射击队最近执行了该市有史以来第一桩政治犯罪——因其隶属于社会主义革命政党，还因其组建了非法的地下活动小组——的死刑判决。在19世纪最后几十年里，帝国法官在敖德萨做出的绞刑判决，多于其他任何一座城市。[49]人们对警察编了很多笑话。有个故事说，大街上的淤泥如果陷住了你的双脚，那么你肯定是碰到了坚硬的东西，因为就在你的前头，刚有一位骑着马的警官陷了进去。[50]现在，这个笑话的边界更加模糊。沙皇的秘密警察开始把这座多语种的大城市看作挑动者、怠工者和恐怖者的孕育地，因为在很大程度上，这座城市的确如此。敖德萨是持各种信念的狂热分子的天然聚会点，而它那松懈的海关监管和贿赂港口官员的歪风意味着，哪怕稍有一点阴谋手段就能偷偷带进煽动性书籍和宣传册子，同时还有武器。

克里米亚战争之后，随着航运业的好转和贸易的恢复，仍然有可能积累起大量财富。中心区的大街和林荫道两旁新建了很多楼房，它们是这座城市的财富得以持续增加的产物。时至今日，那些古老的银行、商号和宾馆的"婚礼蛋糕"式正立面已经掩映在悬铃树和七叶树丛中。一场大火烧毁了黎塞留修建的小型剧院，1887 年，一座意大利风格的鼓形剧院在小型剧院的旧址上开门迎客；如果天气晴好，它仍旧是绕过海岬的船只所能看见的第一栋老式建筑。

然而，世纪中叶那场危机确实成为某种分水岭。一个更加抑郁和动荡的时代，正在取代可以随心所欲地从事商业活动的时代。坐落在帝国的犄角旮旯里，在国家大事和民族大事都远离尼古拉耶夫斯基大街的情况下，既能悄无声息地独立存在又能不断积累财富的舒坦日子一去不复返。敖德萨人逐渐意识到，这个世界与他们之间的关系，远不同于小麦价格、银卢布的兑换率，以及那家新开剧院的首次演出。

第二部　残酷居所

19 世纪照片中的城市街景：黎塞留大街及远处的剧院。国会图书馆印刷品与照片部供图

列夫·布隆施泰因（Lev Bronstein）把自己第一次事关背叛与操纵的教训归咎于敖德萨，尤其是位于乌斯本斯卡亚（Uspenskaya）大街的圣保罗学校（St Paul's School）。圣保罗学校是一所实科中学，专门教授数学、科学和现代语言课程，而不是像传统学校和声望更高的预科大学那样教授历史和古典语言课程。1888 年，布隆施泰因被父母从位于山区的赫尔松省的家庭农庄送到敖德萨，与一位远亲共同居住，以享受这座城市所能提供的教育机会；远亲是一个事业有成的犹太出版商，名叫莫伊塞·斯本泽（Moisei Spentzer）。

圣保罗学校的创办者是路德教会（Lutherans），但教职工由各种教派和民族的人组成，所有人都用俄语授课，而且密切关注各种胡乱告状。布隆施泰因在回忆录里写道："总体而言，人与人之间的乖张举动很常见，教师之间尤其如此。"[1]他对自我要求极为严格，有好几次差点卷铺盖走人，但总算以全班最好成绩结束了学业。除了这段经历，他还学到了两点教训。一个教训是这座城市同它所在的广袤帝国一样，不但一片混乱，而且管理过于严格；与此同时，这个地方虽然"商业气息浓厚，众多民族会集，色彩丰富，嘈杂吵闹，"但"在警察专横的俄罗斯帝国，它或许仍然是警察最为专横的一座城市"。[2]

另一个教训是在这样的地方几乎找不到可以信任的人。布隆施泰因率领一帮野孩子，时常在班上调皮捣蛋，因此被学校视作混世魔王。不过，得益于同伙的通风报信，他只受到过很少的批评。"拉帮结派正是那个时代的产物，"他写道，"一头是喜欢惹是生非、心怀嫉妒的人，另一头是心地坦荡、勇气可嘉的男孩子，中间的是可左可右、优柔寡断的普罗大众。即使在那之后很多年，这三种人也从来没有消失。我在自己的一生中，在各种各样的场合，无数次地碰到这样的人。"[3]

1896年，布隆施泰因离开敖德萨，再也没有回来过。不过，他早期经历中的政治光环引领他走上职业革命道路。离开敖德萨没多久，他就在圣保罗学校获得的终身教训的基础之上，再度接受了马克思主义的政治信条。没过多久，他就因为政治煽动者的身份遭到沙皇政府的逮捕，并被流放到西伯利亚。后来，他改名为莱昂·托洛茨基（Leon Trotsky），并终身致力于鼓动那些他在穿着校服的孩子中就已经发现的穿着宽松上衣、戴着鸭舌帽四处转悠的"可左可右、优柔寡断的普罗大众"。

敖德萨一直有两个地下世界，一个是抽象的，后来被托洛茨基做了一番探索；另一个是具体的，由岩洞和通道构成。这座城市坐落在一片具有渗水功能的岩石之上，其中蜿蜒分布着一个由地下墓穴构成的迷宫。有的地道为天然形成，有的则是经过数百年开凿而成，曾经被旷课的学生、妓女、政治煽动者和虔诚的游击队员作为储藏室、避难所和藏身之处。狭窄的岩洞在城市和郊区之下蜿蜒数百英里，潮湿的石灰石往往一碰就碎。

敖德萨人说，随便找一眼院中水井钻进去，你都能顺着一条侧向隧道，通往某个藏身之处或某个走私犯的老巢。但敖德萨的石灰石地下世界是一座影子城市的具象代表，它与真实世界比肩而立，位于地面，肉眼可见。在19世纪最后数年间，这座城市的阴暗场所犯罪高发、疾病频发、阴谋四起、反抗不断，既是恶名的渊薮，也是各种积弊的温床。其中心位置与圣保罗学校离得很近，所在的社区名为"摩尔达万卡"（Moldavanka）。

这个地名暗指的是说罗马尼亚语并最先以赶牲人和做工人身份来到这座城市的少数民族——摩尔多瓦人。据一些资料记载，这个社区比敖德萨建市还要早。它最初是摩尔多瓦人的一个临时居住点，在奥斯曼人的统领下，这些人正在着手修建叶尼·杜尼亚要塞。后来住进了保加利亚人、阿尔巴尼亚人、希腊人和其他人，包括"友谊社"的同情者，以及19世纪20年代巴尔干半岛战争的难民。

然而，到19世纪中叶，住进"摩尔达万卡"的贫困犹太人已经超过摩尔多瓦人和保加利亚人。穷窝子、廉价酒馆和花样百出的犯罪手段令它恶名缠身，而这一切都与高大的天主教堂、基督教堂、犹太教堂和祷告室同时并存。爱惹事的儿童乞丐在大街上闲逛，从他们身边经过的有制帽商和裁缝，也有补锅匠和赶牲人。每到晚间，说意第绪语的青少年就成了背街小巷的主宰者，要么找个机会打上一架，要么找个婚宴搅上一局。[其中有一个人名叫扬科勒·库拉齐尼克（Yankele Kulachnik），人称"铁拳杰克"；他后来改邪归正，成为美国伟大的意第绪语演员雅各布·阿德勒（Jacob Adler）。] 4 众所周知，这个地区的犹太帮派既是善良的邻居，也是凶狠的杀手。警察一般放任自流，不会对罪犯展开追捕，除非他们提前得到黑社会"老大"的许可，因为在这些落叶满地的院落里，他们才是正义和残忍的主宰者。"摩尔达万卡"和城市中心区的分界线是斯塔诺伯托弗兰克夫斯卡亚（Staroportofrankovskaya），也称为老自由港大街，这也是 19 世纪免税区的陆上分界线；直至苏维埃时代，这条分界线仍旧被看作某种意义上的边缘地区。即便到了今天，你只要跨过那条界线，就会知道自己走错了地方，从而进入那个长满刺槐树和水桐树的硕大村庄，里面葡萄藤低垂，随处可见摇摇欲坠的房屋，狭窄的街道似乎也比市中心的宽阔街道略显粗糙。

大多数海滨和河滨城市都拥有与之相匹配的声誉，如奸诈者的天堂等，而那不勒斯、伦敦和里约热内卢等城市在不同的历史时期形成的犯罪阶层，以其共谋手段和残暴行为著称于世。然而，敖德萨的地下世界在这座城市较为丑陋的一面和近郊地区孕育了一种集体性荣耀；不管在外人看来，还是在敖德萨人自己看来，这种生活方式都已经彻底融入这座城市的特性之中。随着 19 世纪接近尾声，充满危险的地下世界成为这座城市自身性格最为深刻和最为持久的特征之一。无论是在偏僻小巷还是在过度拥挤的房子里，抑或是在码头或尘土蔽日的居民区里，敖德萨都堪称帝国境内规模最为庞大的罪犯、躲债人和头脑活络的骗子，以及把地位低下的小偷——用意第绪语说，那就是些机灵的骗子和狡猾的说谎者——想方设法提升到职业高度的男男女女的聚集

摄影师鲁道夫·费奥多罗维茨（Rudolf Feodorovets）于 19 世纪 60-70 年代在敖德萨街头拍摄的两幅人像。帕维尔·科罗希洛夫（Pavel Khoroshilov）藏品，尼克·伊利金尼供图

地。正是这地下世界，构成了这座城市最为独特而悲壮的某些特征。

关于敖德萨人行事手段狡诈的警示，可以追溯到这座城市初创时期。"说完富有成效的敖德萨人民，还有一点必须说，那就是这种因素很不讨人喜欢，在所有新兴城镇都十分普遍，"作为这座城市最早的历史学者之一的加布里埃尔·德·卡斯泰尔诺在一份报告中写道，"那就是蜂拥而至的冒险家。"[5] 就连朗热隆伯爵刚从总督位置上退下来时也抱怨说，这座城市天生不服管教，意思是它让"俄罗斯帝国和欧洲沉渣泛起"。[6]

与它隔海相望的天然伙伴——君士坦丁堡则是不法商人的聚集地。奥斯曼帝国的官员负责征收重税，而欧洲各国千方百计摆脱苏丹偏袒性的商业特权。从奥斯曼帝国的首都穿过的水手和商人来到黑海的对面才发现，一切似乎都没有什么变化。正如一句谚语所说，骗子们在佩拉（Pera）——这里是热那亚商人古老的总部，坐落在可以俯瞰君士坦丁堡老城的一处高地上——学到职业本领，但付诸实施的地方却是敖德萨。在这两座城市里，行贿、打赏和忽悠都可以用意大利语进行协商，它是装卸工和船长形成的码头文化的主要内容。

在19世纪相当长的一段时间内，敖德萨外围地区长期的繁荣，是唯利是图和盗窃频发的催化剂，但敖德萨臭名昭著的真正诱因是其地下世界深层而持久的贫困。跨过尼古拉耶夫斯基大道附近那几条时尚的大街之后，就进入了敖德萨的棚户区，也就是犹太人、乌克兰人、俄罗斯人和其他居民经商之地。他们居住的是十分拥挤的院子或破烂不堪的棚屋；一旦遇上谷物交易萎缩，或者汇率出现波动，他们往往是第一波而且是没有任何抵御能力的受害者。1800年至19世纪90年代，这座城市的人口增长了36.77倍，与俄罗斯帝国快速扩张的其他城市莫斯科、圣彼得堡、华沙和里加等相比，这是一个天文数字。[7]到1897年人口普查——在整个帝国的历史上，这是第一次真正意义上的综合性人口统计活动——时，老旧的中心城区、北边紧邻的佩列瑟皮（Perespy）居民区、西北角的斯洛博德卡－罗曼诺夫卡（Slobodka-Romanovka）和西边的"摩尔达万卡"的总人口刚刚超过40万人。而到第一次世界大战时，已经远远超过65万人。

码头提供有偿劳动的机会，因此具有巨大的吸引力。很多人斩断与农村的正式关系，并把诸多的乡下生活方式带了进来。

"我们原来生活的地方，我们原来看到的街道，还能用'城市'这个词来描述吗？"一位法国游客在 1838 年提出疑问，"那就是一块宽敞的空地，看不见房子的影子，停满了马车，牛群在土堆里打滚，边上是一群群俄罗斯籍和波兰籍农民，他们就着阳光，拥挤着睡在一起。"[8] 实际上，敖德萨和"栅栏区"里最贫困地区之间的所谓"差异"仅是表面上的。意第绪语作家斯夫瑞姆嘲讽说，在犹太人居住的村子里，乞丐会躲在僻静的地方啃咬自己的面包皮，而敖德萨的乞丐则是听着手摇风琴的音乐啃咬自己的面包皮。[9]

在此之前，这座城市就形成了自己的核心特质，凡是到过穷地方的游客现在都会有所感受：服务质量低下，收费极端昂贵。完成公共运输任务的可能是封闭式马车，但游客往往不得不坐着敞篷马拉车，在泥泞和尘土里穿行；敞篷马拉车设计粗糙，只有四个轮子和一块盖着牛皮的车板。[10] 即便如此，赶车人也会向游客收取高出好几倍的车费。[11] 导游手册说，旅馆设施"相当不错""相当时尚"，但游客来到旅馆之后被告知，客人需要自备床单等床上用品；旅馆只提供一个房间和一张空床，却要收取高昂的费用。[12] 尽管如此，前来观光的人络绎不绝，有水手、小商贩、逃亡的农奴、来自欧洲的游客，以及前来度夏的俄国贵族；这些人把诸多的地方特征和社会阶层文化融入这座城市的层级依赖型经济，尽管他们种族不同，习惯各异。

19 世纪 90 年代后期，驻敖德萨的美国领事报告了一件具有象征意义的事件，说它是一个古怪的避风港，事件的主角叫"旋风"（Whirlwind）。"旋风"原本是拉科塔苏族人（Lakota Sioux），其名字的直译是"翰帕"，十分偶然地来到敖德萨。他一直跟随一个名叫"狂野西部"的杂技团在俄罗斯帝国巡回表演；作为一个印第安人，他的任务就是被一帮美国牛仔追赶，并例行公事地绕着舞台转圈。他的职业生涯发展顺利，因为新式蒸汽船把黑海沿岸的各个港口与俄国人对异族的诱惑和印第安牛仔的多愁善感联系起来。但一路奔波七年之后，日子变得糟糕起来。廉价伏特加夺去了不少人的性命。当这家杂技团在塞瓦斯托波尔停下来表演时，"旋风"因为酗酒被解雇，他身无分文，孤苦无依。

"旋风"的窘境引起英国驻塞瓦斯托波尔领事的注意，他十分同情这位落难的演员，于是给他提供了前往敖德萨的路费，因为这里有条件不错的美国领事馆，应该有能力照顾它的"监护对象"——美国领事后来就是用的这个名称。（作为印第安人的"旋风"并不被视作完全的美国公民，不过还是有权享受海外领事提供的服务。）在领事馆的帮助之下，他凑齐了钱，重新购置了服装。我们想象一下这样的场景，在摩尔达万卡一间热得令人窒息的商店，一位美国外交官和来自美国大草原且刚卸完妆的杂耍演员一边汗流浃背，一边费劲地给犹太裁缝解释，印第安人的服装应该是什么样子。[13] 很快，敖德萨一家小型娱乐公司聘用了"旋风"，他应该就在这块小很多的舞台上，重新扮演起了自己原来就很熟悉的武士角色。

领事名叫托马斯·P.希南（Thomas P.Heenan），他要求报销自己为处理这桩事情花费的7.5美元。希南坚持认为自己上当受了骗。他在写给上司的信中暗示，自己专程前往帮助的人，甚至不是一个真正的美国人，而且"旋风"很可能会陷入这座城市的地下世界，继续喝得烂醉如泥。不过，不管以哪种形式被人利用，在敖德萨都不算出乎意料，对那些前往观看"旋风"狂野的西部表演并成为主要观众来源的中低层劳动者和经商者来说尤其如此。

从沙皇政府的角度看，俄国社会划分了可辨认且实行严格监管的"阶层"（Sosloviya）。身份具有流动性，至少可以传递几代人；很多情况下，一个人所属的阶层和他的性别与瞳孔颜色一样，具有不可预测性和不可改变性。但是，那仍然是帝国国民社会阶层的基础性组成部分。不同于马克思定义的"阶级"，个人的阶层身份和他在经济生产层级中的位置没有任何关系，和他的财富和收入更没有关系。一如托尔斯泰或者契诃夫（Chekhov）作品里的破落贵族，一个人所属的阶层是与生俱来的，是帝国作为一个社会整体的基因代码，并不反映任何经济权力。当帝国在 19 世纪末期对自己的公民进行分类时，贴在他们身上的标签十分清晰，如贵族、神职人员、军人、公务员、农民，以及一个被称作 Meshmane 的群体，而它是敖德萨目前规模最大的社会阶层。

Meshmane 可以译作"城市无产者"或"小市民"，包括一大批半熟练工人、商贩、店员和普通帝国公民，介于拥有大量土地的地主阶层和原来在城市近郊过着贫困生活的农奴之间。他们在敖德萨贸易经济的边缘勉强度日，对商业的起伏波动和让农业深受其害的周期性歉收没有任何抵御能力。不同于富人，一旦时日艰难，除了在码头四处做散工或在各个集市从事搬运工作外，他们得不到任何救济。不同于毗邻居住的邻居，他们与农村几乎没有真正的关联，从而以此抵御城市的经济波动。到 19 世纪中期，敖德萨居住着大量没有任何风险抵御能力的小市民。1858年，贵族在城市人口中的占比为 3%，商人约为 5%，外国人（也就是那些不是帝国公民的人）略多于 4%，农民接近 4%，军人不足 7%；其余是小市民，约占 70%。[14]

随着暂住性的外国人和新来者乘坐轮船和长途马车源源不断地涌入——人口数量远多于帝国的两大首都，即圣彼得堡和莫斯科——敖德萨的欺诈、诡计和贿赂渐趋常态化，对小市民的经济负担具有一定的缓解作用。当游客抱怨旅馆老板为铺床而额外收费、补鞋匠修单只鞋却按一双收费、敞篷马拉车马车夫跑同一段路却有两种收费标准时，数量众多的小市民其实就是这座城市的恶名制造者。这样的人实际上存在于每一种职业。1892 年，该市的 607 名妓女提交报告，认为自己属于城市无产者阶层。15

敖德萨的名声具有自我强化性。如果说小市民是这座城市充满自信的小偷文化的一块基石，那么乐于阅读、听取和讲述以这种行为为主题的故事的，大体上还是这个群体。19 世纪到 20 世纪过渡时期，这座城市的俄语报纸连篇累牍地刊登了大量真实的犯罪报道。敖德萨的上流社会有一种简单的认识，孕育犯罪现象的主要是底层居住的城市边缘地区，如摩尔达万卡；读者所看到的，都是上述地区常见的生活场景，不仅卫生条件糟糕，而且贫穷到道德沦丧的地步。然而，这座城市窃取的名声其实取决于罪犯对小市民的出人头地——如果不是往上攀升——意识的过滤和学舌能力。

犯罪阶层的职业具体多样。有的根据罪犯劳作的区域加以定义，如艰难而容易摔跟头的码头区、坐落在悬崖之上的中心林荫大道区、别墅林立的南部郊区（有马里区、斯瑞德尼区和博斯霍伊方丹区），以及人烟稀少的北部和西北部工厂区。有的因他们劳作的日期而闻名，如在星期六和星期天以德里巴索夫斯卡亚大街上熙熙攘攘的人群为窃取目标的"周末下手者"。还有的因精明的掩盖手法而声名狼藉。一个名叫艾卡特琳娜·拉琴斯卡娅（Ekaterina Ratsinskaya）的女子以厨师身份进入一个富人家庭，后来在当地的市场亮出了一堆价值 300 卢布的珠宝；那是她手法娴熟地拿到一把抽屉的钥匙后，从雇主家里偷出来的。16 一个穿着十分得体的人，可能突然出现在大家最喜欢去的几家剧院和餐馆，如位于朗热隆大街的那家大剧院（名字就叫大剧院）、新剧院，或者位于亚历山德罗夫斯基（Alexandrovsky）公园附近的餐馆等。他是盗窃团伙的一分子，穿着光鲜得体，先让人们对他们的到来放松警惕，然后老道地把手伸进没有提防的人的口袋里。[17] 好心的过路人会帮邻居拂去双排扣大衣上的灰尘，但也会趁机拿走他的钱包。一位令人肃然起敬的女士在豪华商场里漫不经心地打量商品，而那其实是一个头脑机灵的窃贼在踩点。[18]

其他犯罪手法更是花样百出。P. 朱可夫（P. Zhukov）——当地一家报纸称其为"咖啡君子"——在引领时尚的凡科尼咖啡馆（Fanconi cafe）打零工，结果偷出了 30 磅刚出炉的烘焙豆，因此被判入狱三个月。[19] 在城市的中心区，还发生过午夜约会、机巧诈骗等事。有女人向谎话连篇的丈夫脸上泼硫酸。为了迎合富裕人家的口味，男人吹嘘自己家境殷实，结果却卷款跑路。迷人的年轻妓女一边装成心灰意冷但人格高尚的家庭妇女，一边伺机和大生意人套近乎，然后用情事敲诈那些丝毫没有疑心的嫖客。一位穿着考究的绅士可能对某位婚姻前景黯淡的女子表现出强烈兴趣。一连数周，他都会出现在女子身边，然后提出共结连理并安顿下来过上幸福生活的请求，直到带着女方为结婚而投入的钱财溜之大吉。[20]

在这座城市发行的报纸上，关于罪犯恶行的报道，与更多的邻里纷争和日常纠纷报道并存。作为本市更为冷静的俄语日报，《敖德萨日报》（*Odessa Folio*）在 1894 年 10 月那一期刊登了一个与三流犯罪集团有关的故事，头目中有男有女，名叫尼克莱·叶尔金诺夫（Nikolai Yerginov）和艾克辛那·奥莱尼科娃（Aksina Oleinikova），从民族来说，可能是俄罗斯人，也可能

约1913年的一张明信片上，位于叶卡捷琳娜大街的凡科尼餐馆人头攒动。尼克·伊利金尼供图

是乌克兰人。他们的勾当是把偷来的小鸡卖给一个名叫布鲁姆·戈德伯格（Blum Goldberg）的人；后者是个犹太人，大张旗鼓地表示不在乎小鸡的来源。在法庭上，叶尔金诺夫和奥莱尼科娃施展骗子惯用的辩解伎俩：这一切纯粹是个误会，那些小鸡是叶尔金诺夫已经去世的父亲的财产之一。但是，法官并没有采纳他的一番说辞；后来查明，叶尔金诺夫是个惯犯，因此被判入狱一年半，而他的女性同伙和戈德伯格被无罪释放。[21]

另一期则刊登了一个18岁女孩的故事，女孩名叫奥尔加·坡皮克（Olga Popik），是敖德萨一个城市无产者的女儿，爱上了居无定所的水手米哈伊尔·菲利彭科（Mikhail Filipenko）。

坡皮克怀上了菲利彭科的孩子，水手却很快开溜。就在坡皮克的孩子即将出生之前，他娶了另一位女子。临产前，水手另娶他人的消息传来，这让坡皮克十分绝望，她偷偷溜到一条流入大海的深沟，生下了一名女婴。随后，路人发现了女婴的尸体。坡皮克因故意杀人罪被提起公诉。原来这名孤独的年轻女子又惊又怕，竟用岩石砸碎了婴儿的头颅。[22]

类似的事情在当地报纸和餐桌上成为被反复提起的话题，强化了敖德萨的形象，即它是盗窃行为和激情犯罪的避风港。但这也让外来者形成了一种持久的观点，即这座城市真正的过错在于它那毫不掩饰的雄心勃勃——肤浅、粗俗、急躁、多变，却被视为奋斗者的美德。与每个地方怀揣抱负的中产阶级一样，敖德萨的小市民精于发挥自身优势：赞美实用主义，沉溺于忧伤，拿在门口和院子里摔跟头的意大利人、希腊人、犹太人和俄罗斯人编造独具特色的土话，试图以粗鄙而滑稽的方式把转瞬即逝的骗子手法变得更持久有效。"老道、狡猾，是骗子，是操纵者，是用计者，是谋划者，是叫嚷者，是虚夸者，是投机者"，这是弗拉基米尔·亚博廷斯基用来描述敖德萨人的话语，而这些标签都被他当作赞美词。[23]就连疾病这种东西也会让敖德萨的各个社会阶层学着去接纳。

自黎塞留时代以来，敖德萨就一直在努力阻止和控制传染性疾病。1790~1830年，先后暴发了五次鼠疫，整座城市元气大伤。[24]因为检疫限制措施得以强化执行，同时黑海对面奥斯曼帝国各大港口的病情有所缓解，所以这里的鼠疫威胁相应地有所降低，但就在这段时间，斑疹伤寒、霍乱和天花等疾病还是时常暴发。不过，尽管严重疾病时有发生，但敖德萨人在自由换安全这个问题上持某种保留态度。"年轻的姑娘，你的目的是给天花接种，托上帝的福，你现在正在接种呢，"伊萨克·巴别尔写过一个故事，其中一个犹太救济院的长者对一位挥舞着针筒的医生说道，"我们的目的是要活命，而不是经受折磨！"[25]从多个方面来看，当地人通常发现疾病即使不是令人痛苦，也是无益的，尤其是在帝国政府介入其中时。

　　船长和乘客都会想方设法规避检疫限制，这是黑海生活的内容之一，与鱼儿绕着海岸环游迁徙或者冬季会爆发风暴潮一样确定无疑。早在18世纪90年代，俄国官员就发出过抱怨，因为船长往往要花费40~60天，才能走完君士坦丁堡到北部海岸这一段简单的路程，而这段旅程本应该在8天之内就可以结束。这种懒洋洋的速度意味着，运送的商品几乎无法快速到达目的地，但那也确保了那些商品会得到免检待遇，因为在海上待了那么长时间，乘客和船员身上的鼠疫症状早该显现。[26]对没有出现鼠疫症状的乘客来说，这是一种恩赐，但受感染货物仍然轻易进入了港口，因此在很多情况下，就把疫病传播到了码头以外的地区。

　　沃龙佐夫担任总督期间，市政府开始改进检疫制度，目的在于创建现代效率的典范，即建立一道真正的屏障，阻止黑海沿岸各港口出现跳跃传播的传染性疾病，使其无法进入帝国的内陆地区。不过，检疫过程往往给人留下不同的印象。

　　检疫过程从港口开始。如果船上已经出现鼠疫症状，船长会接到命令并悬挂红旗，检疫生效则悬挂黄旗，不允许其他旅客登船。每有船只到港，负责公共卫生的官员就会划着小船从码头出发，停靠在船只旁边，接收船长或旅客需要寄发的邮件。为防止与受到感染的外来者直接接触，卫生官会伸出一柄很长的铁钳，从甲板上取过邮件，并妥善装进一只大铁箱子，再划着小船回到码头。所有信件都要先送到检疫机构做烟熏处理，通常要用到的是二氧化硫，以杀灭所有带病菌的昆虫，然后在第二天早上送到收件人手里。[27]

一两天之后，乘客才可以离开船只，来到长长的防波堤上，或者进入组合式防浪堤，即所谓的检疫码头。每位乘客都会被单独用小船送到岸上，然后由一名穿着军服的士兵加以管理；士兵手里端着枪，枪上别着刺刀，他会依次把乘客送到位于码头另一端的海关。到了海关，坐在铁栏杆后面的一排官员会查验乘客的旅行证件。铁栏杆后面还坐着一位医生，他要对乘客进行预检查，要求乘客适度捶打自己的腋下和腹股沟。淋巴结化脓是鼠疫的警示性迹象，如果乘客因为痛苦而不敢捶打，据说就能被发现；在此过程中，医生得以避免与可能受到感染的乘客直接接触。

一旦确定未感染疾病，警卫人员会再次带着乘客来到中心检疫所，与这里的其他乘客一道，接受为期 14 天的常规观察。检疫所坐落在一处高地上，是一大片围挡建筑，约有 20 英亩，里面有草坪和碎石路。有一排房子面向大海，那是一些独立成套的公寓房，带有一个小庭院，种着几株刺槐树。送到这里的乘客会被分入不同的房间；在这里，他们要脱得一丝不挂，换上由检疫机构提供的法兰绒外衣、内衣、袜子和羊毛帽。个人物品被送入一个独立的隔间，挂起来并接受 24 小时的烟熏处理。检疫过程中的首要规则是避免接触其他乘客。持枪警卫往往是一些依靠劳动维持生计，而且小费无论多少都会笑纳的年老士兵。乘客沿着检疫所的小路散步时，他们会紧随其后。如果他们发现两名乘客有接触，检疫程序会重新启动，让两名乘客再多待 14 天。

事情的走向本应如此，整套系统有时也会发挥预想中的作用。伙食还算可以，环境也很宜人，尤其到了盛夏时节，院里的刺槐花会相继开放。到 19 世纪 30 年代，这个检疫所据说已经可以与马赛检疫所相提并论，而后者自 18 世纪以来就是全世界港口检疫制度的典范。[28] 随着时间推移，这座城市的卫生状况确实大有改善。尽管鼠疫偶有暴发，但敖德萨再也没有像黎塞留时代那样遭到全面的破坏。不过，毕竟要遵守的规则太多，强制隔离的外国游客人数太多，时间太长，敖德萨人迟早会找到赚钱的门路。实际上，在敖德萨的公共生活中，疾病产业开始扮演起了重要且未曾预料的角色。

在一个藐视规则被视作艺术的城市，检疫制度已经具备被滥用的条件。有的乘客甚至可以不接受任何检疫，只要他们愿意支付足够的金钱。还有的可以缩短检疫时间，或者获得进城的特权，只要他们在晚上之前回到检疫所。对那些没有钱或没有关系的人来说，等待似乎遥遥无期。据报告，海关办公楼的木质墙壁上刻满了名字、大写字母和其他涂鸦，这可能就是原因之一。[29] 对那些被转到检疫所接受全期观察的人而言，也会面临很多把钱用光的机会。大大小小的餐馆是唯一的食物来源，食物价格完全不受控制。船长、水手和乘客可以在台球桌上消磨时间，但在这个过程中，往往会把钱输给那些经验更为老到的守卫或检疫所员工。

检疫所的食物供应通常承包给私人公司，这是财政紧张的市政府惯用的省钱办法。承包商会到城里或者郊区采购食品，随后大幅加价，并卖给那些正在按规定接受检疫的乘客。乘客要在检疫所关上两个星期，而承包商又乐于成为垄断供应商，发财的机会当然十分巨大。承包合同令人垂涎三尺，市政府最终不得不将承包期限缩短至 6 年，且承包期结束后必须另换公司。

合同有效期的规定，为那些打算突破规则的精明商人开了口子。一家特别具有商业头脑的公司想到了一个奇特的主意，即如果政府愿意搁置合同有效期，它可以接管剧院的经营业务，因为这是一笔亏本的买卖，但它对敖德萨的公民自豪感十分重要。于是，出现了病理学和娱乐业相互依存的奇怪现象。每到特定季节，娱乐业发展状况就取决于鼠疫在黑海对面暴发的严重程度。当疾病在奥斯曼帝国的各大港口疯狂肆虐，而抵达敖德萨的乘客都要接受尽可能全面的检疫时，收入就会源源不断地流向检疫所，并为安排真正有水平的演出——不管是某位知名歌剧女主角的嘹亮女高音演唱会、上演罗西尼的新作、演出某位人生起起落落的剧作家的作品，还是某位前途无量但正四处巡演的作曲家的主动献艺——提供可观的资金。当弗朗茨·李斯特（Franz Liszt）于 1847 年在敖德萨举办系列钢琴演奏会时，当尼古莱·果戈理（Nikolai Gogol）坚持看完自己的新作《钦差大臣》（*The Inspector-General*）时，他们可能并不知情，自己作品需要的资金很大程度上来源于蔚为成功的疾病产业。[30]

作为新俄罗斯大学的一名教授和敖德萨最重要的传染病学贡献者，没有人比埃黎耶·梅契尼科夫（Ilya Mechnikov）更了解疾病所具有的独特性和破坏性力量。在梅契尼科夫漫长且历尽沧桑的一生中，他在敖德萨度过了最激荡的岁月。在他移居这座城市的沮丧的十年间，他第一次提出了感染性疾病和细胞行为理论，并将其作为自己毕生的事业。后来，他搬离这座古老的港口城市，在巴黎的巴斯德研究所安定下来，并担任副所长。圣彼得堡、伦敦和罗马等地的学术机构授予他一系列荣誉称号。1908年，梅契尼科夫因为在免疫学方面的工作，特别是有些细胞具有破坏细菌的天然能力这一观点而获得诺贝尔生理学或医学奖［与德国研究员保罗·埃尔利希（Paul Ehrlich）共享］。今天，当敖德萨市的学生沿着巴斯德大街来到一个树木繁盛的庭院，并从本市这所主要高等教育机构斑驳发黄的大楼正面进入时，他们会看到有个地方——敖德萨国立"埃·埃·梅契尼科夫"大学——刻着他的名字。

埃黎耶·梅契尼科夫——搬到巴黎之后，改名为埃黎·梅契尼科夫（Élie Metchnikoff）——于 1845 年 5 月出生在乌克兰东部哈尔科夫省（Kharkov）的帕纳索夫卡（Panasovka）种植园。[31]家人的居住环境很简朴，但得到的封赏很合宜，那是围着一片大草原而形成的一块绿洲。其家族的父系可追溯至一位摩尔多瓦贵族。为躲避行进中的奥斯曼帝国军队，这个贵族的一支逃到彼得大帝的麾下寻找藏身之处。梅契尼科夫的母亲这一边是犹太人。他还在当地中学读书期间，一台借来的显微镜就点燃了他对科学研究的热情。在哈尔科夫大学取得学位并在生物学杂志上定期发表了几篇文章之后，他在位于敖德萨的新俄罗斯大学获得了一个学术职位。海风和优美的意大利歌剧是这里的重要吸引力。

作为在科学界名声渐长的研究人员，梅契尼科夫时常前往圣彼得堡。在这里，他被引入俄罗斯学术圈的中心，以及由各种学会和俄罗斯研究院组成的学术世界。没过多久，就有人向他介绍了柳德米拉（Lyudmila）——一位有着良好教养的年轻女子；有能力舒缓他那与生俱来的忧伤情绪，是她的主要优点。"她长得并不难看，不过仅此而已，"他在写给住在哈尔科夫的母亲的信中说道，"即便我对未来有各种黯淡的预见（你是知道的，我不习惯于戴着玫瑰色眼镜看待生活），我还是情不自禁地认为，和露西亚一起生活后，我的心情应该会有所平复，至少会持续相当长一段时间。"[32] 更接近真相的是，梅契尼科夫在照料柳德米拉的过程中，从自己沉重的自省中分出了不少注意力。婚礼那天，由于慢性支气管炎——也许是肺炎的早期阶段——发作，她坐着轮椅，被推进了教堂。

　　婚后他们多半时间处于分居状态，他要辗转于圣彼得堡和敖德萨之间，她则住在瑞士和葡萄牙，满心希望以此缓解自己的肺水肿。1873年冬，他在授课的间歇收到小姨子的来信，说柳德米拉快不行了，还说如果他还想见她，就尽快赶到马德拉。那是位于葡萄牙海岸线外的一座群岛，她正在那里接受康复治疗。因为需要横跨欧洲大陆，所以那也是一段折磨人的旅程，等他赶到的时候，柳德米拉已经形容枯槁，卧床不起，因服用吗啡而变得神志不清。此后，她仅多活了几天就去世了。

　　返回俄罗斯的旅程中，他的情绪显然十分低落。他撕毁了自己正在写的几篇科学论文。抵达日内瓦时，他已经喝下一小瓶吗啡。向死的决心救了他自己：过大的药量引发呕吐，药物还没来得及被吸收，就被他吐出一多半。

　　从妻子的死亡和弄巧成拙的自杀中缓过来之后，梅契尼科夫加倍投入工作。他开始了新的研究项目，专攻进化与适应。他组织了一次人类学远征考察活动，考察对象是生活在里海沿岸地区的草原游牧部落卡尔梅克人（Kalmykia）。为得到额外的收入，他在敖德萨承担起辅导工作，辅导对象包括住在楼上的邻居家那几个喜欢吵闹的孩子。很快，他就喜欢上了那家名叫奥尔加的年轻女孩。1875年2月，这个大眼睛的女青年——她还是个在校生，对艺术和戏剧的热情远大于科学和自然——嫁给了这位脸色显得苍白而忧郁的教授。

　　奥尔加很快发现，自己的新婚丈夫喜怒无常。他会突然火冒三丈。一丁点想不到的声响，如狗的狂吠、猫的叫声，都会让他焦躁不安。如果碰到难题，他也会大发雷霆，不管这个问题有多无聊。可是，对自己善变的天性，他总能找到充分的理由，既要操心自己的生活，也要担心自己的事业。

梅契尼科夫在此生活期间，敖德萨和整个帝国都正经历着巨大变化。大学生呼吁提高教学质量，给予科学和应用美术更多关注。由自由主义者、社会主义者乃至革命分子等组成的地下圈子正在蓬勃发展。1861 年废除农奴制后，农村地区爆发起义，1863 年波兰还发生了叛乱未遂事件，这都在帝国更大范围内造成局势的动荡，使得沙皇政府十分害怕，认为任何关于改革的呼吁都是革命动乱的幌子。

公共秩序的混乱使敖德萨的一些人跟另一些人势不两立：本地人反对新来者，自由主义者反对保守主义者，年轻学生反对老年教授，而几乎所有人都开始反对犹太店主和犹太商人。一次屠杀活动导致店铺被洗劫一空，摩尔达万卡的房屋被夷为平地。1881 年 3 月，当一帮投掷炸弹的恐怖分子展开刺杀沙皇亚历山大二世的行动时，梅契尼科夫变得忧郁不已。他深信，这场由屠杀引起的政治祸端肯定会波及敖德萨和他所在的大学，因为这所大学已经被租给学生活动分子和反动管理者指定的人员。

在抑郁症发作期间，课程被取消，学校被关闭，人们成群结队在大街上东游西荡，奥尔加间或感染伤寒斑疹，自己面临心脏功能弱化和视力退化，梅契尼科夫克服巨大困难，坚持从事研究工作，并最终让自己一举成名。他所研究的问题，和人体对危机的反应有关。与他同时代的路易·巴斯德（Louis Pasteur）和罗伯特·科赫（Robert Koch）已经着手完善疾病细菌学理论。该理论认为，疾病感染和传播的诸多真正原因是细菌等小型有机体，而不是作用无法衡量的冷风或者沼泽瘴气。

梅契尼科夫的观点来自他早年在海星身上做的一次再生实验，即细胞会对侵入身体的外来物质展开攻击。细胞会迅速前往

1909 年，即埃黎耶·梅契尼科夫（右）获得诺贝尔生理学或医学奖一年之后，与列夫·托尔斯泰在一起。美国国会图书馆印刷品与照片部供图

受感染部位，包围入侵物质并将其消化掉，这一过程通过显微镜很容易观察到。例如，人们原来认为，伤口周围的白色脓液是感染产生的副作用，其实是身体自我治疗过程的一个证据。他给

这一过程取了个名字，叫作"吞噬"。他认为，免疫过程就是生物体对入侵者发起的"吞噬"行为。发烧不仅是症状，而且是人体朝着自行康复的方向不断做出的努力。获得诺贝尔生理学或医学奖，标志着梅契尼科夫的研究成果为科学家认识疾病和人体对疾病的反应奠定了基础，由此得到的免疫反应理论涵盖了所有情况，小到木屑刺伤，大到腹股沟淋巴结鼠疫。

然而，梅契尼科夫的名声并没有因为名气而有所改变。他通过著作和公开演讲宣传"肠道腐败"是衰老、高龄和夭亡的真正原因。他讨厌大肠，因为这里聚集着腐烂的污物，运送毒物的时候会擦着其他器官而过。他突然不再鼓吹预防性切除，并最终停在了摄取富含益生菌的酸奶这种做法上，并把它当作维持身体健康的关键要素。他从自己的经验出发，认为悲观的情绪会加剧肠道的衰败过程，因此他呼吁听众要看到阳光的一面，或者像他对自己那套乐观哲学体系和酸奶摄入的叫法那样，"过上正常生活"。直到 1916 年去世，他都一直着迷于某些医疗病例，即外科医生会想方设法设计一个人工肛门，以绕开妨碍健康的大肠。在位于巴黎的巴斯德研究所，这位充当开路先锋却被人视作"精神古怪的江湖庸医"的科学家平静去世。[33]

不需要多少想象力，便能读懂这位麻烦缠身的教授，他痛失了亲人，目睹了这座繁忙的港城对公共卫生监管制度的规避行为，并首次预见了一种革命性思想：一如在检疫所为挣小费而忙活的老年士兵、变着法子压榨船长的贪污的检疫官员，或者在得知君士坦丁堡暴发鼠疫消息后为新的演出季而高兴盘算的剧院管理者，有时候与疾病展开斗争的真正的排头兵，其实是我们自身化威胁为机会的非凡能力。

不过，如果敖德萨市民凭着上述非凡能力，已经建立了一个文化多元且时常充满韧性的新兴城市的话，那么他们在 19 世纪收官之时却显现出弱势。带着奥尔加长期移居海外之后不久，梅契尼科夫在一封信里写道："一想到敖德萨，我心头就涌起一种酸楚的感觉。"[34] 大街上人来人往，但他们不再是本世纪早年间那些快乐且肤色各异的普通大众，多少游客曾经因为他们而心驰神往啊。棍棒和旗帜、帮派与吼叫、玻璃破碎声与铺着大理石的道路上急匆匆的脚步声，现在成了大家熟悉的景象和声音。梅契尼科夫的家族已经在两代之前就改信了基督教，但因为他母亲具有犹太血统，所以他可能感觉到了弥散在这座城市里的一股凉气。走出学术报告厅和实验室的他，见证了敖德萨长久以来对城里的犹太人发起的长期残酷的斗争。这座城市进入自我厌恶的新世纪，它将检视自己的创立者曾经努力培养的那种美德——一如梅契尼科夫提出的猛烈吞噬，它将显得更为冷酷。这将是一场消除差异且不被其毁灭的斗争。

英雄与烈士：1905年，犹太自卫团体成员与因暴力活动而死去的同志遗体合影。藏于纽约伊沃犹太人研究所档案馆

"每年的逾越节，希腊人都会暴揍犹太人，并抢劫他们的财产"，在敖德萨度过童年时代的演员雅各布·阿德勒回忆说。[1]与犹太人和基督教徒有关的暴力事件和街头斗殴是这座城市社会生活中反复出现——如果算不上经常出现的话——的一个特点，实际上，这和犹太人是少数族裔的任何一座欧洲城市十分相像。和俄罗斯人一样，长期以来的反犹的迷信观念很容易让敖德萨人受到影响。不管是在"栅栏区"内还是在其他地方，这样的迷信观念——上至为基督的死承担集体责任，下至用基督教孩子的血作为逾越节薄饼的配料等怪异想法——都严重困扰着犹太人。每当出现暴力行为时，广为传播的文化反犹思想只会催生更多的街

头暴力。1821~1859 年发生的重大暴力事件主要与希腊居民有关，他们给犹太人扣上了很多莫须有的罪名，如在希腊革命中为土耳其人提供援助，在谷物贸易中蒙骗希腊商人等。

到埃黎耶·梅契尼科夫生活的时代，古老的马斯基尔的乐观主义依然高涨。包括 1860 年创办的全帝国第一份俄文犹太报《黎明报》（*Razsvet*）在内的犹太报纸都刊登了大量消息，反映世俗的成功与进步。有些报纸更是显得信心十足，拿出版面刊登了在这个族群内部看来具有争议性的内容，如同化与传统之间的紧张关系等。然而，城市生活的诸多新特点加剧了犹太人和基督教徒之间关系的不稳定，最终把敖德萨变成现代俄罗斯历史上第一次大规模反犹屠杀的现场。

这座城市的人口急剧增长，在 19 世纪后半期增长了 3 倍。刚刚获得自由的俄罗斯农民和乌克兰农民，以及城市郊区作坊和钢材加工店里数量日增的工人——往往是年轻的单身男性——发现，在他们生活的这座城市，犹太人对自己的社会地位和经济实力显得信心十足。谷物贸易总收入中，犹太人开办的公司获取的利益占比远高于 50%。[2] 然而，这座城市的大型工业企业，如韦恩斯坦（Weinstein）面粉加工厂、塞尔博施密特和戈德伯格（Zelberschmidt and Goldberg）面条加工厂、布罗德斯基（Brodsky）蔗糖提炼厂等，很少成为暴力袭击的直接目标。相反，每当暴力蔓延开来时，店铺遭到捣毁、房屋遭到焚毁的往往是犹太小商贩、小店主以及本地商人和裁缝。

总体上看，犹太人并不是敖德萨经济生活中的主导力量，因为这座城市依赖的是运输业和农产品，而在这些领域，基督教经营者和生产者仍然占据着重要地位。但是，他们扮演的角色往往具有大众性和突出性，而且这些领域通常与他们和敖德萨的新移民有着最直接的接触。因为国家对土地的拥有和对从事某些行业实行限制性政策，犹太人自然而然地局限于法律和惯例允许的行业领域。到19世纪80年代初期，犹太人占本市注册商人和商贩的2/3，约占旅馆老板和酒吧经营者的3/4，占兽医和药剂师的2/3。相比之下，基督教徒在全市工人中的占比超过80%，其中约3/4受雇于犹太人开办的工厂。[3]

当车夫的母牛生病时，当小商人为一卷进口布匹的价格争执不下时，当做工的人靠一瓶伏特加抵御严寒的冬天时，他们会与自己的犹太邻居有更为紧密的接触。然而，在俄罗斯民族主义不断抬头、国家对政治颠覆者日渐感到害怕的大背景下，这种熟悉关系滋生了同情关系的对立面。美国领事向华盛顿报告说："因此，普遍的说法是'每一样东西都落到了犹太人手里'。"[4]

暴力只是星星之火。1871年4月，在东正教复活节——一个星期日，据说在一座东正教教堂外面，一群犹太小孩侮辱了前来参加宗教仪式的几名希腊基督徒。两群人先是一阵争吵，随后扔起了石块，挥起了拳头。打架的消息很快传开，一帮俄罗斯工人卷了进来，追得几个犹太小孩子满大街乱跑，并朝多座犹太教堂的窗户抛掷石块。很快，全市范围内便组织起一帮又一帮的人，不但人数达到两万多人，而且针对犹太人开办的客栈、杂货铺、五金店、珠宝店、陶器店和干货店发起有组织的攻击，凡是不能抢走的东西一律毁掉。犹太人开办的印刷厂被破坏殆尽，布罗迪犹太教堂的窗户全被砸碎。[5]混乱状态持续了三天，造成6人死亡、20多人受伤，数百间商铺和房屋遭到破坏或被摧毁。步兵和骑兵前来恢复秩序。多条街道进驻了炮队。警察和军人逮捕了约1500人。[6]

之后十年里，催发公共暴力的基本条件有增无减。更多的农民离开原来的贵族领地来到城里。伴随他们而来的，是暴民式的激进主义和对东正教牧师宣讲内容的绝对相信。小市民在总人口中的比重不断下降，他们不再是城市生活的中坚力量。学生中的激进分子相对容易得到那些宣扬民族主义、自由主义、社会主义和独裁主义等政治信念的书籍和期刊，他们结成地下组织，致力于重塑帝国，使其符合他们的政治计划和社会程序。

帝国政府一向对敖德萨的开放性持警惕态度，也开始设计一套制度来管控社会变局和失序状态。警察的监督愈加严密。公共管理在强有力的地方控制和严格的中央集权之间摇摆。1881 年春季，暴力事件再次上演。作为对亚历山大二世遭刺杀的回应，先后发生了学生骚乱和第二次屠杀犹太人事件。政府伺机抓住这次乱局并为其所用，在暴乱者的威胁超出犹太人的商店和房屋时，采取干预措施终止了暴力行动。第二年，帝国颁布新法，即臭名昭著的《五月法令》，对犹太人的财产权、居住权、工作计划和加入市政府的权利做出了严格限制。在帝国南部地区，激进的俄罗斯民族主义者团体一直是反犹暴民的指挥者，这道法令给他们打了一针强心剂。它说明，国家明确放弃了此前二十多年里实行的相对自由主义政策。

暴力并不新鲜，但国家对它的放任甚至支持和奖励，在很大程度上是第一次。此后二十年间，敖德萨的反犹暴力活动，为可接受性解释提供了一套模板，为官方反制行为提供了一份清单，在全帝国范围内得以反复使用。我们现在对一系列事件使用的英文单词"pogrom"本身就具有俄语词源（尽管当时的反犹暴力活动被普遍委婉地称作"暴乱"或者"动荡"）。"pogrom"来自"grom"，俄语里的意思是"雷电"，仿佛针对犹太人的攻击来自大自然，甚至有可能来自上帝。有理论说，暴力活动之所以发生，是因为基督徒受够了犹太教徒的背叛和唯利是图。当犹太人面对发生在自己身上的一切时，国家可以理所应当甚至振振有词地置身事外，并保留实质性的干预措施，直至非犹太教徒的不满情绪威胁到正常的公共秩序。现有的历史证据表明，在屠犹者的组织过程中，帝国中央政府几乎没有扮演直接指挥者的，但地区和地方官员至少通过自己的放任做了帮凶。[7]

这曾经是一座犹太人勇攀商业高峰甚至努力进入管理层的城市，现在却被它隔离起来。年老的马斯基尔的自信心动摇了。犹太人的选择虽然有限，但十分明确。有的犹太人一走了之，导致犹太人在总人口中的占比再次出现短暂下滑。早在 19 世纪 70 年代初期的暴力事件之后，就出现了同样的现象。那只是间歇性人口外迁的浪潮之一，他们纷纷迁往西欧和美国，这波浪潮持续到之后一个世纪。[8] 还有人组成自卫组织，准备了刀子和枪支，决心在下一次流血事件中奋起自卫。可是，在此过程中，他们愈加成为警察和告密者的靶子。

还有人在自由与革命性变革等意识形态、冷峻的政治信念和乌托邦运动中找到了答案，它很快就被贴上犹太复国主义（Zionism）和俄罗斯社会民主主义的标签。无论是犹太教徒还是基督教徒，当地的大中小学都成为新一代青年男女的训练基地，他们把"革命者"当成一种职业，上至莱昂·托洛茨基这样著名的政治异见者，下至名不见经传的激进哲学和政治行动鼓吹者。一部也许算是关于敖德萨的真正的伟大小说的作品，对犹太人——实际上也有很多非犹太敖德萨人——可资利用的路径，做了最为清晰的描述。

《五兄妹》（*The Five*）是敖德萨记者和犹太复国主义者领袖弗拉基米尔·亚博廷斯基的作品，用俄语写于 1935 年，次年得以在巴黎出版。20 世纪 40 年代，这部作品被译为希伯来语，但直到 2005 年才被译为英语，这也是它的第一个西方语言版本。[9] 这部小说回顾了比之更早的一个时代，即 19 世纪与 20 世纪的过渡时期，以及敖德萨从大都市典范——这是它的声誉之基——开始的漫长衰退过程。它用诗一般的语言，对 20 世纪初期的敖德萨进行了描述，既有充满乡愁的街道和气味，也有人物角色和各种感情。

这本书由多个独立的故事情节构成，但贯穿始终的主线是几个事业有成且说俄语的犹太人，即米尔格罗姆（Milgrom）一家人和与他们有关联的人物。米尔格罗姆夫妇被简单刻画为已被同化的犹太人，他们居住在俄罗斯的一处文化空间，在一座完全被他们视作自己家园的城市里生活得有滋有味。他们看戏要坐包厢。母亲安娜·米哈伊洛夫娜（Anna Mikhailovna）时常周旋于不同的知识分子和艺术家之间，属于上流社会第一等女性。父亲伊格纳茨·阿尔博托维奇（Ignats Albertovich）掌管着一个谷物交易商场，财富流动于第聂伯河和地中海之间。五个孩子的生活选择各不相同：马克（Marko）阅读尼采的作品，托力克（Torik）阅读犹太教经文；利卡（Lika）落入虚无主义和麻烦不断的革命行动的双重陷阱；塞尔约扎（Seryozha）逃离学校，与诈赌者和小混混打交道；而米尔格罗姆家那位丑闻不断的时髦姑娘玛鲁西亚（Marysya）妖艳十足、高不可攀，成为敖德萨社交圈里最受欢迎的人，她说自己和男孩子的唯一区别是她那只子宫帽。

同化的隐含意是一种确定的身份变成了其他东西，但这个概念并不符合他们的自我形象。他们保留的宗教传统微乎其微。与住在犹太小村庄并在秋收季节溜进城里的犹太人相比，他们自认为没有什么共同之处。犹太复国主义没有什么吸引力。就大多数方面而言，他们是俄罗斯人——所谓大多数方面，也就是除了最重要的那一方面之外，即在一个因民族而日益分裂的社会里，为找到一条出路而展开协调的能力。小说的叙述者说，敖德萨是一个民族俱乐部，是一个"天性友善"的地方，即全城的"八九个部族"竭尽所能地和平共处。但是，他们在家里互不理睬。"波兰人拜访的是波兰人，邀请的也是波兰人；俄罗斯人邀请的是俄罗斯人；犹太人邀请的是犹太人。很少有例外，但我们还是想知道为什么会这样。"我们会不知不觉地将它仅仅当作一种临时监管，并把我们共同论坛里的巴比伦式多样性视作明日辉煌的一个征兆。[10]

就像这座城市本身，米尔格罗姆夫妇生活在一个用棉纸和水晶搭建的世界里，美丽、精致，但脆弱得无法形容。在政治激进时代，利卡因为从事煽动性活动被逐出校门，并被处以两年流放。马克放下尼采读物，来到摩尔达万卡的背街小巷，加入了一个犹太人自卫组织。托力克既是个认真的学生，又是个善良的犹太人，在希伯来语教材上倾注了大量心血，结果却做好了改信基督教的打算。享乐主义者塞尔约扎被戴了绿帽的丈夫当头泼了一身硫酸。就连一向喜欢卖弄风骚的玛鲁西亚也遭遇了悲惨的结局。在小说的高潮部分，她出人意料地自杀了。她已经嫁人，有了几个孩子。他们住在乡下的房子里，小儿子在过道里玩耍，她在用炉子给儿子热牛奶。她一不小心就让火苗"舔到"了家居服的袖子。几秒钟不到，大火就吞噬了玛鲁西亚。她挣扎着挪到厨房门边，从里面插上门栓，以防自己的儿子把门打开。过道里的儿子安然无恙，近在咫尺的母亲却葬身火海。敖德萨一半的人参加了她的葬礼。

《五兄妹》传递了很多信息。腐烂比繁荣更能激起兴趣。尊严是人类的核心。与不幸抗争看似是一种合理而勇敢的选择，但尊严强化了受难者的力量。哪怕这本小说完成的时间比它所描述的时间晚了半个世纪，但它仍然具有一种新鲜感，充满力量地描述了这座城市经受的一次次阵痛。讲述者说，敖德萨人以历史为代价，学着相互嘲笑，而这关键性的一招，使它的各个部族好歹生活在了一起。

但生活之乐和取笑技能只是一种微弱的社会黏合剂。小说里问道，一旦灾难降临，这个城市社会有什么样的资源真正可资利用，而不是耸耸肩或开开安慰性的玩笑？傍晚时分的散步已经减少或被取消。此刻人们行色匆匆，躲进了阴影里。"他们往往互骂对方是流氓和白痴，有时甚至会打上一架，"讲述者在描述敖德萨的各大民族聚居区时说道，"但在我的记忆里，原来并不存在真正残忍的敌意。现在呢，一切都变了。人与人之间第一个友善的标志已经消失，而那是南方的一种传统，曾经把一条街道当成自己的家。"[11]

《五兄妹》讲的是一个家庭的故事，这个家庭不但封闭，而且极度悲惨。但米尔格罗姆夫妇还要经历一场公共暴力，其波及范围之广，破坏作用之大，可以说这座城市史上前所未有；因为这一系列事件，敖德萨后来被供奉在苏联革命的"万神殿"。1905 年发生的一系列事件，尤其是 1 月工人们在圣彼得堡大街的短暂示威，现在被看作革命性变革的第一轮阵痛、延续至 1917 年 10 月那次短暂游行的开端、布尔什维克的崛起和苏联时代到来的标志。然而，在当时，一切都不是这么明了。只有在革命力量获胜之后，无政府状态看起来才像是一场革命。作为对起义的回应，沙皇推行了一系列改革措施，如以选举方式组建国家杜马这一具有实权的立法机构，但这些改革多半夭折。20世纪初前几年，在帝国境内四处蔓延的暴力活动要么破坏力十足，要么属于惹是生非，这完全取决于人们的社会地位、商业利益、政治参与，以及民族或宗教归属。

在帝国边缘地区，暴力活动的形式各不相同。在高加索地区，亚美尼亚人和穆斯林的街头乱斗烧毁了一个又一个村庄，推倒了一片片钻井塔架，毁坏了一条又一条输油管线，而这些都曾经把巴库这座城市变成了全帝国最重要的新兴城市。在原来"栅栏区"内的城镇和村庄，此起彼伏的屠杀不但摧毁了一个又一个犹太人社区，而且激起更多的人加入行动队伍。早在1903年，发生在基什尼奥夫的血腥屠杀就引起了国际社会对帝国境内犹太人遭遇的关注。犹太人自卫组织将反抗对象扩大到俄罗斯民族主

1905年，敖德萨的"革命者集会"，原载于1905年11月18日《伦敦新闻画报》。作者收藏

义暴徒，而后者的血腥行动往往得到当地警察和哥萨克轻骑兵的纵容。

在敖德萨，一系列因素把它引向 1905 年的翻版，发生了俄罗斯历史上最惨烈、最臭名昭著的大屠杀事件。工人的不满情绪与日俱增。一大批地下社会主义和无政府主义组织正在寻找可乘之机。商会、互助合作社、工人合作社大肆扩散不满情绪，为工运活动提供信息和资源。警察的监管和政府的猜疑变本加厉。19世纪 90 年代和 20 世纪初期，随着城市工人阶级进一步认识到自己所具有的力量，罢工事件和偶发性团体暴力层出不穷。

敖德萨还经历了一场战争，它既无法承受，也无法从中获利。在帝国的另一端，为争夺在东北亚的主宰地位，帝国和日本之间的关系变得日益紧张。帝国海军在这一地区不断展示自己的实力，在满洲租用港口设施，威胁到日本在中国和朝鲜的"权力经纪人"的地位。1904 年 1 月，日本海军对驻扎在旅顺港的帝国军队发动突然袭击，两个雄心勃勃的帝国立即开战。为与日本展开对抗，沙皇尼古拉二世的陆军大臣急忙筹建了庞大的陆军和海军。结果却十分糟糕。给养不足、战线拉得过长的帝国军队连吃败仗。终于，尼古拉二世被迫求和。

敖德萨深受影响。这座城市一直是帝国远东地区主要的谷物供应商，也是运往太平洋地区的制成品的重要交易中心。随着日本海军对帝国公司的封锁，该市的一些重要海外市场枯竭。谷物出口对半缩减，而出口总量萎缩了近 1/3。贸易危机接踵而至，制造商不断宣布破产，贸易公司纷纷关门。[12]

敖德萨人有了更多的理由走上街头。大批士兵和水手加入其中，他们坐着火车来到这座城市，等着坐上开往地中海的长途轮船，再穿过苏伊士运河，前往中东这个据他们所知正变得越来越吃紧的灾难之地。现在，数千人无所事事，偷窃、入室抢劫和一般性公共失序事件越来越多。为征召更多的人为战争服务，沙皇赦免了那些没有犯下暴力罪行的在押犯，从敖德萨监狱释放了200多人。"因此，不难理解，前景……不太令人乐观。"美国领事托马斯·P.希南在报告中写道。[13]

/ 161

到1905年夏季，不满情绪已经达到沸点。工人运动和罢工行为演变为暴力事件。街上布满了路障，乱扔炸弹的无政府主义者攻击了前来平息骚乱的军警。6月中旬，人群涌进码头，抢劫了仓库，并与警察发生激战。大街上躺着数百具尸体，他们死于流弹、激烈的滨江路激战以及当局对地下政治运动及其同情者有目的性的攻击行动。受到街头战斗者的激励，加入反叛队伍的"波将金号"战舰开进港口。但在悲壮地进港并胡乱地放了几炮之后，"波将金号"驶向罗马尼亚并向对方投降。

"六月行动"之后，平静了一段时间，但随着秋季到来，再次陷入混乱状态，而这一次是对犹太人实施集体屠杀。反犹主义谣言将"六月行动"归咎于犹太人自卫组织，而沙皇政府确实也将犹太人看作罢工活动的重要煽动者，甚至把他们当作意图推翻政府的革命活动的教唆者。犹太人和俄罗斯人在摩尔达万卡附近发生混战，并导致了意在支持沙皇对想象中的犹太人革命采取行动的大规模示威活动。到10月中旬，示威活动升级为针对犹太人的房屋和公司展开攻击。那些愿意向警察付钱的人，据说得到了示威人群的保护。[14]

/ 162

与早期的屠杀行动相比，经过"六月行动"洗礼的自卫组织这一次做出了一致性反应。市中心的各大街区上演起追逐战。政治组织纷纷宣称，革命行动已经开始。其他组织则针对之前的屠杀和暴力展开报复行动。但是，和以犹太人的商店、住房和教堂为目标肆意展开袭击的人群相比，自卫组织完全不是对手。即使面对最为残暴的行径，如杀害妇女儿童、暴力拷打、强奸、切断肢体等，市政府也少有作为，同时声称动乱的规模已经发展到不可控制的程度。警察的纪律已经崩溃，但市政府反对犹太人的态度却非常明确：自卫组织是祸根之一，他们现在是罪有应得。"据我估计，犹太人将会成为危险因素，因为从最近发生的诸多事件来看，针对他们的怨恨情绪十分浓厚，"希南写道，"据报道，来自本省多地的农民正在参与抢劫、偷盗乃至更为不堪的行动，而我们已经收到求助电报。综上所述，本人斗胆认为，目前已经陷入混乱状态。"15

起义的红旗不时迎着海风猎猎飘扬。来自圣彼得堡的消息让人们发出阵阵欢呼，说沙皇已经向第一个经由选举产生的议会授予了权力。"在俄罗斯帝国南部这个伟大的商业之都，"《芝加哥每日新闻》的记者写道，"显示出悲观、沉默和放弃的迹象，预示着即将到来的革命、失序和经济灾难。"16 然而，对身处这一系列事件中心的人们而言，他们看到的不是政治变革，而是一场噩梦般的马戏表演，要把这座城市已有的历史连根拔起。敖德萨的文明内核似乎已经萎缩，并被吹进大海。正如本市一名高级官员的妻子柳波夫·吉尔斯（Lyubov Girs）在日记中记述的那样，"针对犹太人的屠杀行动已经开始。[犹太人]已经做好了准备并武装起来，他们现在甚至要从窗子里向俄罗斯人开枪射击。在德里巴索夫斯卡亚大街，犹太人的店铺全被砸了个稀巴烂，货物被抢走，一帮乌合之众带着各自的老婆，正在四处炫耀他们全身上下那些昂贵的衣服、靴子和皮大衣……我们这条街上的几个犹太人抓到一条狗，写了个'尼古拉二世'的牌子，挂到了它的尾巴上。"17

1905 年，敖德萨的"简易葬礼：犹太遇害者的尸体被从医院运往墓地的场景"，原载于 1905 年 11 月 18 日《伦敦新闻画报》。作者收藏

　　结果，在 10 月的暴力活动中，约 300 名犹太人和 100 多名非犹太人成为受害者——这还不算在 6 月遇难的数百名犹太教徒和基督教徒。敖德萨人从来没有经历过如此规模和范围的暴力活动。在长达一年多的混乱、街头械斗和大规模冲突中，各种各样的原因和动机相互交织。政治激进主义、醉酒闹事、厌倦透顶、担惊受怕、针锋相对，以及在市中心呈包围之势的工人和农民出于宗教原因产生的反犹思想共同作用，让敖德萨陷入了混乱状态。

　　正是这一系列事件触动了商业和管理阶层的核心人物；此

前使码头地区、摩尔达万卡和市中心某些地段深受其害的常规性暴力活动，在一定程度上并没有对他们产生影响。总体而言，从1905年2月到1906年5月，就敖德萨大区而言，死于暗杀、爆炸、枪战和群体性攻击的总人数不断攀升：被帝国政府认为死于"恐怖活动"的总人数为1273人，其中包含13名省长和市长、30名警察局局长和高级宪兵队队长、29名银行家和重要商人、54名工厂所有者、471名警察和257名本地治安官，而上述数字并不包括同一时期致死致伤的数百名普通民众。[18]

一个人很难知道，自己在什么时候被卷入历史之中。当时的大多数敖德萨人，和《五兄妹》里的人物一样，不是生活在前奏和余波之中，而是生活在并不明朗的现实之中。毕竟，在动乱发生之前的十余年间，也就是1894年之前大约100年的时间里，无论在非犹太人还是在犹太人看来，这座城市仍然具有无可比拟的文化愿景，尽管较早时期曾经发生屠杀事件，政府也强化了镇压手段。

例如，敖德萨人以纪念相册、阅兵仪式、演讲活动和盛世弥撒等形式，庆祝这座城市的诞生日，长期任职且身材粗壮的格里戈里·马拉兹里（Grigory Marazli）市长见证了活动的全过程。超过1500人涌进了那座带有黄金内饰的大剧院；近二十年来，它一直庄严地矗立在黎塞留大街尽头。演出结束后观众可以顺着朗热隆大街或叶卡捷琳娜大街——两旁都新建了楼房，装饰着古典式立柱或绚丽的巴洛克浮雕——前往凡科尼或罗宾纳餐厅，享用一杯咖啡或美味冰激凌。如果拿得出合适的证明文件，仅为富人提供服务的私人团体，如敖德萨俱乐部——早先叫作英国俱乐部，还会供应饮料、餐食和外文报纸。

市民如果有更广泛的兴趣，可以向黑海游艇俱乐部、新俄罗斯养马奖励协会（New Russian Society of Hunting Enthusiasts）或敖德萨业余两轮车协会（Odessa Society of Amateur Velocipedists）申请会员资格。喜欢读书的人可以从多家图书馆和阅览室借阅书籍，而可供购书的书店多达18家。有多达12家顶级旅馆、无数家私人住房和小型客房可供游客住宿。帝国敖德萨历史与文物协会的博物馆（Imperial Odessan Society of History and Antiquities）展出了古怪的雕塑和雕刻作品，游客可以信步于此；亚历山德罗夫斯基公园里的绿色林地也会让他们徜徉其中。他们如果看够了这座城市，还可以乘坐定期班列，前往帝国或者欧洲的任何一个地方，也可以在数十艘蒸汽船中任选一艘，一天之内抵达黑海沿岸的其他帝国港口或前往君士坦丁堡游览一周。[19]

敖德萨辉煌不再。谷物贸易已经出现颓势，敖德萨在整个帝国以及更广泛区域里的相对重要性已经有所下降。不过，敖德萨最朴素的家庭和院落，快速浏览一下普通人的生活场景就会发现，人们的能力和想象仍然非同寻常，有的属于敖德萨本地人，但大多和那些与这座城市擦肩而过却在其他地方功成名就的人有关。意第绪语作家肖洛姆·阿莱汉姆（Sholem Aleichem）正住在公园附近。他后来移居美国，塑造了"卖牛奶的台维"（Tevye the Dairyman）这一著名角色，后人因此称他为犹太文化的大师级编纂者。俄罗斯犹太裔著名历史学家西蒙·杜布诺（Simon Dubnow）已经搬到巴扎街，这段时间正在他的公寓里等候开庭。莱昂·平斯克（Leon Pinsker）是逐渐被称作犹太复国主义理论的早期倡导者之一，此时正躺在位于黎塞留大街的家里，奄奄一息。几个街区之外，普列奥布拉任斯基大教堂的记事本上记录了安娜·格伦科（Anna Gorenko）的施洗过程。她后来以笔名的方式，让阿赫玛托娃（Akhmatova）这个古老的家族重放异彩。再往西走几个街区就到了摩尔达万卡，仓库老板伊曼纽尔·巴别尔正在为儿子伊萨克的降生举行庆祝仪式。

对犹太人来说，各种意识形态、政治计划和社会网络在全市范围内不断扩散，犹如市场上随处可买的大西瓜。启蒙思想传播协会敖德萨分会在俄罗斯犹太裔中间发挥作用，传播着包括使用俄语在内的马斯基尔价值观。至少在奥斯曼人开始对犹太移民采取限制措施前，一个名为"支持叙利亚和巴勒斯坦犹太农民和工匠协会"的组织——通常被人称作"敖德萨委员会"，一度是帝国境内唯一合法的犹太复国组织——向犹太人提供了支持，让他们自愿选择在奥斯曼帝国统治下的巴勒斯坦以农民身份开启新生活。

1894~1905年，敖德萨的前景和惨状形成了鲜明的对照。一座轻松产生世界大同思想并普遍感到满意的城市，怎么会如此迅速地陷入集体混乱状态？很多敖德萨人，尤其是犹太人，似乎正在逆着大潮苦苦挣扎。"正是在古老偏见有所缓和的基础上开始了同化过程，"《五兄妹》里的一个角色说过，"但是偏见是一种神圣的东西……也许道德的真正意义……就是由偏见构成。"[20]这正是那本小说的中心要义。犹太人正逐渐被排除在俄罗斯的公民生活之外，这不仅仅是因为他们的邻居抱着一种偏见。对《五兄妹》的作者和小说中几乎不掩饰叙述者身份的弗拉基米尔·亚博廷斯基来说，排斥、自知之明和对自身文化独特性的自豪感是犹太身份的关键维度。在他所处的时代，敖德萨似乎证实了一种观点，即民族共同体是人类社会的最小单位。同化过程、帝国制度和世界大同都无法掩饰以国家的形式表达自己独特精神这一由来已久的强烈期盼。在德里巴索夫斯卡亚大街上，犹太人、波兰人、俄罗斯人和希腊人也许可以擦肩而过，但日常礼仪不同于共同的兴趣和抱负。最终，对民族性的这一认识方式，既与亚博廷斯基家乡城市的自我声称形成对照，也成为它发展的结果。

在距离敖德萨 1000 公里的以色列港口城市阿卡（Acre），有一座古老的监狱，它因关押异教徒而为人所知。雄伟的阿卡城堡建成于十字军东征时期（Crusader Era），是圣殿骑士团（Knights Templar）用来囚禁异教徒俘虏的地方。后来阿拉伯人和奥斯曼帝国统治者都用它来关押造反者、异教徒和各种不宜让公众知道的人士（the merely inconvenient）。奥斯曼帝国就用其中一间阴暗而肮脏的牢房，关押 19 世纪的宗教领袖、巴哈伊教的创始人巴哈欧拉（Bahá'u'lláh），因为他宣扬一种革命信念，认为所有宗教都是神圣天启和进步天启（devine and progressive revelation）的组成部分。差不多一个世纪之后，主宰这座城市的另一支政治力量，即巴勒斯坦英国殖民当局，同样认为这里可以用来关押弗拉基米尔·亚博廷斯基，这个在当时最喜欢惹事的敖德萨人、小说家、新闻记者、激进主义者、犹太复国主义原型倡导者和最具争议的异见持有者。从敖德萨到巴勒斯坦，再到他在美国英年早逝，他那辉煌的职业生涯揭示了 19 世纪和 20 世纪之交席卷他家乡城市周围的一个接一个的政治旋涡。

如果正像亚博廷斯基谈及自己成年早期时所说，19 世纪 90 年代的政治激进主义还处于似醒非醒状态的话，那么它在 1905 年就已觉醒。多年来，极端主义群体如"黑色百人团"（the Black Hundreds）一直在帝国南部边境地区跃跃欲试。还有一些乌克兰人组织，寻求帮助乌克兰农民和城镇居民实现文化自治和彻底独立等。此外，社会主义思想也有追随者，他们以不同的形式阐释马克思主义，既有渐进主义和民主主义，也具有革命性和蛊惑性。

在这样的环境下，弗拉基米尔·亚博廷斯基被塑造成一个会说俄语的犹太人，同时成为犹太复国主义的特定产物。他出生于1880年10月5日，父亲是一个小有所成的航运商人。亚博廷斯基一岁不到时，他的父亲就去世了，一家人很快就体会到了生活和理想的急转直下。他的母亲开了一家小文具店，一家大小就住在店铺后面的房间里。几乎一夜之间，从一个商人之家沦为店铺之家；他的母亲决心恢复原有的社会地位，亚博廷斯基成为她实现目标的手段之一。她坚持认为，他应该把时间用来研究学问，而不是通过学习经商为家人赚取生活所需。[21]

亚博廷斯基出生在一个机遇不如从前的时代，对犹太人尤其如此。就在他即将升入高中的时候，俄罗斯帝国的教育机构开始引入"物权法定原则"，也称为"反犹配额制"(Anti-Jewish quotas)。经过几轮入学考试和多轮淘汰，他终于进入久负盛名的黎塞留中学。这是一所与他同一时代的托洛茨基想方设法也未能进入的学校，他却发现很多犹太人避开限制条款，把自己的名字稳妥地添加进学生名单。并不明显的犹太教背景、会说俄语，而且既定地属于资产阶层，长期以来，每个家庭都对这种能耐感到心安理得，现在却要和一种新的偏见做斗争。

亚博廷斯基所在的班级有30名学生，他和另外9名犹太学生分在了一组，大家对这种划分感到心安理得，和班上的波兰、希腊、亚美尼亚和摩尔多瓦裔学生也能和平共处。他坦承自己是个差生，与完成作业相比，他更喜欢在敖德萨的海滩上打发时间，也喜欢在亚历山德罗夫斯基公园四处奔跑。当黎塞留中学同意开设犹太教课程时，班上只有1/3的犹太学生做了修读登记。他写道："我的自由主义思想严重到让自己忘记理发。"[22]后来，他觉得自己的懒惰是幸运之举。他要是继续留在这所学校，继而考进大学，并在之后选择法律作为自己的职业，也许会像无数的资产阶级律师一样，最终被布尔什维克一杀了之。他写道："若要活得像个人，愚蠢是最成功的方式之一。"[23]经过苦苦哀求和反复劝说，他的母亲同意他前往海外，为具有自由倾向的报纸《敖德萨报》(*Odessky Listok*)做记者；这家大开本日报曾经以犯罪行为和宫廷戏剧为题，大量刊登色情故事。他已经小有成就，本地媒体刊登了他的多篇文章；1898年春，他离开敖德萨，成为《敖德萨报》驻瑞士记者。

他坐火车穿过加利西亚。在这次旅程中，亚博廷斯基了解了犹太文化的多样性。对身在敖德萨的他来说，这一切都被隐藏得严严实实。"我没看见过大络腮胡，没见识过'卡波塔'(一种传统的黑色棉袄)，"他回忆说，"也没有看到过如此不堪的贫困状态。我也没看见过胡须灰白、高龄且受人尊敬的犹太人，在大街上遇到异教徒'绅士'时，他们会脱下帽子再和对方说话。"[24]他先是在伯尔尼后又在罗马目睹了欧洲的各种思潮，如社会主义、无政府主义、审美放纵(aesthetic abandon)和民族主义等，他的思维能力和写作能力都因为这段海外经历而变得更加犀利。亚博廷斯基正在成长为一个知名的新闻记者，这个年轻人正在对欧洲加以诠释，对象则是那座对自己的欧洲身份感到极度不安的城市，因此他也算是一个公共知识分子。敖德萨人如饥似渴地阅读着一篇篇深刻而时髦的新闻报道，文章的署名是"阿尔塔莱纳"(Altalena)——一个意大利姓氏。

亚博廷斯基有着惊人的口才，读书不多但知识渊博，一副宽边眼镜衬托着他那英俊且棱角分明的面庞。他让自己成为世纪之末居无定所的俄罗斯作家的代表人物，对这些人而言，只需要一次艺术之旅，就可以写出诗歌、短篇小说、报纸专栏文章，完成翻译作品和小说等文学作品，而这正是文人参与社会生活的结果。在这一阶段，亚博廷斯基的世界观——如果那算得上是他的世界观的话——还是一团乱麻：世界大同主义处于朦胧状态、浪漫主义受到过度追捧、对意大利的一切事物都十分热衷，以及便利犹太复国主义（Zionism of convenience），而后者的基础是犹太人应该在巴勒斯坦建立自己的家园——不管以什么方式，也不管在什么时候。换句话说，他成为他那个时代和阶层的代表，他们完全不受传统犹太主义或哈斯卡拉犹太主义的触动，哪怕他们自己的文学成就和自身机遇都要归功于这两样东西，而且对自己的俄罗斯文化身份充满信心。

1901 年，亚博廷斯基回到敖德萨，身份是另一家通俗报纸即具有自由倾向的《敖德萨新闻报》（Odesskye Novosti）的文学专栏作家和文化评论家。这座城市里的犹太知识分子深受折磨，因为他们与欧洲和帝国其他地方的同行面临同样的争论，如古老的哈斯卡拉坚持的普适价值观与犹太复国主义的各种具体诉求，犹太身份主要具有文化性还是宗教性，犹太复国思想是指在任何地方均可获得家园的想法，还是具体努力争取在巴勒斯坦建立家园的想法。作为一位天赋异禀的演说家，亚博廷斯基具有尖锐、令人印象深刻的讽刺能力，因此，在这座城市里充满生机且喜欢争辩的知识分子群体——成员有极具影响力的新闻记者本 - 阿米（Ben-Ami）、意第绪语作家门德尔·默伊克·斯夫瑞姆和肖洛姆·阿莱汉姆、文化犹太复国主义的理论人物阿哈德·哈姆（Ahad Ha'am），以及小组的中坚人物西蒙·杜布诺——中，他成为最具活力的一员。

据杜布诺后来回忆，在 1903 年 4 月举行的一次文学沙龙上，亚博廷斯基对犹太人境遇的分析，让公众听得如痴如醉。他说，只有当这个幻想中的国家像敖德萨的另一位檄文执笔者和犹太复国主义的先驱人物莱昂·平斯克预言的那样，有能力在自己的土地上建立政府的时候，它才能结束充满挂念并四处漂泊的日子。会间休息时，杜布诺走到室外，发现与会人员正兴致勃勃地谈论一条刚刚传到城里的消息。逃难人员源源不断地从乡下涌入城里，他们带来消息说，北边又发生了攻击行为。[25] 事件发生的时候，亚博廷斯基正在发表演讲；在这次事件的共同作用下，犹太复国主义成为一项国际计划：在比萨拉比亚首府基什尼奥夫，俄罗斯民族主义者残忍地屠杀了几十名犹太人。

"我的犹太复国主义活动始于两种影响，"亚博廷斯基写道，"即意大利歌剧和自卫思想。"[26] 即用即丢，正是亚博廷斯基写文章的典型特点：相当炫酷，但十分真实。他之所以最终把犹太民族主义当作标签使用，很大程度上归功于他在罗马期间对复兴运动（Risorgimento）的变体有所了解。根据这种观点，一个四分五裂的民族，正逐渐意识到自己具有统一的可能性，并争取找回那个他们被夺去很久的国家。后来，在敖德萨剧院观看意大利歌剧时，他遇到了自己早期的老师之一，即敖德萨的犹太复国主义者S.D.萨尔兹曼（S.D.Salzman）。

但是，是自卫组织的崛起赋予他关于犹太人身份和领土的观点以生命力。1881年那次暴乱——也就是当帝国的地方官员看起来为大屠杀制造者提供便利，而基什尼奥夫自卫组织的诞生则是顺理成章的反应——之后，犹太团体开始武装自己。据亚博廷斯基回忆，他自己曾经步行前往摩尔达万卡——它也许是这位资产阶级知识分子对这个贫困潦倒的社区的第一次屈尊拜访，他进入一套宽敞的公寓后发现，里面摆满了手枪、撬棍和菜刀。如果再出现类似情况，犹太人将奋起反抗。

亚博廷斯基坚持认为，自己的世界观根本没有因为1903年发生在基什尼奥夫的屠犹事件而有所改变。在此之前，也就是身居国外期间，他就是一个犹太复国主义者，而在那之后，他依然如此。但是，政治背景已经变了。在帝国针对犹太人发起的地下战争中，基什尼奥夫是主战场，这一状况一直持续至1905年在敖德萨发生屠犹事件，并延续至第一次世界大战和苏俄内战时期的一系列暴力活动。发生变化的是亚博廷斯基这样的犹太人面临的各种选项，他们或者拒绝革命道路，或者拒绝民主社会主义道路。如果此时帝国当局串通一气，为犹太人在帝国境内的和平生活设置障碍，换句话说，如果帝国政府成为初具雏形的俄罗斯民族主义的推进者，那么俄罗斯人与犹太人之间的裂痕可能就不只是一个宗教问题或传统问题。和其他人一样，犹太人是一个民族，严重分裂，很可能仅仅处于半觉醒状态，但它终将明白自己的归宿。自满和偏见是其他形式的民族主义的构成要件——这一主题贯穿于《五兄妹》和亚博廷斯基的其他创意性作品，犹太人自然也希望用它来实现同样的功能。犹太人甚至可以找到某种办法，与从前的犹太人大屠杀制造者展开合作：后者希望犹太人滚蛋，而前者只需要找到一个可去之处。

/ 172

　　亚博廷斯基作为职业犹太复国主义者的生涯正在变得势不可挡。1903年夏天，他率领一个代表团参加了在巴塞尔（Basel）举行的第六届犹太复国主义大会，这也是政治犹太复国主义创始人西奥多·赫茨尔（Theodor Herzl）参加的最后一次会议。他回到俄罗斯后，离开敖德萨，定居圣彼得堡，但仍以演说家和报刊记者的身份四处游历。随着第一次世界大战的爆发，亚博廷斯基来到海外加入英国军队，并参加了击败奥斯曼帝国的战斗。他协助组织了犹太复国骡队；他还协助第三十八皇家燧发枪手团——这支志愿队伍被称作犹太人军团，先后在盖利博卢

（Gallipoli）半岛和巴勒斯坦投入战斗——组建了几个营。战后，也就是在英国人托管期间，他留在巴勒斯坦，转变为一名激进分子，成为犹太人秘密军事组织"哈加纳"（Haganah）的领导人。当当地的阿拉伯人于1920年4月向耶路撒冷的犹太人居住点发起攻击——似乎是亚博廷斯基在俄罗斯经历的那场春季暴力活动的翻版——时，英国人责怪是"哈加纳"挑起祸端。亚博廷斯基遭到逮捕并被关押在阿卡城堡，成了一名囚犯，他的俄语名字也被改成希伯来语名字——泽耶夫（Ze'ev）。

亚博廷斯基诉诸军事行动并为此锒铛入狱，都是为了犹太复国主义事业，这让他声名鹊起，但现在却被大多数人当成一种恶名。在国际社会的呼吁下，他被从阿卡城堡释放，但亚博廷斯基和其他犹太复国主义者之间的裂痕很快就加深了。他被释放没多久，就与主流的犹太复国主义运动分道扬镳，创建了一种理论；这一理论逐渐被称作"修正主义者犹太复国主义"（revisionist Zionism），旨在为犹太人在约旦河两岸建立家园，具有右倾、反社会主义、军国主义和绝不妥协等特点。它所依据的信念是，从本质上说，犹太人和阿拉伯人对土地的诉求具有不可调和性。

他在1923年发表的一系列文章中提出"铁墙"（iron wall）概念，用以阻隔阿拉伯人和犹太人。他相信，阿拉伯人不可能同意以色列人建立定居点，两个民族也不可能主动友善地做出让步。这两个民族运动在本质上具有不可调和性，那么以色列人能在自己的国土上生存的唯一办法，就是建立一道牢不可破的军事"铁墙"，以阻挡阿拉伯人的进攻，并保护以色列人的权利。[27]亚博廷斯基去世的时候，这些目标一个也没有实现。1940年夏天，他在纽约州北部参加演讲和筹款巡游时，因为心脏病发作而去世。不过，他在活着的时候，目睹了风暴的形成过程。他准确地预测到即将到来的大灾难，那是一场大屠杀，它摧毁了欧洲的犹太文化，并在巴勒斯坦实现了建立家园的想法。

　　就传统而言，1948 年建立的犹太国家被看作一个终点，它终结了这个统一的民族始于灭顶之灾的一次胜利之旅，而亚博廷斯基的观点与之格格不入。在耶路撒冷，有一条以他的名字命名的重要街道。但是，尽管以色列的政治右派仍然认为亚博廷斯基的著作有先见之明，但和其他犹太复国主义者与以色列政治家如哈伊姆·魏茨曼（Chaim Weizmann）、戴维·本－古

亚博廷斯基戎装照

里安（David Ben-Gurion）等人相比，他还是显得十分苍白。由于他在大多数政治问题上坚持最高纲领主义立场，同时使用"意志薄弱""上当受骗"等词语辛辣讽刺其他犹太复国主义者，本－古里安称他为"弗拉基米尔·希特勒"。

亚博廷斯基创建了青年组织"贝塔"（Betar），与以色列"基布兹①"（kibbutz）的草根社会主义相比，其纲领和审美仍然更接近欧洲右翼极端分子。他在早期著作中展现的思想信仰存在巨大的矛盾性。他在通信中一直表现得热情而急躁，极度关注各种轻微与重要问题。他对同盟的选择先从原则过渡到机会，最后纯粹落脚在标新立异上。犹太复国主义和意大利法西斯主义具有诸多共同之处，他在 1922 年写信给贝尼托·墨索里尼（Benito Mussolini）说："你所代表的政府和你本人的人格让我产生了极大的兴趣。"[28]

亚博廷斯基的终极贡献——如果那也能叫作贡献的话——是支持犹太复国主义事业并身体力行。"哈达尔"（hadar）是其思想的中心原则，这个希伯来语词语意为"尊敬"和"自尊"。在他看来，犹太村子里那些身披黑色外套的犹太人和"受启蒙"的同教派人士都缺乏这两种东西。很简单，反复灌输"哈达尔"（hadar）就是要让犹太人社区了解积极的"民族"生活方式，正如意大利人、德国人熟知的"意大利风格"（italianita）、"德意志特征"（Deutschtum）等，它是一种令人产生自豪感的使命，在本质上涵盖了一个人的种族、民族或国籍。在这个意义上说，他认为犹太民族主义没有任何特别之处，只不过它长期以来受到帝国的压制，犹太人因此被剥夺了机会，于是他们在自己受到挫

---

① 以色列的集体农场。

折的民族抱负之外，把传统宗教、文化同化或朴素社会主义视作退而求其次的替代性选择。他在 1934 年写道："我从异教徒身上学会了如何做一个犹太复国主义者。"犹太复国主义并不是为深受折磨的民族寻找安慰或"道义支撑"，更不是为了实现某项神授计划。上帝挑选论是一种针对大众的麻醉剂，是实现犹太民族主义的一道路障，而不是其神圣本质。建立犹太人的家园，是犹太国家的天然政治产物，与欧洲其他民族主义运动追求的目标没有什么区别。[29]

不难看出，敖德萨所处的环境对亚博廷斯基的民族主义哲学影响巨大。无论早晚，如果敖德萨的每一个族类都以民族主义或独立的形式，寻求自己最高等级的文化表述——19 世纪 20 年代的希腊人、60 年代的意大利人，以及乌克兰人和俄罗斯人都在帝国蹒跚前行的过程中有过类似追求，那么为什么要对犹太人另眼相看呢？在他看来，他们与自己那些朝夕相处的邻居唯一的区别是使命：他们普遍不愿意与其他正当的民族主义运动展开斗争，因为别人的目标正好与犹太人背道而驰。在这种意义上，正如他的一位传记作者所说，亚博廷斯基是一个"秉持世界主义的极端民族主义者"。[30] 他相信民族群体是世界社会的核心物种。适者生存是基本机制，它将决定哪些群体最终能够建立单一的民族国家。

就对大多数民族血统和民族命运——包含犹太人自己——具有支持作用的单一性声明而言，这样的叙述很难具有适应性。但是，亚博廷斯基所标榜的犹太复国主义，比他的著作在今天所呈现的相对模糊性具有更大的影响力。他所预言的以色列国已经背离了当初赖以建国的犹太复国主义的社会主义版本。大规模私有化运动消灭了社会平等，改变了公民与政府之间的社会契约。一波接一波新的移民浪潮尤其吸引了来自俄罗斯帝国的犹太人，这些人对把他们的父辈变成牺牲品的欧洲民族主义运动或带给他们灵感的民主社会主义几乎没有直接记忆。现在，位于耶路撒冷的一道真正的"铁墙"，加固了亚博廷斯基比喻中的那道"铁墙"。

巴勒斯坦人发动了两次起义，耶路撒冷的餐馆经历了自杀式爆炸，位于西岸的定居点持续得到扩张，加之以色列的政治左派实际上销声匿迹，以色列已经在很多方面按照亚博廷斯基的想象重塑自我。修正主义成为新的主流。国家已经从几十年前更具雄心的社会议题中抽身，转而关注起亚博廷斯基曾经希望能被确定下来的安全问题。在特拉维夫亚博廷斯基研究所——它集博物馆和研究中心于一体，保存着亚博廷斯基的个人档案——放映的自传性影片中，解说者说道："一切都肇始于敖德萨。"事实上，的确如此。21世纪，以色列把亚博廷斯基从自己古老家乡那摇摇欲坠的世界大同主义中获取的诸多理想变为现实，尤其从民族角度关注自身安全，贫富差距淡化了社会平等等古老使命。

石阶惨案：谢尔盖·爱森斯坦（Sergei Eisenstein）1925年拍摄的电影《战舰"波将金号"》中著名的婴儿车场景。戈斯基诺／科贝尔（Kobal）收藏

　　1906年和1907年，水手和消防员发起的罢工持续了相当长的时间。1910年，运送谷物的马车夫如法炮制。地下团体尽管遭到警察告密者的渗透，却在码头地区和城郊工业区吸纳了大批成员，他们的政治计划既具有社会主义性质，也带有无政府主义的特点。

　　灾难性的俄日战争结束后，船运业有所恢复，但意大利和奥斯曼帝国在1911年爆发的短暂冲突，以及巴尔干半岛1912年和1913年发生的两次战争，都对它再次形成冲击。当俄罗斯帝国于1914年加入第一次世界大战时，这座城市的商人已经在海外贸易中输光了全部家当。奥斯曼帝国决定以德国盟友的身份参战，此举对穿越博斯普鲁斯海峡和达达尼尔海峡的交通线路构成障碍，实际上使商业陷入停顿。无事可做、也无所失去的装卸工和水手在供应充足的伏特加的刺激之下，往往既拍脑袋也砸门窗，从而使公众产生不安情绪。

战争期间，敖德萨一直十分靠近欧洲的古老帝国，如俄罗斯帝国、奥斯曼帝国和奥匈帝国以及迅速摆脱它们的控制成立的新王国、单一民族国家和多民族国家之间的地理分界点。它的三大民族——俄罗斯人占39%，犹太人占36%，乌克兰人占17%——迅速成为强烈鼓吹各自前景的政治冒险家的拥趸。

敖德萨人发现自己处在多个锋线之间，交锋的双方有犹太人和令他们深受折磨的人，有乌克兰民族主义分子和沙皇的对手，也有激进的马克思主义者和专制势力。但很难说清楚是哪些事件预示了重大变化，又有哪些事件会被下一阵东北风吹得烟消云散。一位来访的美国医生在1917年10月注意到，停泊在港口的全部船只突然挂出了红色旗帜。"似乎没有人明白为什么，因为我们都没听到海战获胜的消息，而且也不是什么特别的日子。"[1]这位医生见证了敖德萨发生的布尔什维克革命。然而，在事后看来，至少从短期上说，它的重要性同样微不足道。

在惨烈的战场形势和帝国首都爆发的政治革命的影响下，俄国军队在1917年濒临崩溃。士兵们回归平民身份，有的结成武装团伙，有的结队乞讨，后来在苏俄内战中互为对手的两支武装力量——一方是仍旧忠诚于旧制度的白军，另一方是致力于实现革命理想的红军，也拉拢了一些人加入。同盟国（the Central Powers）制订了计划，要冲破当时面向东部前线的门户。为阻止德国、土耳其或奥匈帝国吞并俄国的工业和航运中心，协约国为占领旧帝国的各个板块实行了分摊责任制。英国军队被派到东部的高加索地区，以获得对战略油田——巴库油田的控制权。在敖德萨，一支头发凌乱的法国殖民武装——一部分士兵来自北非国家的部队，穿着五颜六色的裤子和羊毛厚外套——开进尼古拉耶夫斯基大道，并在匆忙之中出台了漏洞百出的军事规则。

预防性占领措施只实行了很短的时间。尽管法国人宣布了军事规则，但这座城市仍然处于无政府状态，饥饿的逃难者将店铺抢劫一空，有的人被当街杀死，只因为别人看中了他身上的外套。[2]法国水手在本国船只上受够了残酷对待，响应布尔什维克的号召，与士兵和海员联合起来，反抗帝国主义的压迫。停靠在黑海的法国舰队立即在自己的三色旗旁边，升起了象征共产主义的红色旗帜。[3]法国军队陷入混乱，忠实于布尔什维克新政府的帝国军队列队进入敖德萨，宣布这是他们的革命成果。然而，这一成就只是暂时的。到1919年夏天，反对布尔什维克的志愿军在臭名昭著的白军将领安东·邓尼金（Anton Denikin）的指挥下，驱逐了苏俄红军，并向被怀疑是红军同情者的人发起攻击。

曾经的帝国上下，这股浪潮很快就席卷了白军。面对布尔什维克军队发起的新一轮攻势，邓尼金只得率领部队仓皇出逃。随着布尔什维克的军队于1920年2月全面进入敖德萨，数万难民带着行李，涌入仍处于冰冻状态的码头地区，试图找到一条路，登上那几艘依然停留在港湾里的商船和盟国战舰。前来敖德萨负责接回美国居民的美国海军小分队负责人戈登·伊利森（Gordon Ellyson）在报告中提到了哀婉和恐怖的场景：一个女人推着婴儿车，一边挤过拥挤的人群，一边艰难地寻找走散的丈夫和孩子；还有一个女人费力地拿着一面镶着金边的大镜子；一个男人跌跌撞撞地朝着轮船走来，手里只有一把没上弦的班卓琴

（Banjo），同伴的背上背着一把小教堂风琴，行走得十分艰难；海员们铆足了劲儿，想把一辆汽车吊上一艘希腊商船，布尔什维克狙击手连开数枪，大家只好放弃了努力。

人们争相向前涌动，有人在冰雪覆盖的码头上滑倒，有人一个劲地想挤上小艇。有人从船上跌落，也有人被心怀恐惧的水手迎头痛击，因为谁也不想自己的船只倾覆。同时，全城上下枪声大作，那是残余的岸防守卫者向布尔什维克的先遣部队胡乱射击。停靠在内港的英国战舰"阿贾克斯（Ajax）"号不时发射几枚口径 13.5 英寸的炮弹，飞向布尔什维克的阵地。几天之内，由少量志愿军、乌克兰族非正规军，以及来自盟国的士兵和海员组成的最后守卫者就永远地撤离了这座城市。[4]

白军逃离之后，这座城市随处可见断垣残壁和逃难的人群。几乎每个月都会发生政权更迭，住在城里的人总想努力弄个明白。"需要重建的房屋延绵数公里，"战争结束十年后，一位旅游者写道，"灰黑的墙壁依然矗立着，好似靓丽蓝天下衬着的几颗蛀牙。在城郊，街道空无一人，已经被劫掠一空，死气沉沉。"[5]各路大军在荒废的帝国境内纵横驰骋，数百万人四散溃逃，村庄荒无人烟，农业生产陷入停顿。原"栅栏区"内居住的犹太人成为各路人马的目标，沙皇军队责怪他们是红色威胁，乌克兰人谋求建立"独立"的乌克兰政权，布尔什维克骑兵部队征用谷物、商品和牲畜。

1921 年夏天，在敖德萨开展的一项调查活动，对这一时期的混乱状态尤其是它对本地区的犹太人造成的影响提供的简要信息令人印象深刻。[6]随着布尔什维克稳控大局，总部设在莫斯科的独立的社会组织——援助大屠杀遇害者犹太人公共委员会对这座城市的犹太难民开展了一次调查。该委员会邮寄的宣传单上印着俄语和意第绪语，要求犹太人主动前往设在市中心和各郊区小镇的十个办事处进行登记。海外犹太人团体提供了援助，而获取方式就是完成登记，所以犹太人都希望把自己计算在内。接见者根据口头证据，针对一个个家庭和个体，收集到大量信息。当接见者有理由对某人的陈述表示怀疑时，会拒绝记录所有信息，除非后者能提供证据，如带上所有孩子或出示官方证明文件，来确认自己的居住状况或受雇情况。因此，这是苏俄内战结束时关于平民遭遇状况的一份相当成熟的社会记录。

夺取并占领敖德萨，一直是奥匈帝国、法国人、（若干派系的）乌克兰人、白军和布尔什维克的战略目标。但因为迁移进城的个人和家庭来自的区域相对有限，主要是乌克兰南部的基辅、敖德萨、波多利亚和尼古拉耶夫等省份，因此原"栅栏区"内的犹太人迁移和死亡的规模只会愈发明确。前述委员会记录在案的犹太难民总数高达12037人，其中9042人为敖德萨现住居民。根据家人的登记，另有1801人居住在小镇和村子里；登记死亡人数为1194人。接近1/3的家庭至少有一名成员死于大屠杀，约44%的家庭父母双亡或单亡。最常见的情形是失去父亲，但也有很多人目睹自己的母亲被杀害。不过，家庭人口数依然可观，据受访者报告，家庭存活成员平均数为5人。死难者数量众多，其中多是成年人，但约17%的家庭失去了16岁以下的成员。

大屠杀幸存者来自所有职业和社会阶层。学生、商贩、商铺老板、职员、教师和码头工人占了大多数。不过，最大群体是家庭主妇，约占31%，这也许是因为大屠杀大多针对男性，内战的覆盖面十分广泛，女性变成了一家之主。（不足为奇，登记的死者中男性占2/3。）整村整家的犹太人或步行，或赶着牛车，要么为投奔亲戚，要么为前往城市这个想象中的安全之地而艰难跋

/ 182

涉数百公里；哥萨克小分队、红军、白军或普通匪帮随时出没于乡间；一个世纪或更早以前，帝国的西部地区就有组织地针对犹太人实施暴力活动，因此人们把前前后后死去的人都累加起来予以上报的做法也不足为奇。超过一半的受访者说，自己经历过三次或更多次事件，而他们都把它划归大屠杀。

这次调查让我们获得了观察迁移和暴力的独特而微观的视野，但和我们对这一时期难民和死亡情况的总体了解相比，它还是显得苍白无力。到1917年夏季，超过700万人被强制迁移到帝国的欧洲领土。其中大多数人也许就是现在的所谓俄罗斯族，但一些少数族裔——通常是一些敌对势力的疑似忠诚者——被来犯之敌、匪徒以及在战争和革命过程中建立的众多独立军事力量明确地当成目标。在帝国西部的所有城市，都有来自乡下的逃难者，他们要么为了讨一口吃的，要么为得到一个栖身之所；1905年的无序状态已经滋生大量无家可归的流浪者，而他们在这个时候的到来又使人口增多。[7]

不过，这次调查也反映了这座城市犹太人口的一个重大变化。沙俄时期的最后一次人口普查一共记录了125000名犹太人，就职业和社会阶层而言，这个群体和这座城市里的其他族裔一样多元。但是，如果要说到敖德萨犹太人的典型——至少根据历次普查数据，而不是依靠俄罗斯民族主义者做出的反犹推测，那就是一个低层次的商人形象，有生意人、小商贩、客栈老板，也有小工厂主，他们赖以为生的经济环境不但捉摸不定，而且时常充满人为的敌意。俄罗斯人、乌克兰人和德国人中，在敖德萨郊区以农民为职业的人数，和在码头和工业边缘地区从事以城市为基础的职业的人数不相上下。但犹太人社区是典型的城市社区，犹太人在人数上远超与其共处于这座城市的基督教徒。到19世纪

90 年代，超过 95% 的犹太人被划归为城市无产者，相当于他们在本世纪过程中快速跻身的"小市民"阶层。[8]

然而，经历了二十余年的动荡——初始暴力发生于 1905 年，继而爆发第一次世界大战，再到苏俄内战期间席卷全国的杀戮——之后，上述特性消失不见。现在，犹太人的经典形象有可能是一位寡居的家庭主妇，她在经历某种形式的暴力之后，带着几个孩子离开了乡下，也许一路上看到了更多的恐怖场景。这个时期，敖德萨最伟大的作家伊萨克·巴别尔正在着力刻画这样的人物形象，而她只是其中之一。

弗拉基米尔·亚博廷斯基忙着为征战巴勒斯坦筹建武装力量时，他的一位敖德萨老乡却参加了哥萨克骑兵团。至少说，这是一个不适合犹太人生存的场所。但是伊萨克·巴别尔养成了一个习惯——在正确的时间来到错误的地方。

1894 年 6 月，巴别尔出生在摩尔达万卡的一个中产犹太家庭。他长着一张圆脸，戴着一副眼镜，发际线迅速后退，露出布满皱纹的宽大额头。他专注于欧洲古典文学以及犹太教的推理和辩论这两大古老传统。一家人侥幸躲过 1905 年大屠杀，全靠几位基督教邻居的出面干预，把他家的好几个人藏了起来，才让空旷大街上四处游荡的暴徒无处可寻。但是，巴别尔的爷爷还是成了受害者。

巴别尔的抱负和敖德萨其他的犹太人没什么两样，就是读完书，再进入适合自己的众多领域，如商业、媒体，或是进入尚显模糊却十分重要的知识界。包括黎塞留大学在内的众多教育机构实行"反犹配额制"，阻断了巴别尔的求学之路。他入读了位于基辅的一所技术学校。后来，他又从这里转到彼得格勒（Petrograd），因为拿不出居住证明，他还利用自己的敖德萨伎俩骗过了警察。没过多久，他就从事起微不足道的职业，写起了短篇小说和散文。

彼得格勒是一座正在发酵的城市。早在十多年前，也就是敖德萨遭到反犹帮派恐怖袭击期间，这座城市就发生过一起以失败告终的起义，不过它还是迫使沙皇尼古拉二世朝着自由的方向做出了一些让步。在纷飞的战火中，它已经弃用日耳曼气息过于浓厚的"圣彼得堡"，来到这里的巴别尔发现，政治热情空前高涨。他得到重要的左派作家和编辑且已经出版过多部小说的马克西姆·高尔基（Maxim Gorky）的资助。一旦成为地下社会主义者并接触到秘密印刷机，巴别尔就成为最早的一代布尔什维克知识分子。

不过，他对革命现实的真正了解来自哥萨克人。1917年十月革命之后，俄罗斯帝国依然处于分崩离析的状态，一方是新政府的支持者，另一方是数量众多的反对者。此后的四年间，旧帝国的领土因为各派别——红军、白军、民族主义者以及致力于保护自己的家园田产免遭劫掠的当地农民——之间爆发的游击战而满目疮痍。

/ 185

巴别尔是最早的随军记者。他被安排到谢苗·布琼尼（Semyon Budenny）率领的先遣队，这位哥萨克骑兵队的传奇指挥员为了保卫布尔什维克，正在已经陷入瘫痪状态的帝国西部边境地区指挥战斗。严格地说，他是这支骑兵队伍的内部刊物《红色骑兵》（Krasny kavalerist）的记者，奉命报道那些为了保卫苏维埃政权正与帝国主义和反动派作战的士兵们的日常生活。但是，在1926年首次出版的《红色骑兵军》（Red Cavalry）这部后来成为巴别尔最高文学成就的短篇小说集中，他写到了非正规战斗过程——有村庄被烧掉，有农民被赶走，而且放火和驱赶农民的士兵除了百无聊赖，没有任何道理可言——中失控的暴力行径。

"巴别尔的作品纯粹是无稽之谈，他像个穿着过时内衣、说话有些哆嗦的老太太，以吓得有些呆傻的老妇的口吻，描述一位饥肠辘辘的红军战士，手里拿着一只鸡和一块面包；他编造了一些从未发生的事情，并向最好的共产主义指挥员身上泼脏水。他头脑发热，谎话连篇。"[9] 这是布琼尼明确无误的断言，在从沙皇专制向布尔什维克主义过渡的过程中，他正是作为作家且正处于最富创造力阶段的巴别尔的赋能缪斯。在一定程度上，这位老骑兵的话不无道理。准确地说，正是与内战经历——他在摩尔达万卡泥泞的大街上和潮湿的院子里培育了对它的欣赏之情——有关的那些传言和陈谷子烂芝麻的旧事，被巴别尔改写为一系列富有洞见的故事。

故事的众多主角深入人心，那是他在骑兵部队、家乡以北遥远村落和犹太人小村子所遇之人的组合体。不过，也有很多就是巴别尔的翻版，他们被卷入漫无目的的暴力活动，在扬言欲成大事必先舍身的革命过程中随波逐流。年迈的犹太人格达利（Gedali）是个典当行老板，他乐意用布尔什维克的宣传语换取"一个由好人组成的共产国际"。阿方卡·必达（Afonka Bida）是个性情多变、冷酷无情的排级指挥官，他打起仗来心狠手辣，对自己那匹坐骑却奇怪地表现得多愁善感。

随着时间推移，这些故事的第一人称叙述者，也就是一个和巴别尔类似的作家发现，由于遭遇战争，自己的心脏受到损伤，出现问题。基督教堂和犹太教堂全被砸毁。骑在马背上的人也被撞翻在地。抢来的衣服和珍宝把部队装扮得更像一支四处游荡的、迎接世界末日的狂欢队伍。叙述者凑近他们那宽阔的胸膛，琢磨起哥萨克骑兵的浩荡气势，却被他们用一连串动作推到了一边。面对他们的暴行，这个吓坏了的旁观者怎么也无法转移视线。

早年间，巴别尔这个边境居民曾穿梭于不同的世界：犹太人与俄罗斯人、沙皇专制与布尔什维克主义、军队与艺术生涯等。内战接近尾声时，他不时返回敖德萨，专注于他另一部重要的文学作品。这是一组短篇故事，后来被收入《敖德萨故事》（Odessa Tales），引人入胜地再现了摩尔达万卡这个犹太人聚居区里的骗子、野心家、妓女和警界败类。这些故事至今仍是一部鸿篇指南，有助于大家了解这座城市里的"骑士们"，他们生活在充满罪恶的地下社会，在压榨"软柿子"或惩罚对手时毫不手软，对待老妇人却谦和友好，遇着心仪的对象也会风度翩翩。现在，人们往往通过巴别尔的《敖德萨故事》来理解他的作品，不过，这种做法容易出错，把黑色挽歌当成一部略带乡愁的文学作品。如果说《红色骑兵军》是一部语气尖刻的报道作品，是一部所写经历到出版时仍具有新鲜感和鲜活性的虚构作品的话，那么《敖德萨故事》就是一部处于朦胧状态的回忆录。他所唤醒的敖德萨已经消失在历史之中。

巴别尔最持久的遗产之一，是当人们想到敖德萨时，脑海中浮现出的往往是那些虚构的人物——他们随时准备进入我们的大脑——而不是这座城市的现实建设者。劫匪头目本亚·克里克（Benya Krik）是这座臆想之城典型的居民（archetypal inhabitant）。他当上了摩尔达万卡的"王"，使用的手段是从商铺老板手里榨取钱财，而面对那群统治这一地区且更不讲理的匪帮，他采取了一种所谓的"大致公平"（rough justice）。他是个对寡妇非常仁慈的人，而对那些让他感到扫兴的下属却非常残忍。在做这一切的过程中，他都穿着一件巧克力色夹克衫、一条奶油色裤子和一双覆盆子色长筒靴，坐在一辆红色汽车的驾驶座上，喇叭里正播放着意大利歌剧《丑角》的开场曲。

本亚的敖德萨——也就是巴别尔的敖德萨——是一个偷盗、娼妓和谋杀盛行的社区，但它终究是一个社区。小偷也讲究信用，而对它的了解，没有人能比得过从这座城市最污秽且最富传奇的居民区——连同栉风沐雨、飞沙走石的码头区，本地居民都把它视为自己的家——走出的那位作家巴别尔。我们从故事中很难读出来巴别尔在写作的时候，脸上挂着的是笑容还是嘲讽。"摩尔达万卡，我们慷慨的母亲啊，"他在一个段落里写道，"你的生活由嗷嗷待哺的婴儿和等着拧干的破衫构成，伴你度过新婚之夜的，是大城市的时髦气息和士兵们的永不倦怠。"[10] 但是，那绝对说到了点子上。只有当你被它吸引却又被它拦挡在外的时候，你才算真正了解敖德萨。

等到巴别尔开始下笔的时候，本亚·克里克这样的人已经退出历史舞台，而这正是《敖德萨故事》的中心思想之一。《弗洛依姆·格拉赫》是巴别尔后来写成的一个故事，他死后很长一段时间才得以出版；同名主角是个黑社会头目，声称自己掌控的犯罪大军由"四万名敖德萨恶棍"组成，而他本人死在了布尔什维克秘密警察——契卡（Cheka）的手里。"你们是要杀掉所有的狮子！"临死前的几分钟，这位黑帮头目说道，"你们要明白，如果这么做了，你们会有什么样的结局！你们将一无所获！"[11]

巴别尔明白，自己笔下的角色寿命有限。他描述的既是一个曾经存在的接受帝国统治的敖德萨，也是一座苏维埃治下的城市，处于变化之中。在他以敖德萨故事为基础改编的一部戏剧——该剧于 1926 年被拍成无声电影《本亚·克里克》——中，主角就沦为苏维埃政权的牺牲品。摩尔达万卡的这位黑帮头目最终成为另一种类型的恶棍。他被布尔什维克当局处决，在创造新秩序的过程中，又清除了旧社会的一部分残余。

如果说在建设苏维埃敖德萨的过程中，巴别尔笔下的本亚·克里克是个过渡性人物的话，那么诸多新角色正争抢着要取代他的位置。这些人的基本特征是极具灵活性，可以屈服于新的国家政权。本亚让沙皇时期的旧警察疲于奔命（或者，更多时候是在让他们收贿纳贡），他在打理自己的地盘时，很少考虑正规法律的细枝末节。他的继任者知道如何与新生政权打交道，显得十分柔和而谨慎，从不像本亚那一代人那样扯着嗓门说话，而且喜欢虚张声势。其他虚构角色一出场，大家就能认出来，他们是新时代的敖德萨人。伊利亚·伊尔夫（Ilya Ilf）和叶甫根尼·彼得罗夫（Evgeny Petrov）共同塑造了一个令人十分难忘的形象，他是个重要的企业家，主营业务是赚取轻松钱，名字叫奥斯塔普·本德尔（Ostap Bender）。他说话的语速很快，显得很自信，他身上的犹太人性格恰到好处，容易为苏联读者所接受。但是，不同于本亚，奥斯塔普往往将自己的花招加以精心伪装，使之符合法律框架。他在伊尔夫和彼得罗夫共同创作的流浪汉小说《金牛犊》（*The Golden Calf*）中说道："我可不是什么小天使，我也长不出翅膀来。但我的确敬重法制。"

敖德萨建立苏维埃政权之后，那句话也许就成了它非正式的座右铭。本质不坏的罪犯行为、具有南方意味的自由散漫、兼具世俗和现代气息的犹太人性格，都是敖德萨这座城市的一种传承。此外，还有大家共同追求的苏维埃共产主义、工人的热情高涨，以及面对强权国家的指示时压抑个人抱负的能力等。一位导演给这个新世界创造了一种核心的视觉表现，使敖德萨变成一个不可能爆发革命的地方，把沃龙佐夫口里的"怪兽石阶"变成了一段电影史。

20 世纪 30 年代，一位从莫斯科驾车前来的外交官在报告中写道，一过基辅，公路就变成了土路，间或有几段铺着花岗石的粗糙的道路。一路上，小旅馆倒是随处可见，但无一例外都是苍蝇乱飞。很容易迷路，因为很少有路标，就连当地人好像也不确切知道哪条路才能通向海边。

他到了敖德萨才知道，建在临海高坡上的那栋宏伟而古老的建筑物也就是伦敦旅馆已经没有房间；至少在他出示外交人员护照并要求提供食宿服务前，确实如此。唯一让这位外交人员感觉到这座城市虽然地处偏远却与外界保持着良好关联的东西，是他在旅馆餐厅碰到的几个美国人，他们正在大声嚷嚷伙食不好；同时，他在城里遇到的人，据他估计，几乎都是犹太人。[12]

但是，对于敖德萨，他忽略了一点，那就是它正在经历一次从帝国统治下的城市向苏维埃领导下的新兴城市的彻底转变。布尔什维克获胜之后不久，城里的旧式街道就改了名字，以纪念那些在革命和内战中涌现的英雄人物。帝国的标志被撤掉，换上了镰刀与锤子。剧院举行的宏大表演，歌颂了工人战胜沙皇压迫的胜利场景。沃龙佐夫伯爵和伯爵夫人的遗体被移出普列奥布拉任斯基教堂的地下室，迁入当地的一块墓地。随后，教堂被拆掉，它的大理石墙面用来装饰附近的一所学校；象征沙皇传统和等级制度的旧神不再适合这个充满进步和平等的时代。1905 年的那段动荡岁月，是布尔什维克革命的一次预演，而敖德萨是多个重要片段的发生地之一，在这个苏维埃国家渐渐出现的"造神"过程中自然具有特殊地位。

今天，我们在理解 1905 年的时候，几乎很难把它与之后二十多年被神化的诸多事件区别开来。实际上，所有的关键意象都来自苏联早期的电影摄影大师谢尔盖·爱森斯坦那双熟练的手。凭着他在 1925 年拍摄的无声电影《战舰"波将金号"》，敖德萨成为预示革命即将到来的警钟，是布尔什维克主义取得胜利的原爆点，再说远一点，也是苏维埃国家最正宗的发祥地。

1905 年 6 月下旬，沙皇的钢制战舰"波将金号"——得名于 18 世纪那位了不起的亲王和陆军元帅——已经驶离克里米亚港口，正在黑海参加炮火演练。舰上的情况十分糟糕。海军士兵遭到无军衔军官的殴打，早已成家常便饭。食物供应严重不足。当在配给的肉里发现正在蠕动的蛆虫时，船员拒绝用餐，并集中到后甲板上，以表达厌恶情绪。

然而，在那之后，爱森斯坦讲述的事情就与历史有所偏离。在他的电影里，出现了一个奉命维持秩序的水兵队。水手们跑到同伴身边，呼吁他们不要开枪射击。几名水兵犹豫了，于是引发起义。起义者跑遍战舰，撕掉了每个人夏服上的军官标志。有人试图躲到甲板下面，或请求水手们放自己一马。也有人被投进海里。随后，"波将金号"驶向敖德萨。在它的中桅上，象征自由的红色旗帜取代了舰旗。

在城里，工人、农民和海员聚集在悬崖上和码头周围。起义者头领被一名叛变的军官开枪打死，他的遗体被放在码头边上，对一位革命烈士而言，这样的安放方式显得很不正式。在一群穿着浆领衣服、戴着呢帽的小资看客中，有个奸细大喊了一句："揍扁那个犹太家伙！"自 19 世纪 70 年代以来，这一直是大屠杀制造者的开战口号。不过，公民们并没有响应这一捣乱性口号。不能殴打自己的同胞，要与资本主义和帝国主义压迫者做斗争，这被赞颂为勇敢的群众面临的共同任务。一场起义演变为一场革命。

然而，所有这一切都是有意想象出来的结果。真正的"波将金号"起义的真正结局是哭泣，而不是枪声。水手们满怀希望地驶进敖德萨港，但船一进港，他们就失去了勇气。市里正在进行全面罢工，但他们未能抓住机会。绿树成荫的大街上，充斥着民众的抗议声，但很快以失败告终，而城里的革命者也躲到了暗处。水手们定期发布公告，要求全世界的工人与他们一道，反抗罪恶的沙皇独裁统治，但到后来，就连水手的热情也逐渐消退。

　　1935年，现代敖德萨的两位缔造者——伊萨克·巴别尔（左）和谢尔盖·爱森斯坦（右）。俄罗斯电影博物馆/ABA 传媒提供

起义者沿着海岸线，把军舰开到了罗马尼亚城市康斯坦察，并在这里向罗马尼亚当局投降。有的人遭到逮捕，并被遣返回国，最终经过审讯，走上了绞刑架。也有人滞留海外，过上了新生活。到20世纪80年代后期，有游客来到都柏林（Dublin）的一家小型炸鱼和薯片店，听到店老板也就是一个名叫伊万·比绍夫（Ivan Beshoff）的老兵，向他们讲述那场为革命铺平道路的造反行动。

编写"波将金号"事件的时候，谢尔盖·爱森斯坦只有27岁。他身材矮小敦实，脑袋硕大，浓眉上方长着一头蓬乱而逗人发笑的头发。他不是敖德萨人。但他和巴别尔是同时代人，他们那个群体中的艺术家和知识分子从20世纪20年代热忱的苏俄革命中得到灵感。在那个时代，艺术、文学、戏剧乃至社会和文化生活领域的新鲜事物不但被容忍，而且受到鼓励。

和巴别尔一样，爱森斯坦也在1921年，也就是内战时期，为红军服务。一开始，他作为背景画家，服务于"无产阶级文化"运动，苏维埃共和国成立初期，这个运动成为艺术实践中心。一年之后，他被任命为莫斯科第一工人剧院的主任，并很快开始了对电影的探索之路。在执导的第一部大型专题影片《罢工》（Strike）（1925）中，他尝试了蒙太奇手法，并使之成为其电影的特征。没过多久，因为旗帜鲜明地倡议不仅要把电影作为一种娱乐，更要把它看成一种教育手段，爱森斯坦当选苏维埃电影制作人协会主席，并成为最早用影像记录苏维埃政权的大师级人物。即便到了今天，他在舞台上塑造的工人和革命战士形象，都习惯性地遭到了西方观众和俄罗斯观众的误解，认为那是反映苏联众多革命过程的"纪录片"。

《战舰"波将金号"》成为他杰出的作品之一，无疑也是电影史上拷贝最多的作品之一。这是苏联共产党中央委员会为纪念 1905 年革命二十周年委托他拍摄的一部电影，但等到爱森斯坦启动这个项目的时候，还有几个月就是 1925 年底。他带领一个庞大的团队，以伦敦旅馆为基地，在敖德萨和黑海沿岸的其他地方一连工作了好几个星期。为节省时间和资金，他们把一些档案镜头拼凑起来，用到拍摄的电影中。（冒着黑烟并向勇敢的起义者开炮的沙皇船只，实际上是正在参加演习的一艘美国军舰，有个画面出现了小小的美国国旗，这就是穿帮的地方。）到年底，爱森斯坦匆忙之间将 1.5 万米长的胶片剪辑成了约 70 分钟时长的电影。[13] 他后来写道："由于空间的限制和时间的紧张，我们没办法做过多的检查。"他肯定没想到，只有三个多月的时间去完成的剧本写作、布景设计、拍摄和剪辑，却成为永久的成功之作。[14]

爱森斯坦在这个故事中注入的，是那个最令人难忘的——在很大程度上，同样是他想象中的——元素，即敖德萨石阶屠杀。爱森斯坦的天赋，就是把石阶置于这部电影的中心位置，他在回忆录中，把这个场景说成"这部电影的有机质和总体结构中的关键内核"。[15] 士兵和哥萨克骑兵排着队，向罢工工人开枪射击。当一名哥萨克骑兵用佩剑划过一个女人的面部时，我们清楚地知道，在那惊悚恐怖的场景中发生了什么事情，哪怕导演根本没有向我们展示佩剑与妇女仰面朝上的脸部的接触过程；只见那个女人被剜出的眼睛直勾勾地盯着摄影机。在随后的高潮部分，一辆婴儿车先是摇摇摆摆地溜到石阶边上，随即顺着大理石台阶，令人惊恐地滑了下去。

实际上，在普通民众的记忆中，在 1905 年的暴力中，根本没有"石阶屠杀"这一核心事件。在城市的别处发生过大规模交火，卷入其中的不仅有军队，而且有各城市居民区为防止受到恶棍和大屠杀煽动者伤害而成立的多个自卫组织。之所以想到这一幕，也许是因为爱森斯坦在莫斯科为这部电影做背景研究期间，从当时的一本法国杂志上看到了那座石阶的一幅插图。[16] 经过爱森斯坦的再现，1905 年最为血腥的事件——数百名犹太人死于这次杀戮——隐入背景。在影片中，敖德萨从一个当街屠杀犹太人的地方，变身为一座被人铭记的城市，因为它的工人阶级团结一致，共同反抗沙皇的独裁统治。

苏联的观众观看这部无声电影的时候，他们看到的是自己国家——这是一个革命的国家——的诞生过程，它回顾了 1905 年涌现的英雄和烈士。到 1925 年，也就是电影开始发行的时候，苏联已经取代俄罗斯帝国，成为黑海沿岸包括敖德萨在内的诸多地方的实际统治者。但是，它又是一个刚刚诞生的国家。它的意识形态崇尚新生事物，拒绝用过去标记新的社会及政治秩序。就连它的缔造者列宁去世之后，留下的遗产依然不清不楚，诸多前朝旧臣一时间也跳出来争权夺利。在爱森斯坦那双灵巧的手里，"波将金号"起义成为布尔什维克革命的"旧约全书"，一系列事件提前宣告了 1917 年十月革命的到来。

敖德萨是《战舰"波将金号"》最后上映的地方之一。1925 年 12 月至 1926 年 1 月，它先后在莫斯科的波修瓦大剧院（Bolshoi Theatre）和索夫金诺电影院（Sovkino Cinema）上映；那年夏天，美国电影明星道格拉斯·费尔班克斯（Douglas Fairbanks）和玛丽·皮克福德（Mary Pickford）访问苏联，他们在观看这部电影后，推动了影片的海外发行工作。[17] 查理·卓别林（Charlie Chaplin）赞誉它是全世界最好的电影作品。[18] 很快，影片就在亚特兰大、新泽西等地上映，反响热烈。年底才在敖德萨上映。在苏联的其他地方，这部电影都被当作一部纯粹的纪录片，上座率一直在50%以上。但在敖德萨，它既轰动一时，一时之间也丑闻不断。

当地一位市民声称自己参与了"波将金号"事件，并把爱森斯坦告上法庭，指控这位著名导演盗用他的个人经历，并要求分得部分版税。这位年迈的水手在接受质询时，坚称自己一直在船上，见证了造反行动的关键阶段，即一群参与起义的海员在被处决时，有人用一块帆布把他们遮挡起来。案件很快就撤销了。爱森斯坦指出，帆布这个场景纯粹是导演的想象——他采用艺术手法，再现了即将赴死的英雄集体被蒙上眼睛。原本没有发生这样的事情。[19]

爱森斯坦的电影手法往往以其原创性和有效性让人振聋发聩。他把各种意象分解成若干个片段。他在各个意象之间来回移动，从而形成一种视觉隐喻，如他在战舰上的人与储肉柜里的蛆虫之间建立一种显见的对照关系。在说明一件事情的时候，他会利用多个断点镜头，而不是记录演员的一连串动作。对技术、艺术和政治之间存在的关联，这位导演心知肚明。他相信，《战舰"波将金号"》是电影制作进入新时代的代表作之一；在这个新时代，作为衡量价值和影响的核心标准，观众的反应将是艺术"新心理主义"的关注对象。[20]

正如爱森斯坦在影片上映很久之后的一次访谈中回忆的那样，他作品的真正价值在于意象的力量，而不是它的历史真实性。"比如，《战舰"波将金号"》中有这样一幕，哥萨克人一边缓慢谨慎地沿着敖德萨石阶往下走，一边向人群开枪射击，"他说，"通过人腿、石阶、血液和人群的组合，我们营造了一种印象。什么印象？观众所得到的印象，不是自己在1905年身处敖德萨码头，而是在士兵穿着靴子往前迈进的时候，他的身体会往后退缩。他会竭力躲到子弹的射程范围之外。随着婴儿车从防波堤的边上滑落下来,他会紧紧地抓住电影院的椅子。他不想掉进水里。"[21] 意象、光线、拍摄角度和剪辑技术都力求刺激观众,使他们产生一种非连续性的情感反应,而这样的效果基本上可以通过科学手段得到准确的计算。哪怕在处理历史题材的时候,衡量电影成功的标志,都不在于形象和动作的逼真程度,而在于它对观影者产生的影响。他不带感情地写道:"通过'电影',我明白了什么是倾向性,此外无他。"[22]

《战舰"波将金号"》可能算是敖德萨现代史上最重要的一件文化作品——相比于其他任何东西,这件艺术品不但更能概括它自身的形象,而且将被后人铭记。如果说在 19 世纪很长一段时间里,给游客留下深刻印象的是码头边上沿街叫卖的小商贩和它的中西合璧,那么在 20 世纪被爱森斯坦搬上荧幕的"波将金号"事件将会逐渐诠释这座城市。就事件本身而言,经由参与者传承下来的所有基础要素都被爱森斯坦囊括进去,如水手拒绝食用令人作呕的腐肉,由此酿成起义。但他加入的英雄色彩把敖德萨变成革命性变化的先锋,从而被布尔什维克革命当作一种合用的历史预言,而且说得更开一点,成为新生苏维埃国家的历史背景。

不过,正因为如此,这部电影和敖德萨本身没有多少关系。当然,石阶确实来自这里,但其他意象不在这里。在某个节点上,一如俄罗斯帝国的工人大众奋起反抗帝国主义的压迫者,一尊石狮仿佛从基座上站了起来。为了再现这一幕,爱森斯坦单独拍摄了多尊石狮,每一尊姿态各不相同,有站有卧。然而,来到敖德萨的游客仍然会徒劳地寻找那尊坐卧不宁的石狮。实际上,真正的石狮远在几百英里之外,位于沃龙佐夫伯爵在克里米亚半岛上修建的夏宫。

伊萨克·巴别尔曾经住在一栋装饰华丽的公寓楼——和古老的布罗迪和格拉芙拉亚（Glavnaya）两座大教堂离得很近。现在，人们来到一楼的邦 - 奥陆芬（Bang and Olufsen）商场后，很难发现它的平板玻璃橱窗边上挂着的纪念牌。而在这之前，却根本没有纪念牌，而这样的含糊是有意为之。

在苏联的很长一段时间里，巴别尔的命运一直是个谜，是历届官僚主义者竭力守护的一个秘密。在米哈伊尔·戈尔巴乔夫推行开放政策后，事情的全貌才浮出水面。一项专门调查揭示了巴别尔的密友从来没有掌握的一些细节。他于1939年被当作人民的敌人遭到逮捕，并在令人谈虎色变的克格勃的前身——内务人民委员部（NKVD）或尽人皆知的莫斯科卢布扬卡（Lubyanka）监狱受尽折磨。巴别尔遭到逮捕，是对艺术家和作家实行大规模清洗的内容之一，与之相伴的是苏联社会在30年代实行的更大范围的"大清洗"——由约瑟夫·斯大林（Joseph Stalin）发起的这场运动，旨在改造社会并根除假想敌。苏联的官方说法是，1941年巴别尔因为替法国和奥地利充当间谍而在服刑期间离奇死亡。后来才知道，他在1940年1月就被枪决，成为斯大林时期被处决的众多苏联艺术家之一。

在他遭到逮捕之前不久，巴别尔一直住在莫斯科。尽管和同时期的其他作家相比，他的产出一直比较少，但他还是在苏联艺术生活中占据着中心位置。他之前为自己和伴侣安东尼娜·皮罗日科娃（Antonina Pirozhkova）共同生育的女儿举行了出生庆典。[与他分居的妻子叶夫根尼娅（Yevgenia）于20年代中期搬离敖德萨之后，已经和长女娜塔莉（Nathalie）在巴黎安全地生活了十多年。] 谢尔盖·爱森斯坦是巴别尔的朋友，而且一直是个派头十足的搞笑好手，他给新生儿的见面礼是一个插着紫罗兰的尿壶。[23] 但两年后，巴别尔的朋友和家人在监狱的门口显得不知所措。"我会等着你，"陪着巴别尔和逮捕者前往卢布扬卡监狱的皮罗日科娃说，"就当你去了敖德萨吧……只是收不到信件而已。"[24] 警察已经撕掉并烧毁了他的手稿。

巴别尔的命运具有象征意义。他的家乡一直在接纳外来者，有来自大草原的谷物马车，有来自内陆地区的移民，也有来自遥远港口的船只。就连那些源源涌入的逃难者都使敖德萨的社会场景充满了生机，尽管他们是在帝国和政府纷纷土崩瓦解的情况下来寻找安全港湾的。布尔什维克接管莫斯科后，诗人兼散文文体家伊凡·蒲宁（Ivan Bunin）来到这座城市；他先是成为敖德萨作家兼传记作者瓦伦丁·卡塔耶夫（Valentin Kataev）圈子里的成员，后来更成为早期苏联文学界一颗耀眼的星星。布尔什维克接管莫斯科后，卓越的无声电影明星、年轻且长着一双杏仁眼的维拉·霍洛德纳亚（Vera Kholodnaya）于1919年冬天逃亡至此，却死在了这里。哀号的悼念者争先涌入普列奥布拉任斯基大教堂，令白军或红军召集的公共集会相形见绌。"在当时，任何一个人都可以走上敖德萨的大街，"涉及自己在这座城市的成长经历时，传记作家和历史学家索尔·布罗瓦伊（Saul Borovoi）写道，"一流演员点亮舞台，最受欢迎的记者和作家让敖德萨的报纸内容充实，最有声望的政治家和学者出现在听众面前。"[25]

然而，革命之后，敖德萨似乎主要成为离别之地。希伯来语诗歌的伟大先驱哈伊姆·比亚力克（Chaim Bialik），据说为在民族认同上坚持"沙文主义"观点，由于受到布尔什维克当局追捕，于1921年离开了敖德萨。八年之后，莱昂·托洛茨基——也就是毕业于圣保罗学校，后来由革命倡导者变成斯大林死敌的那个大龄男孩——在隆冬时节登上"伊里奇（Ilyich）号"蒸汽船后，这艘破冰船在冰冻的港口清出一条道路。这座他还是个孩子时就了如指掌的城市，成了他在苏联最后看到的一个角落。作为重要的文化中心，敖德萨与西方的艺术和音乐保持着长久联系，因此成为显而易见的靶子，被贴上了窝藏间谍和惹事者的标签。黎塞留创办那所大学的初衷，是为帝国边疆地区的学者提供一个避风港，那些被认为对苏维埃国家持不友好观点的教授此时先后遭到开除。一些作家曾经躲在海边，把它当作激发想象力的安神剂，这时成为国家针对文学领域浅尝辄止主义（dilettantism）和形式主义这一恶性运动的靶子。斯大林时代，一百多名和巴别尔一样的人——虽然名声没有他大，但他们同样是敖德萨充满活力的文化环境的产物——失去尊严，被关进集中营，或者更糟。根据官方统计数据，1937~1941 年，至少有 19361 名敖德萨人——有农民、工人、知识分子、士兵和政府官员——遭到逮捕，并被冠以各种罪名，如蓄意破坏经济、为外国势力充当间谍等。其中，1/3 被枪决。[26]

然而，"古老敖德萨"的造新过程——巴别尔为之举办过庆典，爱森斯坦为之赋予了神话——已经准备就位，并在第二次世界大战后达到巅峰。敖德萨终于达到它一直未能完全达到的状态，成了一个名副其实的地方，每一个苏联公民都知道它独有的特色和怀旧的标签；在受人挚爱而充满英雄气概的苏联城市万神殿中，它成为一个永恒的站点。敖德萨石阶逐渐被人称作"波将金石阶"——不是在叶卡捷琳娜大帝的伙伴兼这座城市的缔造者之后，也不是在战舰起义事件之后，而是在爱森斯坦拍了一部电影之后。

后来的观影者在观看《战舰"波将金号"》这部电影时，不是在审视历史，而是与历史擦肩而过之后，进入一个充满创造与合用神话的王国。在苏联的"红色里维埃拉"的市中心，英勇无畏的革命者、心地善良的小偷惯匪和富于幽默感的倒霉鬼定义了一座城市，这相当于专供度假工人和政府首脑使用的地中海游乐场迎来了一个不分阶级的群体。让人深感讽刺的是，这一切主要发生在这座城市最具特色的群体也就是犹太人遭到残忍清除之后。

1941年，罗马尼亚占领时期，德涅斯特河左岸地区总督、残忍的教授格奥尔基·阿列克西阿努（Gheorghe Alexianu）（中）在米哈伊尔·沃龙佐夫伯爵宅邸办公室办公。其身后画像为罗马尼亚政权战时领导扬·安东内斯库（Ion Antonescu）。原载德涅斯特地区《日报》，敖德萨地区州立档案馆提供

从斯大林的情报人员决定炸掉自己的军事总部那天起，一切都变了。每一个敖德萨人都知道亚历山德罗夫斯基公园大门口对面那栋多层楼房。大家都绕道而行。有时候，被内务人民委员部叫去谈话的人再也没有回来。

1941年10月22日下午5点35分，在一阵强烈爆炸中，这栋建筑物的右翼被炸毁，与之相连的部分受到损坏。庆贺的人多，理由也多。消失的不仅有那栋让人感到不祥的楼房，瓦砾堆

/ 202

里还埋着罗马尼亚政权——作为纳粹的同盟国，它在一周前刚刚接管了这座城市——的军代表和安全警察。占领军司令扬·格罗格亚努（Ion Glogojanu）被炸身亡，一同身亡的还有 88 名军人及非军事人员，其中包括数名德国海军军官。据断定，起因是一颗遥控炸弹或定时炸弹；爆炸发生前几天，当罗马尼亚军事人员选中这栋大楼并用作他们的军事总部时，内务人民委员部的特工很可能就已安放了炸弹。[1]

此前，对这栋大楼做过一次排爆检查，情报人员曾发出大楼可能遭遇蓄意破坏的警告。[2] 实际上，就在几个星期前，德国人设在基辅的军事总部就发生过同样的事情。基辅爆炸案引发的屠杀，是第二次世界大战期间臭名昭著的大屠杀之一，德国党卫军和乌克兰卫队在娘子谷（Babi Yar）枪杀了 32000 名犹太人。[3] 现在，敖德萨正紧步其后尘。随着军事人员的尸体被从废墟中挖出来，军官们多次向中央指挥部发去电报，详细汇报了破坏情况，以及目前正在开展的残酷报复行动。"我已经在敖德萨的公共广场分阶段绞杀了犹太人和共产党员，"接替格罗格亚努担任第 10 步兵师师长兼任驻敖德萨指挥官的康斯坦丁·特雷斯蒂奥雷亚努（Constantin Trestioreanu）将军汇报说。[4] 对敖德萨犹太群体的大屠杀行动由此开始。

在一次最不为人所知的大屠杀行动中，至少有 22 万犹太人死于修建于苏维埃乌克兰各地并由罗马尼亚政府实施监管的连片式犹太人居住区和集中营，或者是前往这些地方的路上。[5] 部分受害者来自敖德萨及其附近的内陆地区，更多的来自 1941 年德国入侵苏联时就被罗马尼亚政权趁机占领的其他地区。罗马尼亚占领区位于德涅斯特河和南布格河之间，通常被称作"德涅斯特河左岸地区"，与纳粹德国所谓东欧"新秩序"——西起设在波兰的总督府（General Government），东至设在乌克兰的帝国军需部（Reich Commissariat Ukraine）——下的其他行政单位地位相当。德涅斯特河左岸地区及其首府敖德萨的恐怖经历，与范围更广、记录更详细的其他残暴行径十分类似，如建于欧洲被占领区的臭名昭著的死亡集中营，其掌管者有德国军人、本地警察，以及第三帝国派出的声名狼藉的机动杀戮小分队，即"特别行动队"（Einsatzgruppen）。

/ 203

但让人想不到的是，种族屠杀时期的残忍行径发生在德国控制的领土之外。主要的行凶者不是身穿皮大衣的武装党卫队（Waffen-SS）营，暴行的发生地也不是奥斯维辛（Auschwizt）集中营这种专门的工业化杀人场所。敖德萨和德涅斯特河左岸地区大屠杀的责任方主要是罗马尼亚，它是第二次世界大战期间除纳粹德国外唯一对苏联的主要城市实施过行政管理的国家。到战争结束时，罗马尼亚当局几乎杀光了敖德萨幸存下来的所有犹太人。用纳粹的话来说，作为欧洲最大的犹太人居住中心和文化中心之一的敖德萨差不多变成了无犹区（judenrein）。

随着战争局势的发展，这座城市及其居住者的命运变得飘摇不定，而且充满了危险信号。一系列令人痛苦的决策——是否及何时撤退、何时及如何与占领军和解、是否告知新建成的犹太人集中居住区——决定了遇害与幸存之间的差异。这座城市那片大型犹太人社区——到第二次世界大战爆发时，其人口占全市总人口 1/3——的拆除，同样取决于几位罗马尼亚官员的决定，这些人因此把自己的黑暗经历与被他们短暂占领的这座城市的历史纠缠在一起。

/ 204

罗马尼亚参战后，对于同情心应该放在什么地方，没有表现出丝毫的怀疑。国家的统治者、性格反复无常的国王卡罗尔二世（Carol Ⅱ）早就宣布实行王室专政，镇压政治党派，并在墨索里尼军团的基础上，发动了针对"举臂效忠者"（arm-raising loyalists）的青年运动。罗马尼亚社会也对欧洲极右翼势力的宣传鼓动做出积极响应。这个国家已经在本土孕育了自己的法西斯运动，自发形成的"铁卫团"（the Iron Guard）把东正教激进主义、狂热的反犹主义和千禧年的死亡崇拜（millenarian cult of deat）糅合在一起。

上述发展形势成为扬·安东内斯库崛起的背景，他自封为"国家领袖"（conducător）——相当于罗马尼亚的国家元首，并在战争期间对罗马尼亚以及被它占领的土地实施统治。安东内斯库仪容威严，作为参战老兵具有保守的爱国情怀的他，无暇顾及国王卡罗尔二世的热情和"铁卫团"强烈的民族主义情绪。实际上，如果不是罗马尼亚政权在40年代面临特殊的战略形势，他可能根本无法拥有权力。不动产是关键问题。

第一次世界大战期间，罗马尼亚站在协约国一边，而对胜利者的回报，是在战后的和平会议上分到新的领土。在新划归罗马尼亚的土地中，有一个名叫比萨拉比亚的省，它原来属于俄罗斯帝国。（在比萨拉比亚省首府，也就是基什尼奥夫，1903年发生过臭名昭著的屠杀事件。）作为俄罗斯帝国的继承者，苏联一直没有完全承认这一领土割让，而共产党领导的地下鼓动者竭力煽动当地人反抗新的统治者罗马尼亚人。受到布尔什维克的鼓舞，比萨拉比亚人的反抗行动要么失败，要么遭到罗马尼亚军队、宪兵和秘密警察的镇压。

苏联人后来启动了一项新的计划，以从罗马尼亚王国手里夺回比萨拉比亚。根据与纳粹德国签订的互不侵犯协议，也就是签署于1939年的《莫洛托夫－里宾特洛甫条约》的秘密条款，苏联把比萨拉比亚纳入自己的利益范围。这样一来，欧洲东部的边界地区实际上就落入法西斯和共产党的控制。1940年6月，斯大林根据协议条款，要求立即合并罗马尼亚的领土。被最后通牒镇住，且关心浪漫约会胜于国家大事的卡罗尔二世，除了默许没有别的选择。罗马尼亚军队灰溜溜地退到新划定的边界之外，而更遥远的领土——包含位于北方的名为特兰西瓦尼亚（Transylvania）的狭长地带和位于黑海沿岸的一个地区——则落入罗马尼亚的两个邻国匈牙利和保加利亚之手。颜面尽失且被政治弄得筋疲力尽的卡罗尔二世宣布退位，并传位于自己的儿子米哈伊（Mihai）。

安东内斯库随即登上政治舞台。新国王只有十几岁，而安东内斯库给人的印象是，他作为一个长者，更能捍卫国家利益。当了一辈子军人且曾出任陆军大臣的安东内斯库，在20世纪30年代曾与"铁卫团"眉来眼去，而且赞同该组织的某些观念，如浓厚的反犹主义等。但是，就连自由政治家也能看出，他才是拥有地位和权力并能带领这个国家摆脱苏德修好带来的危机的那个人。很快，他就废除了卡罗尔二世过去实行的王室专政，代之以军事专政，将罗马尼亚变为在信条和标志上近似于"铁卫团"（尽管该组织因为发展失控最终被取缔）的"军团国家"。1940年11月，安东内斯库在柏林首次会见希特勒，他的身份是一个小国的领袖，正带领自己被卷入战争的国家，向年初划定罗马尼亚版图的国家寻求保护，并让罗马尼亚政权效忠德国的事业。

第一次世界大战期间，罗马尼亚是英国、法国和俄国的盟友，但这一次国家利益成为不同的考量。当德国撕毁互不侵犯条约于1941年6月22日入侵苏联时，罗马尼亚军队加入了艰难向东推进的纳粹军队，满心希望收回苏联正好在一年之前攫取的

/ 206

那几个省。这一次军事行动深得罗马尼亚人的欢心，他们把苏联取得比萨拉比亚和其他地区的行为比作"强奸犯罪"，认为必须采取报复行为。德国军队的身后跟着罗马尼亚、匈牙利和意大利等一众盟友的军队，通过一次次规模浩大的钳形攻势，包围并切断了苏联西部的各大重要城市。面对来犯之敌，苏联红军准备不足，连吃败仗。在北边，立陶宛、拉脱维亚和白俄罗斯不到一个星期就被纳入纳粹德国版图。一个星期后，苏联军队退出乌克兰西部地区。

作为重要的港口城市，敖德萨既是轴心国战略计划的目标，也是苏联军队难以放弃的战利品。它是入侵第一夜就遭到空袭的为数不多的苏联城市之一。到1941年夏末，这座城市实际上已经遭到德军第11军和罗马尼亚军队第4军的切割和包围，仅剩下大海这一条补给和逃生通道。在超过两个月的时间里，这座城市处于被围困状态，白天受到轴心国军队炮火的攻击，夜晚守城的苏联军队则发起反击。

如果不是德国军队继续向北和向东发起闪电进攻，先是攻占基辅，后又对塞瓦斯托波尔的苏联海军基地形成压力，这种胶着状态很有可能一直持续下去。在腹地可能遭受大规模损失的情况下，苏联红军决定放弃敖德萨并向东撤退。凭着此前和德国人达成的协议，10月中旬罗马尼亚军队第一个进入敖德萨。他们乘着嘎吱作响的大卡车，骑着疾驰的战马，发现码头已经破败不堪，人口只有战前的一小部分。

在苏联西部边境地区，关于究竟有多少犹太人在轴心国军队到来之前逃了出去，存在多个估计数字。当时，"栅栏区"内居住的犹太人超过500万人，随苏联军队向东撤退的犹太人可能在数十万人到一百万人之间。[6] 据战前最后一次数据可靠的统计，也就是 1926 年的人口普查，敖德萨有 433000 人，其中犹太人约为 158000 人。不过，在轴心国入侵之前，生活在敖德萨的犹太人可能多达 233000 人，因为大批难民为躲避德国和罗马尼亚军队涌入。[7]

苏联于 1941 年夏季和初秋实施的撤离行动，可能使敖德萨迁出了 1/3 或更多的人口，考虑到职员、管理人员、医生等职业具有优先撤离权，犹太人的占比可能稍高一些。有人估计，当苏联红军因受到围困而溃逃时，留在城内的犹太人在 8 万~9 万人，相当于全城人口的 1/4。[8]1941 年 8 月底，据敖德萨市长估计，敖德萨还有 5 万名犹太人——该市仍留有 30 万人。人们认为，这可能是敖德萨遭到大屠杀时比较准确的人口数。[9]

对很多犹太人——连同他们的非犹太裔邻居——而言，如何应对入侵，可能是个折磨人的难题。回顾过去，可知待在家中躲过冲突的想法十分错误。但是，家具有巨大的吸引力，哪怕面临的危险与日俱增。在敖德萨这个具有世俗和战略双重重要性——它处在侵略者必经之路上——的港口城市，犹太人对波兰和白俄罗斯等被占领国发生的暴行毫不知情。毕竟，苏联和纳粹德国仅仅在两年前才签订了和平条约。

/ 208

1941 年 6 月以后，随着难民从乡下涌入城市，村庄被焚毁、当场开枪射杀等传闻听起来似乎夸张得没有人愿意相信。对很多家庭而言，寄希望于尚未知晓的恶行，而不是那令人痛苦的熟悉的经历，看似是更明智的选择。很多人还记得 1905 年那场反犹暴力事件；不少人甚至还记得 1871 年和 1881 年发生的屠杀事件。是抛弃家园和财产，让留在敖德萨的邻居再来一轮劫掠，还是待在原处，和新的占领者搞好关系？很显然，后者显得十分荒唐。"如果顺从德国人，那将对我们非常非常不利。我们会遭罪。我们会活得憋屈，"传记作家索尔·布罗瓦伊的一个朋友对他说道，"但如果成为难民，那将必死无疑。"[10]

即便在敖德萨的疏散行动开始之后，人们也不得不通过苏联官僚机构这一关。乡下的村民可以用牛车装上东西就往东走。而对城市居民而言，他们只能有三条路可选：步行出城；凭特别通行证坐上挤满军方人员的卡车或火车；凭特别通行证在驶离港口的疏散轮船上找一个舱位。特别通行证优先发给共产党官员和政府行政人员。

想方设法安全逃出城市的人，将面临寻找住处、重新开始谋生找工作，以及和逃离轴心国军队过程中失散的家人团聚等问题。有的人逃到遥远的乌兹别克斯坦和中亚的其他地区等。无家可归且与父母失散的孩子被专门修建的孤儿院收容。成年人被安排进难民营，与被占领和被围困的其他苏联城市逃出来的同志共用住房。之后四年及更长的时间内，这种状况一直没有改变。被疏散者把这种状况利用到极致。作家用手稿换取稀有的香烟和伏特加。学者当着来自全苏联的博学听众，朗读主题模糊的报刊文章。导演们纷纷制作起纪录片，拍摄情景剧——所以，那一时期才有那么多在片头标注"塔什干（Tashkent）电影制片厂"的苏联电影，这个令人难以置信的苏联"好莱坞"建在中亚大平原上，周围穆斯林的圆顶和尖塔建筑林立。[11] 城市犹太人开始呈散居状态，把敖德萨的价值观、文化和脾性带到了苏联各地以及更远的地方。

但到1941年夏末和秋天，敖德萨人需要做出重大决定，是选择留下还是在对这座城市本身或某些未知的安置场所一无所知的情况下离开。一位名叫鲍里斯·卡里卡（Boris Kalika）的大屠杀幸存者回忆了自己被母亲拉到码头搭乘苏联轮船的经过。人们争先恐后地涌向码头。码头边上的行李堆积如山。一阵混乱中，12岁的鲍里斯个头矮小，加之受了惊吓，与自己的母亲和妹妹走散了。后来，寻找家人的过程让他筋疲力尽，他便走回自己的家。他留下来后，受到俄罗斯邻居的照顾，直至那年晚些时候，占领军开始围捕城市里的犹太人。他先是被暂时性地安置在位于敖德萨的一处犹太人定居点，随后又被转移出城，来到罗马尼亚人在多马内维卡（Domanevka）修建的集中营。他身材轻盈，加之长着一头栗色头发，便设法躲过了卫兵的搜捕。此后的战争岁月里，他辗转于不同的村子，靠谎称自己是俄罗斯族孤儿才幸存下来。战争结束，罗马尼亚军队撤退之后，他才回到敖德萨与自己的母亲重逢。整个战争期间，他的母亲一直在苏联东部当难民。然而，在1941年撤出这座混乱的城市的过程中，他的妹妹下落不明。[12]

/ 210

在罗马尼亚军队和宪兵向东推进的过程中，屠杀犹太人不是他们的主要目的，它是国防军和武装党卫队——如果和这个组织无关的话——热情支配下的"副业"。安东内斯库政府已经在罗马尼亚着手实施一系列反犹太人的法律制度，因此那里已经发生屠杀暴行，其中发生在西北部城市雅西（Iaşi）的大屠杀和强制驱逐最为声名狼藉，导致数千人死亡。不过，罗马尼亚境内的犹太人并没有被大规模地驱逐进德国军官看管的死亡集中营。最终，安东内斯库顶住德国的压力，没有驱散本国境内的大型犹太人社区。因此，在战后审判的时候，他仍然坚称，他所采取的行动意在拯救罗马尼亚的犹太人，而不是要屠杀他们。不过，罗马尼亚政权在重新收回的比萨拉比亚及更东边的被占领土，即德涅斯特河左岸地区所采取的行动完全是另一回事儿。

从占领这座城市的那一刻起，就开始了对犹太人有组织的屠杀。德国的特别行动队 D 支队，尤其是它的第 11b 特遣小队，于 10 月中旬跟随罗马尼亚军队进入敖德萨。[13] 有头有脸的犹太人社区领导人遭到杀害，犹太人被勒令前往地方当局登记，大概是为后续行动提供姓名和地址。[14] 但是，军事总部被炸事件为新一轮更加没有约束的杀戮开了口子。城市和郊区都发生了群体性绞死和大规模射杀事件，先是占领军发起动议，随后由扬·安东内斯库下达专门指令。

自 10 月 22 日开始，安东内斯库发出多份电报，对行动过程提出明确要求：每死一名罗马尼亚或德国军官，就处决 200 名"共产主义分子"；每死一名普通士兵，就处决 100 名"共产主义分子"。敖德萨所有的"共产主义分子"及"犹太人家庭的每一个成员"都被当作人质，一旦再次发生重大恐怖袭击事件，这些人都将被杀死。[15] 安东内斯库还进一步详细说明了衡量标准：

1. 处死所有自比萨拉比亚前来敖德萨避难的犹太人。

2. 符合 1941 年 10 月 23 日之规定［下令处死"共产主义分子"］的所有人员、尚未处死之人员，以及新增加之人员一律送至楼内并予以炸毁。该行动将于［军事总部爆炸事件］受害者埋葬之日予以执行。

3. 本命令阅后即毁。

此命令的一份手抄件得以保留下来。与指挥中心的后续通信表明，此命令已经得到执行。[16]

他们采用"共产主义分子"这一通用称呼，以及他们对比萨拉比亚犹太人的特别反感，说明罗马尼亚政权在敖德萨及别处的政策包含一个重要考量：共产党员、犹太人、游击队、难民和单纯捣乱者之间的界限往往模棱两可且形同虚设。占领当局下达的命令有时候十分模糊。10月23日，特雷斯蒂奥雷亚努要求他指挥下的单位各自"至少绞死100名犹太人"。[17]据推测，这道命令完全同意绞死更多的人。罗马尼亚人通常把这些行动称为"报复行动"，而行动的对象几乎都是犹太人。当然，苏联特工、游击队及其同情者也被认为是攻击目标，而这两个类别不说完全不能，但至少很难分得一清二楚。

犹太人成了国家敌人的代名词，而且确实更容易根据个人档案、公共记录，以及从邻居和工友那里收集的常规信息做出判断。政治鉴别的简单性，人们在内心深处在犹太人与社会不良分子和隐藏敌人之间画的反犹等号，成为罗马尼亚政权的政治动因。对安东内斯库及其追随者而言，占领军不过是在利用这一致命武器，对无处不在的游击行动做出回应，并阻止敖德萨人继续从事地下活动。如果说生活在罗马尼亚的犹太人相对容易地躲过了战争劫难，那么生活在占领区的犹太人则被划归不同的群体——会说俄语、拥有秘密的共产党员，而且可能是破坏分子。

行动的规模令人震惊。爆炸事件刚发生那会儿，除了绞刑和无差别射杀，罗马尼亚安全部队会同武装党卫队，对数千名犹太人展开围捕，并在码头、位于城郊的军用建筑和不远处的达尔尼克（Dalnik）聚居区的棚屋区执行处决。专门用于牵拉电车电线的杆子被用作临时绞刑架，由一排排尸体组成的线路延伸到郊区。[18]与此同时，武装党卫队第11b特遣小队奉命寻找仍然可能藏在城中的犹太人，并将其遣送至城外的罗马尼亚射杀队。[19]爆炸事件发生后的数周内，一直在使用手枪和机关枪执行大规模射杀行动，用火烧与毒气杀人，并向挤满犹太人的楼房投放炸弹。

/ 212

这一切都是为了实现安东内斯库命令中所说的令人恐怖的象征意义。"之后的混乱和恐怖场景难以描述，"当时的一份记录写道，"受伤的人被活活烧死，一心想要活命的女人顶着燃烧的头发，试图从房顶或着火的仓库开口处往外爬。"[20]根据目击者报告、战后审判和为数不多的幸存者提供的证据估算，这一时期在敖德萨和达尔尼克至少有25000名犹太人遭到杀害，也就是说，在罗马尼亚占领期间，这一人数占全市犹太人总人数的1/3。[21]

罗马尼亚政权的各级指挥机构根据书面指令，执行了上述屠杀。同样，那也是一位历史学家所说的"子弹大屠杀"的内容之一，众多平民被处死在横跨乌克兰和苏联西部的沟渠中、老式建筑物内和反坦克壕沟中。它成为数百万犹太人和其他人的战争体验，即便和奥斯维辛等死亡集中营发生的惨绝人寰的机械屠杀相比，这样的屠杀方式也往往相形见绌。[22]罗马尼亚人没有发明种族灭绝设施，但他们在德涅斯特河左岸地区的确修建了一批集中营和犹太人聚居区，并最终将敖德萨剩余的犹太人——连同很多来自比萨拉比亚和德涅斯特河左岸地区的其他犹太人和吉卜赛人——驱逐到这里。

一如罗马尼亚政权的诸多政策，将敖德萨的犹太人限制于聚居区的做法既显得前后不一，也缺乏组织。这既导致了惨无人道的暴力行径，也催生了逃跑和躲避。随着屠杀行动接近尾声，部分犹太人被迫搬入了紧邻市中心的斯洛博德卡（Slobodka）社区。有的获准返回自己的家，但没过多久，男人和孩子又要按照要求向当地的监狱报告，目的是在全城范围内对未登记人员实行拉网式清查。之后，也就是1941年11月中旬，德涅斯特河左岸地区的官员命令敖德萨的全部犹太人立即前往安排好的聚居区报到。该项政策的执行并不严格。没过多久，女人、孩子和老人获准返回家中，但房屋多已被邻居洗劫和占用。[23]人们既有可能溜回到城市的其他地方（聚居区是一个遍布独栋房屋和公寓楼的居民区，但并未修建围墙），其他的敖德萨人也可以前往这里或其他羁押场所看望他们。一位密探向罗马尼亚当局报告，说给关在市监狱的犹太邻居送饭是一件很容易的事情。[24]

　　相比于德涅斯特河左岸地区的其他地方，敖德萨的犹太人完全被限制居住在斯洛博德卡社区的政策似乎执行得较晚。1941年夏末之前，罗马尼亚人对犹太人执行的是现场处决，或是将其向东驱逐，越过布格河进入乌克兰境内的德国占领区。但是，结果很混乱，排成一列列纵队的犹太人被乱糟糟地驱赶过河，再被德国士兵驱赶回来，因为后者尚未做好应对人口流入的准备。鉴于这一情形，8月30日签署镇压协议，罗马尼亚人由此正式获得对德涅斯特河左岸地区的控制权。该协议规定，在其自认的领土上，罗马尼亚人拥有对犹太人的处置权。犹太人"必须集中住在劳改营并参加劳动"，直至军事行动结束；届时，他们将被疏散到东部的德国控制区。[25]在敖德萨，修建聚居区很可能只是个时间问题：随着军事总部爆炸事件和紧随其后的大屠杀，当局花费数周时间，才从初期的侵略过渡到制订具体计划。12月中旬，安东内斯库终于下达命令，将敖德萨的犹太人囚禁于聚居区——这是有史以来第一次犹太人的生活受到完全限制，不能前往该市的任何地方。

　　聚居区政策只是第一步，它终将发展为对全市仅存的犹太人采取更迅速的清除行动。10月和11月，许多犹太人遭驱逐，他们经过艰难跋涉，来到内陆更深处的村子和营地，数千人要么遭当地警察枪杀，要么后来死于营养不良和斑疹伤寒。在执行安东内斯库指令的过程中，德涅斯特河左岸地区的平民总督在1942年

1月2日颁布的一道命令，决定了敖德萨犹太人的命运。他们将被逐出聚居区，迁往位于敖德萨以北和以东的别列佐夫卡（Berezovka）和奥恰科夫两个地区。他们的财产将被移交给政府用于出售，他们将被编入强制劳动组织。[26]

搬迁行动始于1月10日。大规模搬迁行动依靠的是双脚或马车，冰天雪地里，把他们夹在中间的，是不停地奚落他们的士兵和敖德萨本地人。掉队的或试图逃跑的，被就地处决。沿街死尸遍布。[27]罗马尼亚政权的军队和宪兵负责执行命令，并定期汇报工作进展。腾空聚居区花费了数月时间，不仅因为搬迁现已入住斯洛博德卡社区的数十万人需要交通工具，而且因为其间执行过多次清场行动，以确保一个犹太人也不会留下。哪怕搬迁行动已经开始好几个星期，在敖德萨仍然发现有犹太人，他们要么躲在阁楼上，要么藏在低矮空间里。[28]据官方报告记载，有时候，连罗马尼亚士兵自己都难以克服害怕、厌恶和同情的心理。为了给他们鼓劲，军事指挥官要求每个士兵签署一份个人申明，确保他阅读并理解了禁止和犹太人结下友谊的命令。[29]

然而，暴行、物资短缺和侥幸逃脱三者之间因必要性产生联系。例如，尼古拉耶夫·唐纳舍中士和薇拉·舍贝尔的命运就在聚居区清除行动开始前的几个星期里交织在一起。唐纳舍是奉命被派往罗马尼亚第38团的一名中士，完全有机会接触食品、服装和燃料。舍贝尔是犹太人。但在1941年和1942年之交的几个月时间里，他们差不多生活在一起。他多次前去看望她。他甚至在城市里的某个地方，在一套还算不错的公寓里，和她一起组建了家庭。

当当局下令对敖德萨的所有犹太人执行驱逐政策时，唐纳舍和舍贝尔制订了一个把她弄出去的计划。他利用军中的关系，给她弄来一套旅行手续，让她可以登上往西开到罗马尼亚的火车。
现在看来，把她送到西边——并进入此刻已经控制这座城市的纳
粹同盟国的腹心地区——是一个异想天开的逃跑方案，但在当时
并不过分。那里的犹太人时常遭到骚扰，而且不时发生屠杀事
件，但遭受大规模屠杀或者被驱赶的可能性要小得多。到了罗马
尼亚，她还有可能融入当地人，从而守住她犹太人身份的秘密。

这对情侣走了一步险棋。犹太人被禁止乘坐罗马尼亚人乘坐
的火车，除非持有政府颁发的特别许可证，因此舍贝尔的文件上
也许使用了假的身份证件，由此掩饰了她的犹太姓氏。1 月 10
日傍晚，唐纳舍的战友正在从新建的聚居区里聚拢犹太人，他
却来到火车总站迎接舍贝尔。来的路上，他准备了两份市区地
图，也许是便于初始计划遭遇失败时寻找备用的逃跑路线。他们
在站台上等待开往布泽乌（Buzău）的火车——这是喀尔巴阡山
（Carpathian）山脚下的一个偏僻小镇，位于旧时的俄罗斯帝国
与罗马尼亚边界线的另一侧。

他们没有赶上火车。晚上 8 点，两人引起了一位检票员的
怀疑；那个人也许是车站的老员工，不管是在之前的俄罗斯帝国
和苏联，还是在现在的罗马尼亚，他都带着热情履行自己的职
责。经鉴定，那套盖有第 38 团团长印章的旅行证件是伪造的。
罗马尼亚中士和犹太裔逃跑者被军事羁押。几个星期后，也就是
1942 年 2 月 3 日，尼古拉耶夫·唐纳舍中士因为"伪造犹太人
证件"，被军事法庭处以三年刑期，另由于"在犹太人聚居区内
意图转移遭拘禁的犹太人"，被处以五年刑期。薇拉·尼古拉耶
夫娜·舍贝尔因为试图逃离犹太人聚居区，并试图躲避被驱离敖
德萨，被处以五年刑期。[30]

自此以后，他们的命运不为人知。舍贝尔遭到逮捕和判决

之后如果仍旧处于羁押状态，她有可能在次年 3 月也就是敖德萨的监狱腾空全部犹太犯人时遭到递解。之后，她有可能在内地某处，要么死于斑疹伤寒，要么死于天寒地冻，也有可能落入某个乌克兰警察或德国民兵之手。她要是能说服捕获她的人相信，她确实来自罗马尼亚的内陆地区，而不是已经被占领的敖德萨，那么她有可能躲过了战争劫难。也许，正如中士当初希望的那样，她后来换了个名字和身份，被放逐到了罗马尼亚。

唐纳舍和舍贝尔试图逃脱的驱逐行动——按照罗马尼亚当局从德国人那里借用的词汇，也可以称作"疏散行动"，在几个月之后，也就是 1942 年 4 月 11 日正式结束。来自敖德萨地区的总结报告说，"经过清点并被疏散的"犹太人一共有 32643 人。另有 847 人死于聚居区内或在驱逐过程中遭到处决。还有 548 人仍然居住在聚居区医院，但一旦可以走动，就会按照计划被送到别列佐夫卡地区的有关场所。重新进行了一次人口调查，一是弄清城里余下的犹太人的身份，二是设法处理从被驱逐者身上没收的财物。[31]

乡下的形势更加糟糕。流行的斑疹伤寒，由在当地招募的日耳曼人组成的罗马尼亚宪兵和警察分队执行的有组织的屠杀，德涅斯特河左岸地区鳞次栉比的集中营和聚居区——全用乌克兰语命名，如别列佐夫卡、波格达诺夫卡（Bogdanovka）、多马内维卡等，以及糟糕透顶的卫生状况，夺去了数十万人的生命。德涅斯特河左岸地区的官员奉安东内斯库之命，对幸存者强制采取服苦役制度；1943 年 12 月发布规定，凡年龄在 12 岁至 60 岁之间的犹太人，必须从事指定劳动，如捡蛋、屠宰等。不过，在敖德萨仍旧看不见犹太人的影子。城里不分派工作任务，除非得到政府高级民事管理官的书面许可。[32]

到1942年春，随着公园里的刺槐树发芽吐蕊，靠着无处不在的德国军队、警察和武装党卫队近乎病态的坚持不懈，罗马尼亚人完成了自己的任务。除一些千方百计掩藏身份的人外，城里只剩下几十名犹太工匠，在市中心小型国有作坊做工的他们，大多不是敖德萨本地人。[33]对驱逐行动负有监督之责的那个人，因其对罗马尼亚东边这片新获土地的勤勉管理，收到了罗马教宗使节（papal nuncio）颁发的勋章。[34]他原来是个籍籍无名的罗马尼亚教授，现在却担任了德涅斯特河左岸地区总督（Guvernator）这一要职。

格奥尔基·阿列克西阿努在某种意义上是一名传教士。他是1918年那个充满希望一代的成员之一，第一次世界大战末期，他们这群年轻人见证了"大罗马尼亚"（Greater Romania）的诞生。一战中，罗马尼亚属于战胜国，自然获得了战利品，也就是他那一代罗马尼亚人认为应当归属自己这个民族国家的大片领土。他期待美好的未来，这些新获得的领土——包括从战败国或已不复存在的邻国，以及俄罗斯帝国、保加利亚和奥匈帝国等并入罗马尼亚王国的领土，如比萨拉比亚、多布罗加（Dobrogea）、特兰西瓦尼亚、布科维纳（Bukovina）和巴纳特（Banat）等，会变成一个说罗马尼亚语的乐园。

1897年，阿列克西阿努出生在罗马尼亚王国古老的地区弗兰恰县（Vrancea）。一俟王国将版图扩张至战后和平协议囊括的土地，他就像很多同辈人那样，动身来到东部的这个边疆区。"大罗马尼亚"的这些角落只是在名称上属于罗马尼亚而已。每个地方都有相当多的罗马尼亚族裔——甚至是大多数，全看统计人口的方式和人员，但也有少数族裔，如乌克兰人、俄罗斯人、保加利亚人，以及居住在曾经属于苏联"栅栏区"内各个地区的

出席正式宴会的格奥尔基·阿列克西阿努（站立者）。罗马尼亚国家档案馆，I/6003

犹太人。许多阿列克西阿努那一代的人认为，自己肩负的责任重大，要将罗马尼亚文化传播到位于东方的这些愚昧之地。他们签署责任状，从事有助于上述地区——一度隶属于罗曼诺夫王朝和哈布斯堡家族——发展并使其变成"货真价实的罗马尼亚"的职业，如学校教师、大学教授、区域管理者、农学家、新闻记者等。

后来，阿列克西阿努在切尔诺维茨（Czernowitz）的一所大学担任行政法学教授。这是一座曾经充满朝气的城市，原本控制在奥地利人手里，当时位于布科维纳地区，现在属于乌克兰西部地区。他在那里的遭遇出乎他的意料。这座城市根本说不上具有真正的罗马尼亚气息，更像是个日耳曼语和犹太人占据主导地位的地方。实际上，它是欧洲中部地区大型的犹太文化中心之一，既孕育了未来的日耳曼语诗人保罗·策兰（Paul Celan），也是外省知识分子和艺术家的避风港。

和其他教授、中小学教师和地方管理者一样，阿列克西阿努要让这座城市及其内陆地区实现"罗马尼亚化"，把这个民族和文明混杂地区的人们变成罗马尼亚的忠实国民。当局对中小学教学大纲做了修改，开始教授罗马尼亚版本的历史课。少数民族语言受到压制。犹太人被各大学排除在外，并被禁止参加公民生活。他的能力和热情引起最高当局的注意，1938年，他被称为"常驻的国王"（Resident Regal）——既是罗马尼亚国王的私人代表，也是事实上的总督，管辖布科维纳全境以及多个邻近县。

1940年夏天，当斯大林将比萨拉比亚收入囊中时，布科维纳的部分地区被纳入协议内容。苏联人的入侵使阿列克西阿努这样的民族主义者受到强烈的刺激，他怀着抱怨和复仇的心理回到了罗马尼亚。现在，他寄居的城市切尔诺维茨已被红军占领。那些说罗马尼亚语的农民，曾经被他颂扬为古老民族精神的知识宝库，现在被新的苏维埃主人视作帝国主义傀儡而受到惩罚。城里的犹太人很可能把苏联人的到来当成一种解放，或者和二十多年来以他们和他们的文化为代价去促进罗马尼亚人和罗马尼亚文化的强烈民族主义相比，至少是一件值得欣慰的事情。有传闻说，在苏联军队进驻之前，当地人嘲笑撤退的罗马尼亚军队并向他们吐口水。

1941年夏季，当罗马尼亚军队跟随希特勒的军队向东推进时，阿列克西阿努成为管理这片刚获得"解放"的土地的当然——如果不是显而易见的话——人选。他从未担任过外省的管理职务，但他的民族热情及在王国的边疆诸省担任教授这一直接经历，使他掌握了某些必要的方法，对苏联人实施的破坏开展重建工作。在一座犹太色彩浓厚的城市,他知道如何开展工作。他在切尔诺维茨任职期间的主要成就,似乎是在反犹太人立法方面走在了中央政府的前面。在他任职不到 10 个月时,就禁止当地人在公开场合使用意第绪语。

1941 年 8 月,罗马尼亚军队和德国军队在取得对德涅斯特河左岸地区的实际控制权之前,阿列克西阿努就被任命为该地区总督,统领当地的多个地区和军警单位,后来又担任该省新首府敖德萨的市长。阿列克西阿努膀大腰圆,发际线靠后,热衷于穿西装,留希特勒式的小胡子,十分讲究等级和礼仪。就连他最喜欢的称呼也透露出一个外省暴发户的社交焦虑。罗马尼亚占领就要接近尾声时,他在信件和法令上的签名通常是格奥尔基·阿列克西阿努"教授"。他把办公室设在沃龙佐夫伯爵的旧王宫——可以俯瞰敖德萨港。共产主义的儿童联合会即少年先锋队把这座宫殿当作总部的遗留物,面容慈祥的斯大林身边围着一群载歌载舞的苏维埃儿童的那副壁画——被涂上了若干层油漆。[35]

1941 年秋,随着报复行动逐渐放缓,围捕犹太人的官僚体制逐渐融合,阿列克西阿努腾出时间,开始思考罗马尼亚政府实施东部工程的历史重要性。在写给安东内斯库的一封漫谈式的语言华丽的信件中,他提议重建被苏联人毁于 30 年代的普列奥布拉任斯基大教堂,以此向罗马尼亚政权的东扩表示敬意:"一如我朝旧时凯旋的王子,当罗马尼亚勇士凭着扩张主义的威力,让我国国旗在敖德萨的城墙上高高飘扬时,我们自己也应该记住我国人民生活中这一至为荣耀的时刻。"他自视为这场历史盛会的角色之一。先是追述了中世纪时期挥舞剑戟勇敢面对斯拉夫人、蒙古人和突厥人的王子,继而大步进入无论老幼都将国家在敖德萨取得的成就视作"有史以来以及罗马尼亚的尊贵历史上最为辉煌的象征"的时代。国家既然已经完成使命，就应该认识到历史会如何评价自己——阿列克西阿努相信，这必然会显示出罗马尼亚对伟大召唤所做的无私而人道的回应。[36]

/ 222

但接下来，他又回到工作中。和他在布加勒斯特的上级与在军队及宪兵里的同事一样，阿列克西阿努对甄别犹太人身份这件事情深为关注。高官们认为，这个东部省份应该成为经过血统甄别的族裔——而非某一民族——优先且首要的居住地。一如汽车登记，或向酒肆颁发许可证，管理工作中的基本任务是判明这些种族或民族的人数及成员身份。毫无疑问，派驻德涅斯特河左岸地区的国防军联络办公室和武装党卫队小分队的德国同僚对这一做法表示同意，甚至给予鼓励。不过，曾在布科维纳担任行政职务的阿列克西阿努，拥有长期处理类似事务的经验。管理者还相信，找到犹太人——或者，在剔除的过程中，首先要区别所有的非犹太人——多少会有助于这座城市的安全稳定。如果犹太人成为共产党的秘密党员，而且共产党的特工如果是军事总部爆炸事件的制造者，那么政府的首要任务就是找出哪些是可以信任的敖德萨人。

阿列克西阿努及其团队设计了一套（尤其针对男性的）身份查验及证明机制。其核心要素是一套登记制度，敖德萨人如果不能通过其他方式提供合适的证明文件，可以采用人证方式证明自己的身份。阿列克西阿努政府制作的表格很容易填写，如下所示：

/ 223

我，_____，作为签字人，现住_____，护照号码_____，特此声明，我自_____年以来便认识_____先生；他不是犹太人，而是_____族人；他也没有加入共产党，且 ［在任现职前］一直居住在敖德萨。[37]

阿列克西阿努经常亲自完成安东内斯库下达的命令，但作为一个注重细节的人，他尤其重视命令的贯彻过程。在关于犹太人驱逐过程的周期性报告上，他的亲手批注往往夹杂着严厉的评语，明显是对自己的下属既有鼓励也有斥责。驱逐开始之后，他就提醒宪兵队，遭驱逐者留下的孩子不能交由基督教家庭收养，并将在别列佐夫卡的集中营为他们修建一所特别的孤儿院。当"挑选及疏散委员会"主任报告说，大家认为还有犹太人藏身于该市其他地方的聚居区之外时，阿列克西阿努用铅笔下达了简短的命令："实施袭击，实行惩罚。"[38]

然而，他自身的认同和他参与创造的那个怪异且不切实际的外省一样，并不稳定。有时候，犹太身份指的是血统；有时候，指的又是信仰。根据安东内斯库制定的一项政策，阿列克西阿努规定，凡能证明自己接受基督教施洗的犹太人，可免于受到驱逐。他个人至少牵涉一个事例，应一位神父的请求，救下了一个经过施洗且原为犹太教徒的妇女。[39] 不过，这也是他带着好管闲事的热情负责的政府众多令人恐惧的特点之一。严格地说，只要他大笔一挥，就决定了敖德萨市民及其他德涅斯特河左岸地区居民的生死；阿列克西阿努可以凭借拥有的权力通过地图频繁调动军队和接受士兵的敬礼，这一点就连安东内斯库都不可能精准地做到。

/ 224

对自己在德涅斯特河左岸地区的所作所为，罗马尼亚人是什么看法？答案取决于你问的是哪一个罗马尼亚人，以及何时提问。有时候，官员们只是在简单复制纳粹在波兰总督府或乌克兰帝国军需部的经验——杀戮、驱逐、监禁、新一轮杀戮，尽管德涅斯特河左岸地区的生存率和德国人的一些控制区域相比高出了一个数量级。有时，他们是在匆忙中建立自己的微型帝国，以松懈的管理和前后不一的力度，在斯拉夫东部地区实施殖民统治，以此为母国提供劳动力和原材料。

有时候，他们又是在打造一个特色鲜明的罗马尼亚项目，为筹建一个比1918年建立的那个国家更大、民族更纯洁的战后国家奠定基础。罗马尼亚的边境线已经被战争改变，人们总有一线期待，轴心国取得胜利之后，至少让部分已经发生的改变维持现状。大约在苏联这个敌人攫取比萨拉比亚和北布科维纳的同一时间，"友好"的德国人就把位于罗马尼亚北部且面积可观的一片地区，即特兰西瓦尼亚"送给"了同样"友好"的匈牙利人。被贪得无厌的朋友围在中间的罗马尼亚人暗自盘算，把德涅斯特河左岸地区抓在手里，说不定是防止永远失去特兰西瓦尼亚——罗马尼亚的心腹之地拥有不可估量的价值，而且一直是他们在本次战争中一个十分突出的心病——的一张保险单。[40]

罗马尼亚多部法律予以正式确认的文化反犹主义，是上述努力的基石。1942年9月，安东内斯库和阿列克西阿努终于抽出时间，打算以取缔犹太教的形式，结束上述循环。它在宣布犹太教自此以后将被视为非法宗教的同时，还禁止有文化的犹太人追求其他信仰。[41]新创办的罗马尼亚文报纸《敖德萨公报》（*Gazeta Odessei*）力图捕捉罗马尼亚政权各项规定产生的变革力量，以及它与犹太问题的关系：

> 敖德萨原来给游客留下的印象，主要是犹太人臭烘烘的尿片，以及普利沃兹（Privoz）市场的垃圾分解时发出的臭味……你可以想象，只有犹太人才住在那里，满街乱跑，在

商店挤成一团，在楼房入口处聚成一群……然而，罗马尼亚军队来了，罗马尼亚管理层也来了。犹太人吵吵闹闹的场面结束了。敖德萨的伤口开始愈合，它洗去了过去多年间积累的污垢。随着时间推移，犹太人居住的院子不再发出令人作呕的气味。敖德萨迎来了新生活，充满了光辉的希望。[42]

不过，在反犹情结之外，还存在其他动机。罗马尼亚政权对东边有一种暧昧的"命运天定"思想，同时渴望围绕被收回的比萨拉比亚和布科维纳建立一个缓冲地带。国家一旦开始实施大规模驱逐行动，就遇到了一系列它既无法也不愿意承担的责任。后来，随着犹太人和罗马人/吉卜赛人在恶劣条件下既饿又病，罗马尼亚人以转嫁给其他人的方式，摆脱了这个问题。多数情况下，他们把乌克兰人和日耳曼人村民——正是这些人，接纳了被他们批量驱逐到这里的人——作为转嫁对象。受到纳粹鼓励并武装起来的当地日耳曼人——也被称作德意志裔人（Volksdeutsche）——是当初应叶卡捷琳娜大帝之邀来到这一地区的勤勉的农民的后代，根本没把他们真正当作自己的邻居，有时候竟然杀死了那些挨饿受冻的人。替国家摆脱犹太人这个包袱，往往是罗马尼亚人最为有力而怪异的行为之源。[43]

/ 226

接受安东内斯库和阿列克西阿努直接领导的数千名普通罗马尼亚人，在德涅斯特河左岸地区的试验中伺机实现自己感兴趣的计划或拓宽自己的事业。总的说来，罗马尼亚官员并没有因为工作地点远离家庭而受到德国人所说的中毒效应（Ostrausch）的影响，尽管在他们看来，这个地方居住的是比自己低一等的犹太人和野蛮凶残的斯拉夫人。但对德涅斯特河左岸地区面临的可能性却不应该视而不见。专业人员探察过德涅斯特河和布格河之间地区的丰富矿藏，打算对其人口分布做出大规模调整。有学者组织过人类学远征队，测量村民的头围，同时研究他们眉毛的线条，以从混血儿中筛选出纯正的罗马尼亚人。（大家一致认可，有四分之一罗马尼亚血统即可被断定为真正的罗马尼亚人，比纳粹用来判定民族身份的标准宽松了许多。）有人提议重新设立优生学机构，以让罗马尼亚政权获得更加坚实的基因基础。1942年夏，罗马尼亚当局对居住在布格河以东地区且位于乌克兰帝国军需部辖区以内的罗马尼亚人启动民族身份甄别程序。该计划的目的是把这些人向西迁移至德涅斯特河左岸地区，并让他们共同将该地区建设成繁荣昌盛且民族纯洁性更高的省份，相当于德国针对德意志裔人采取的"遣返"政策。在战争形势变得不利于轴心国之前，有的罗马尼亚家庭已经完成迁移。[44]

自由主义者和人道主义者对本国犹太人的遭遇畅所欲言，罗马尼亚一些有头有脸的犹太人领袖则组织援助被关押在德涅斯特河左岸地区集中营里的犹太人。迁移人口，改变边界并对据认为因种族和民族异类而受到污染的领土做"纯化"处理，这样的政策当然受到最激进的民族主义者的欢迎。但对大多数罗马尼亚人而言，他们也许只是暂时担心占领区内的犹太人的命运。说起东方正在发生的事情，连那些不问政治的知识分子也存在盲点。著名的历史学家格奥尔基·伊万·布拉蒂阿努（Gheorghe Ioan Brătianu）跟随一支罗马尼亚骑兵队径直来到克里米亚，但让他深受感动的主要是一排排的士兵坟墓，以及炮火给本地的古迹造成的严重破坏。[45]对权力有限、讳莫如深且腐朽堕落的文武官员而言，这个外省及其首府城市不是他们唯一的兴趣所在。通过委任或放任行为，人人都可以参与德涅斯特河左岸地区的事务。

在当时的敖德萨，这一切可能已经十分明了。正如替占领军工作的一名间谍所报告的，有的敖德萨人把当时满大街出没的及替政府工作的众多罗马尼亚人当作"软国家"（soft nation）的代表，而德国人"很强硬……他们有可能让这座城市迅速恢复纪律"；也就是说，他们本可以恢复秩序，保持街面清洁，打击罪犯并杜绝官员腐败。[46]那也许是俄罗斯族裔和乌克兰族裔的主要观点：让罗马尼亚人担任统治者并不是可以选择的，但不管怎么说，这已经是事实。再者，到1941年秋季，随着金黄色的树叶飘落到空荡荡的人行道上，占领者给自己确定的基本任务似乎十分明确：清除罗马尼亚人所说的"吉达尼"（jidani）或敖德萨人每天用俄语所说的"兹迪"（zhidy）——犹太人。

一座解放之城：1944 年 4 月 10 日，沿黎塞留大街行进的是保卫斯大林格勒的第 62 集团军。格奥尔基·泽尔马（Georgii Zel'ma）拍摄，国会图书馆印刷品与照片部提供

战争结束后，敖德萨的每个小孩子都能背诵被占领的起始日期：红军于 1941 年 10 月 16 日执行战略撤退，并于 1944 年 4 月 10 日胜利实现光复。其间的 907 天，也就是这座城市被外国人牢牢控制的这段时间，被看成是苏维埃政权得以恢复前的空位期，同时也被视为集体蒙难期。即便是在今天，沿着舍甫琴科公园（即从前的亚历山德罗夫斯基公园）的光荣大道，那条陡斜的步道两侧也立满了战争死难者纪念碑。步道通向无名海员方尖碑和呼呼燃烧的长明火。每逢公共节假日，纪念碑前都会正步走过

一群穿着制服的孩子,他们要为在"1号哨位"前完成立正这一荣誉而展开比拼。游客们可以从这里看到的既有港口也有远处的高楼大厦,它见证的正是这座城市从沦陷到胜利的过程。

尤其当罗马尼亚成为共产主义国家,并通过《华沙条约》(Warsaw Pact)和苏联成为盟友之后,苏联历史学家给过去的敌人贴的标签往往是"法西斯分子"或"德国法西斯占领者"。从前的敌人成为社会主义朋友,因此来自过去的痛苦历程就被悄然搁置一边。哪怕就在敖德萨,也很少有人了解战时经历的详情——既因为还记得战争的那一代人正在不断死去,也因为半个世纪以来苏联的宣传着重强调城市的抵抗者,同时对外国占领者及其勾结者轻描淡写。

苏联对抵抗运动的描述版本仍然具有强大的影响力。学校的老师会带着孩子们穿过那些七弯八拐的地下墓穴,因为游击队员就是在那里展开了对敌袭击的密谋活动。英雄、爱国者和共产党员曾经居住的地方,现在仍然挂着纪念牌。只有少数敖德萨作家对这种版本的描述行为提出质疑。一位作家讽刺性地发问,在超过两年半的时间里,市民们难道真的只想着"如何摧毁敌军指挥部、干掉敌军士兵或至少戳破罗马尼亚人汽车的轮胎吗?"[1]但是,对于当地人在战时占领状态下的反应,我们今天已经知道——或者,至少可以知道——更多的细节。

到20世纪40年代,伴随着20多年对新增地区及问题地区的统治,罗马尼亚王国已经形成了极其严重的外省官僚政治。相当一部分官僚机构在德涅斯特河左岸地区实现了自我复制:部、局、处、办统被赋予双重任务,既要负责真实世界的治理,也要努力形成书面记录。苏联人收复这一地区的时候,起获了这些文件,并认真扮演保管者的角色。目前的文档共有52000卷,包含数十万页纸质文本。很多都被制成微缩胶片，存放在位于美国首都华盛顿哥伦比亚特区的美国大屠杀纪念博物馆（United States Holocaust Memorial Museum）。更多的由敖德萨州立档案馆勇敢的员工加以看管，几乎无法逃过霉变和老鼠造成的破坏。

/ 231

关于隔离区的建立及清除、将犹太人驱逐至位于德涅斯特河左岸地区及其他地区的劳改营和收容中心，以及疾病、寒冷和有组织的屠杀中死亡的犹太人，档案中都有详细的备忘录和电报记录。然而，尽管所有档案令人震惊，但其中最令人费解的一些内容——时至今日，尤其这座城市仍然十分重视自己的世界大同主义——来自敖德萨的普通市民向罗马尼亚当局提交的书面告发和秘密报告：内容多达数百页，他们用墨水或油脂铅笔，写在透明书写纸上或破旧海报的背面，甚至糖纸内里。连同斯大林时期一份份因被划为阶级异类和阶级敌人而遭到逮捕和处决的人员名单，数量庞大的档案使我们对这座文明之城背后的黑暗面一览无余。

就在罗马尼亚骑兵踏上被废弃并堆满沙袋的黎塞留大街的同时，敖德萨人差不多也开始相互告发。1941 年 10 月 22 日，军事总部遭到炸弹袭击后，告发行为开始大量增加。在布尔什维克分子再次发动恐怖攻击前，当务之急就是把潜伏的他们找出来；同时，给急于避免受到怀疑的敖德萨人提供的机会也可能起到了推波助澜的作用。毕竟，如果不对苏维埃制度或多或少地表示欢迎和支持，就很难躲过 20 世纪 30 年代，而且处在战争和占领的双重乱局之中，出于必需而形成的各种美德现在都成为等着被揭发的恶习。这实际上和接受窥镜检查十分相像。斯科波夫和拉本斯基的双重告发就是一个极具启发性的例子。

1941 年 11 月，一个名叫格里戈里·斯科波夫（Grigory

/ 232

Scopov）的人写信给罗马尼亚军事指挥官，检举他的邻居帕维尔·拉本斯基是共产党员兼内务人民委员部特工。他提供了一份人员名单，可以证实该信息的准确性；他还提供了详细记录，说明拉本斯基决心和罗马尼亚政权对着干。当拉本斯基从同住一栋楼的其他人那里听说自己被斯科波夫告发的事情时，他立即向当局提交了一份自己的手写说明。他保证，自己从未获得共产党员的身份。他指出，自己出生在一个相当殷实的地主之家。他是通过东正教仪式完的婚。他多次遭到布尔什维克分子的"压制"。他哥哥在内战期间参加的是白军，因此被关进了古拉格劳改集中营，财产也被没收。这样一来，拉本斯基不得不承担起照顾嫂子和两个孩子的任务。又一次遇到战争时，拉本斯基应征加入了红军，但他很快就退出了。此外，他写道，罗马尼亚人真正应该担心的是告发他的那个人。那个人不过是为了掩护自己原来的布尔什维克身份，以及他那尽人皆知的诽谤别人的恶行。"新政权已经让人类脱离了布尔什维克政权，而斯科波夫绝对是新政权的头号敌人，"拉本斯基在结尾部分写道，"斯科波夫应该为他自己过去的犯罪行径付出代价。"接着，他提供了一份名单，内含可以证明其指控的 11 位邻居和其他证人。[2]

早在几年之前，拉本斯基为证明自己的诚意而提供的阶级背景、宗教信仰，以及兄长在白军服役等全部档案材料，均可能使他被当成苏联政权的敌人。但在新政权之下，原本可能碍事的东西成了一种可被利用和售卖的优势。对很多敖德萨人而言，要显示对公民义务有着健康的认知，就要在维护法律与秩序、发现藏身地下的苏联特工，尤其是在揭发暗藏的犹太人等事务中"挺身而出"并发挥作用。

至少从理论上说，阿列克西阿努的管理团队将所有犹太裔敖德萨人看作苏联的间谍。在东欧地区，在"犹太人"和"共产党员"之间画等号的行为由来已久。但因为罗马尼亚人不仅是在打仗，而且是在开展一场反暴乱运动——针对的是藏身于地下墓穴、破坏交通线路并不时针对罗马尼亚高官的真正的地下战斗人员，搜查暗藏的犹太人就不仅仅是我们今天所说的民族清洗那么简单。在占领者和诸多被占领者看来，它还是一种安全之策。秘而不宣且不时迸发的反犹主义、担心苏联人夺回这座城市的恐怖情绪、担心自己遭到告发的偏执心理，以及邻居之间普遍存在的贪婪、嫉妒和不满情绪交织在一起，成为敖德萨合作者的共同动机。

揭发伪装者是诸多密探报告和主动告发的共同主题。一个名叫伊戈尔·布列兹茨基（Igor Brizhitsky）的人报告说，自己听说一个名叫斯特里扎克（Strizhak）的人，住在希腊大街，曾经是内务人民委员部的雇员，而且在斯大林时代参与了对敖德萨地区日耳曼人的镇压行动。布列兹茨基声称，斯特里扎克的护照显示他是乌克兰人，但他的近邻可以肯定的是，"他的妹妹是犹太人"。[3] 在同一份报告中，布列兹茨基接着对扎加尔斯基更为复杂的家庭情况，即丈夫、妻子和儿子做了具体描述：

> 克莱曼和扎加尔斯基住在乌斯本斯卡亚大街58号（经由庭院进入）。作为第8学校校长的阿列克西·伊万诺维奇·扎加尔斯基（Aleksey Ivanovich Zagalsky）隐瞒了一件事，即他的妻子克拉夫季娅·伊莎科夫娜·克莱曼（Kalvdiya Issakovna Kleiman）是犹太人。和其前夫同姓的儿子，即18岁的瓦季姆·克莱曼（Vadim Kleiman）也是犹太人。扎加尔斯基收养了他，并让他改随己姓，从而让人以为他是乌克

兰人。克拉夫季娅·伊莎科夫娜·克莱曼在犹太人掌管的苏联秘密警察（militsiia）的帮助下，设法以扎加尔斯基这一夫姓办理了护照，因此护照显示，她不是犹太人，而是乌克兰人。第68学校的阿道夫·波兹（Adolf Poze）老师是上述花招的始作俑者。该情报由第92学校的斯塔森克（Stasenko）老师提供。[4]

敖德萨人天生擅长隐身于政府的视线之外。走私犯、盗窃犯和地下政治组织早就能娴熟地运用躲藏之术。但在1941年，让庞大的地下世界暴露在阳光底下这个主意——现在看来，构成人员主要是布尔什维克分子和身份隐秘的犹太人——投下了死亡阴影。有时候，人们竟然可以躲藏在众人眼皮底下。第61号密探报告，当地一家工厂有个名叫希维德克伊（Shvidkoy）的人，实际上和原来名叫希维德克伊的著名共产党员是同一个人，他既是这家工厂党组织的领导成员，也是一个"行事相当恶毒的人，经常从事一些秘密勾当"。此外，这名密探还引用了克里茨基先生的证言："尽管他的名字听起来像一个俄罗斯人的名字，但他（希维德克伊）其实是个犹太人。"[5]

检举有时并不指向具体的某个人，尽管罗马尼亚当局觉得这样的信息最有用。军事总部的接待官员有时需要在检举报告上做出书面批注，要求写信的人把什么人说过的什么话写得更具体一些，并写上检举人和被检举人的确切地址。需要花费时间，才能把人们训练得胜任此项工作。不过，只要他们认为对当局有用，敖德萨人就会继续因为琐碎事项或偏爱理论提交检举报告。"我想请您注意，"一个名叫瓦莱利·特卡琴科（Valery Tkachenko）的人在报告中写道，"在提娜斯波尔大街

（Tinaspol）13号的地下室里有一帮犹太人聚在一起讨论政治问题，他们说罗马尼亚人和德国人是在用玻璃杯喝我们的血，而我们今后要用箩筐喝他们的血。他们还说，美国将向我们提供帮助。"[6]

也有人不是因为包庇犹太人而是因为收纳别人的旧衣服、替受到驱逐的人保管私人物品而遭到他人检举。还有人报告说，在犹太人遭到罗马尼亚人围捕的过程中，他的邻居利用了犹太人遗留的物品，属于不当得利的行为——这相当于是在发牢骚，说这个邻居没有和同住一栋楼的居民们分享浮财。有业余分析家对自己身边形势做了解读，认为就发挥的作用来看，他们与其说是告密者，不如说是业余侦探。当地一个女人推测，在一间公寓房里发现的神秘纸片有可能是地下印刷所留下的残渣。还有人说，当地的市场已经出现希特勒、安东内斯库和罗马尼亚国王米哈伊等人的拙劣画像，需要加强治安巡逻。一个邻居检举说，自己的一个熟人经常跟坏分子一起闲逛，也许并没有做什么好事。"与此同时，他的公寓是暗藏的积极活动的共产党员的聚会点。此外，他的妻子是犹太人，他的身边都是犹太人。"[7]还有人提供了一个选项列表，可供当局查出仍然潜藏在这座城市里的犹太人。"可采取以下方式对犹太人予以识别和询问，""一个观察员"写道，

1. 犹太人的面孔和长相；
2. 说的话漏洞百出；
3. 他（及其亲属）提供的官方文件；
4. 性器官（限男性）。[8]

罗马尼亚政府的宣传机构为了让人民接受占领的事实，试图

把它说成是"解放",是存在了 20 多年的布尔什维克政权的最后谢幕。不过,从前的"解放者"强化了苏联体制下的基本习惯和社会病理。偏执狂、自利性控告,以及揭露、曝光并连根拔除国家潜在敌人的狂热劲,是这座城市在 20 世纪 20~30 年代就已经熟悉的几种处事方式。通常而言,检举信的格式及检举的内容近乎照抄照搬了斯大林时期的那些东西,开头是标准的"我希望您能关注以下事项",结尾同样机械照搬,以证明写信人信用良好,诚实可靠。占领者希望获得清晰而具有操作性的情报,但敖德萨人有时简直就是在背诵精心炮制的台词——在充满压迫的社会体制下,它和老练的生存艺术密不可分。

　　不管是在苏联人还是在罗马尼亚人的统治之下,政治上不忠诚、在原来的非法政权中担任行政职务、政府官员滥用权力、男女关系问题上的小瑕疵,或者其他不义之举都可能成为被举报的理由。告发邻居并侵占其居住空间——尤其在令人向往的市中心,它还是一栋人满为患的公寓楼——也是斯大林体制的直接延续。[9] 现在的区别,是要在敌人和犹太人之间画上清晰的等号,而这样的联合体很少有敖德萨人感觉难以接受。这座城市已经被灌输了几十年的阴谋论和反犹宣传——上至 20 世纪前十年初期犹太人自卫组织被认为具有威胁性,下至眼前德国人和罗马尼亚人不遗余力地将苏联人说成是世界犹太人的臂膀。犹太人和邻居之间的旧有嫌隙现在被严重夸大,只有最具英雄气概的敖德萨人才有能力完成沟通。"他们觉得犹太人是一个背信弃义、诡计多端、睚眦必报的民族,"一个密探报告说,"而且仍然擅长使用各种肮脏的伎俩。"[10]

　　幸存者的个人证言证实了官方文件的检举内容。戴维·塞尼亚维尔(David Senyaver)出生在敖德萨北边的巴尔塔镇

（Balta），一家老小都是鱼贩子。20世纪30年代初，当他们的房子被苏联人征用、生意被苏联人接管之后，作为遭到检举并被划为资产阶级敌人付出的应有代价，他们一家人搬进了一处狭小的临时工棚。在30年代初期的乌克兰大饥荒中，他们逃进了城里，但城里的日子同样艰难，因为一家人都顶着一个不受欢迎且具有潜在致命性的阶级标签。

罗马尼亚人接管敖德萨时，塞尼亚维尔15岁；当犹太人得到通知，前往市中心附近的普利沃兹市场集合时，他还清楚地记得聚在一起的那一大群人。"当地人，尤其是乌克兰人，"他回忆说，"迫不及待地帮着德国人和罗马尼亚人搜寻那些藏在地窖里的受害人，主要是一些青年和儿童。"1942年初，当他被逐出城市并被送到多马内维卡集中营时，成群结队的当地人一边扔着石块，一边高声叫着："你这个坏胚子。"但塞尼亚维尔在证词中想弄清楚一件事情：当地一位村民——他几十年后才想起这个人的斯拉夫语姓名——收留了遭到驱逐的他。他还记得，那些大声叫着乱扔石头的是敖德萨人，而不是住在乡下的乌克兰农民。[11]轻车熟路地揭发阶级叛徒、揪出社会主义破坏者并将人民公敌赶尽杀绝的城市居民，轻而易举就把那些手法用到了寻找暗藏的犹太人这项工作中。

战争期间，住在敖德萨的犹太人一直在为活命绞尽脑汁，但活下来的人少之又少。有的就躲藏在众人眼皮子底下，通过购买或自行伪造官方文件，以证明自己是卡拉伊姆人（Karaim），因为当局通常对犹太教法典诞生前就得到确认的这类犹太人放任自流。也有人冒充乌克兰人、亚美尼亚人或其他民族蒙混过关，尤其他们如果有能力搬迁到一个邻居都不太可能了解其真实身份的社区。周密的计划和纯粹的机会同等重要。因为运气好，而且邻居心地善良，十几岁的女孩柳德米拉·卡里卡（Lyudmila Kalika）和她的家人侥幸活了下来。当战争爆发的时候，他们还住在一栋集体公寓楼——在早期的苏联，这样的楼房十分普遍——里，并与另一个家庭合住一屋。

事实证明，这一点真是万幸。当卡里卡一家人决定躲藏起来而不是前往聚居区报到时，另一家人直接占用了腾出来的空间，并没有将其交还给大楼的负责人，或者被占领当局收回。卡里卡的室友们是犹太人，他们设法弄了一套材料，冒称自己是卡拉伊姆人。这套公寓房位于底楼，带有一个大地窖，藏得下好几个人；当其他地方的犹太人遭到枪决或被驱赶出城时，这个小小的空间就成了卡里卡一家人的避难所。另一位邻居是个乌克兰妇女，她一方面给藏起来的几个犹太人提供食物和水，另一方面还协助那个所谓的"卡拉伊姆人"打理那间集体公寓。她让那些好管闲事的住户们相信，卡里卡一家人要么被驱逐了，要么早死了。在这样的复杂形势下，柳德米拉·卡里卡和另外四个犹太人在地窖里躲藏了 820 天，直到红军收复这座城市。[12]

1942 年初以后，检举现象明显减少。大多数犹太人的身份已经得到识别并被送到城外。由苏联人提供经费且从事破坏性工作的游击队大多遭到镇压，他们在地下墓穴里的藏身之处已经被发现并被封禁。特工和密探依然活跃，但他们现在的任务主要是递送报纸和张贴宣传单，而不再是有组织地打邻居的报告。留在城市的人们正在学习如何适应日常生活。

对北边的集中营和聚居区里发生的事情，敖德萨人不可能一无所知。他们目睹了犹太人被绞死和被大规模处决的过程。后来，市场里出现传言，说整个德涅斯特河左岸地区的犹太人遭到杀害。有人甚至担心军队撤走之后，如果没有人防备犹太人对这座城市的报复，究竟会发生什么事情。"等你们走了，犹太人就能够伤害我们了，"有报道说，一位妇女当着罗马尼亚士兵的面大声吼道，"你们为什么不杀光那些犹太人？"[13]还有一名特工在1942年春的报告中说，几个犹太人逃回敖德萨，并散布谣言说，在别列佐夫卡，有人在一条山沟里用机关枪对着人群扫射。我们现在知道，这些谣言都是真实的。逃出来的人报告了最为惨烈的一次大屠杀，它就发生在犹太人眼皮子底下，从德意志后裔中招募的武装党卫队分队屠杀了28000名敖德萨犹太人。[14]然而，因为再也没有当街绞死犹太人的事情发生，也不再有犹太人聚集在广场上等着被遣送到乡下地区的情况，所以很容易让俄罗斯人和乌克兰人假装不知道还有更多的恐怖消息。

摩尔达万卡一片绿色的大杂院附近，敖德萨大屠杀纪念馆位于一条繁忙的街道上。一条刚种上树苗的小路通向一座中心喷泉。顶上是雕塑家祖拉布·切列特里（Zurab Tsereteli）的一件小型但意味深长的作品——一小段台阶前，一群裸体男女挤作一团，四周是一团带倒刺的铁丝。喷泉并不喷水，那条铺砌的路已经开裂破损，树苗亟须浇灌。一段文字很不确切地提醒游客，那是"纳粹"而不是罗马尼亚人或本地的敖德萨人犯下的罪行。这个纪念馆所在的小公园，到处都是乱扔的塑料瓶，以及塞得满满当当的垃圾桶。

然而，这个纪念馆真正给人留下印象的，是它的主体。那是一座纪念牌，用来纪念敖德萨的九十位正义之士——有男有女，主要是乌克兰人，他们冒着生命危险拯救犹太人。每一颗树苗上都标着一位英雄的名字。这是专门想出来的一个办法，以让人联想到这座城市的战争经历，因为更为严峻的现实是，所有敖德萨人的举动都和他们大不相同，或者与罗马尼亚当局展开合作，或者急不可耐地检举犹太人，或者悄无声息地过自己的生活，仿佛根本没有意识到，自己身边四分之三的邻居已经不见踪影。

诚然，英雄已经在此，但是和一群叛变者和告密者——他们的正式信件和紧急提示正透过档案馆的资料袋往外偷看呢——混在一起，他们很难被人发现。要弄明白为什么数量庞大的敖德萨人没有被记为义士，一个办法是拐弯抹角地了解这件事情，要找的这个人比普希金等被供奉在敖德萨荣誉万神殿的众多名人在这座城市度过的时间还要长，他就是罗马尼亚人委任的市长戈尔曼·潘提亚（Gherman Pântea）。

潘提亚脸色苍白，身体壮实，尽管上了年纪，但从前额的大背头到后颈部位的头发依然十分浓密；他是罗马尼亚政府为德涅斯特河左岸地区安排的最合格的行政长官之一。他自己就是个边疆人，于1894年5月出生在比萨拉比亚北部一个说罗马尼亚语的家庭；当时，那个地方与将近一个世纪以来一样，仍然在俄罗斯帝国的版图之内。他曾经在帝国的军队里服役，但与众多的比萨拉比亚同乡一样，随着1917年的军纪废弛和东部防线溃败，他转而投向罗马尼亚的民族主义事业。

俄国军队撤走之后，他被选为本地议会的军事代表，后来又在短暂存在的比萨拉比亚独立政府担任部长。1918年，当布尔什维克计划对基什尼奥夫也就是比萨拉比亚的省会展开袭击时，他所在的团体选择与罗马尼亚结盟。并入罗马尼亚王国之后，潘提亚曾三次担任基什尼奥夫市市长。他虽然是比萨拉比亚一位贫困村民的子女，但在沙皇体制下接受过律师教育，因此他既能说罗马尼亚语，也能说俄语。他甚至懂一点乌克兰语，因为他曾经前往敖德萨，在埃黎耶·梅契尼科夫读过的大学有过短暂的学习经历。1940年夏季，当苏联军队攻入比萨拉比亚时，潘提亚加入了向西撤退的罗马尼亚军队和官员行列。[15]

　　尽管他并没有亲自见过扬·安东内斯库，但在1941年8月，这位罗马尼亚领导人通知他前往基什尼奥夫火车站参加会议。他被告知，德国军队和罗马尼亚军队一旦完成对敖德萨的占领，安东内斯库就有意提名他担任这座城市的市长。凭着自己在比萨拉比亚的丰富经验，他本可以做出更合理的选择；也许是布加勒斯特那一伙自由派政客——安东内斯库严苛的国内政策早就让这些人感到十分焦虑——把他推到了前台，希望以此弱化罗马尼亚政权在被占领土上的统治。不管怎么说，敖德萨沦陷之后，潘提亚被如期任命为市长；他于10月18日抵达敖德萨，不到一周，就发生了军事总部爆炸事件。

　　爆炸事件发生后，一连数天展开了一系列针对犹太人的"报复行动"，潘提亚是直接证人。他亲自给安东内斯库写了一封信——既绕开了阿列克西阿努，也越过了多个管理层级。他在信中回忆说，自己在亚历山德罗夫斯基公园附近参加完倒塌楼房复建工作，在返回途中，在几条主大街和十字路口都看到了被绞死的犹太人。他了解到，军事总部曾经下达命令，把犹太人集中驱逐至达尔尼克，而很多人在那里遭到枪杀，或被活活烧死。他写道："您如果完全了解形势，尤其是大家根本没有参加10月22日的行动……您可能会收回报复命令，那么无辜的人就不会受到惩罚。"潘提亚甚至请求安东内斯库任命其他人担任市长，因为他的权力被当地军事当局削弱。不过，他再没有提辞职的事情。[16]

　　尽管心里不同意，但潘提亚还是参加了决定敖德萨其余犹太人命运的那次重要会议。1942年1月，阿列克西阿努以"34号令"的形式，命令组建专门的"挑选及疏散委员会"，监督首府城市的"种族净化"工作。1月6日，该委员会举行由敖德萨地区警察总长马泰·韦尔切斯库（Matei Velcescu）上校主持的第一次会议。在这次会上，委员会成员确定了执行阿列克西阿努命令的手段，包括对斯洛博德卡的犹太人聚居区实行有组织的清场。尽管亲临一线负责现场工作的是当地的警察和宪兵队，但潘提亚曾经出席该市的犹太人问题差不多得以最终解决的那次活动。他未再参加"挑选及疏散委员会"的其他会议，而是派了一个副市长替他开会。他一直坚守市长职位，直至1944年春，他暂时把城市的控制权移交给德国军队。[17]

阿列克西阿努权倾一时，对本地事务拥有最终决定权的罗马尼亚军事指挥部同样如此，这都极大地限制了潘提亚的权力。但是，在他控制的领域之内，在战时经济的范围之内，这座城市似乎正在恢复元气。包括水和电在内的公共项目得以重新开工。餐馆和市场恢复营业。二十多年来，第一次允许人们通过私营店铺和摊位出售农产品和制成品。一度遭到苏联人禁止的电影进入电影院，而对电影院的维护尤其引起占领当局的关注。[18]在把当地人哄开心这一点上，电影具有巨大的潜力，而且罗马尼亚的宣传电影会定期强化报道战争进程，以及斯大林的种种恶行——至少，在后面这一点上，对很多市民无须做说服工作。

经济刚有起色，贪腐势必猖獗，但就算在苏联人领导之下，这座城市也从来不是经济美德的楷模。市民们对此的回应是那些早已令敖德萨名声在外的黑色幽默和粗鄙笑话。在露天市场，卖家会想出一些很有创意的文字游戏，耍弄那些散步的罗马尼亚士兵和官员。人家用标准的罗马尼亚语说的问候语"早上好"，这边就变成了读音与之相近的俄语"成交吧！"[19]

即便轴心国在取得胜利之后，德涅斯特河左岸地区的最终地位仍不确定，但罗马尼亚人处理事务的方式，仍然是致力于取悦当地的俄罗斯人、乌克兰人和德意志人。几条主要的街道都重新获得与新秩序相适应的名字。卡尔·马克思大街变成了希特勒大道——此举痕迹过于明显。犹太人大街被重新命名为墨索里尼大街。大剧院——自19世纪70年代以来就是这座城市的重要地标,在围困时期遭到严重毁坏。屋顶已经坍塌,窗户被砸得稀巴烂,供热和供水系统破败不堪。早在1941年底,市政府就安排更换窗户。很快,在苏维埃时期长久失修的那座大风琴就投入使用(该项目的监工是那位副市长,其余时间他主要待在聚居区清除工作会)。1942~1943年演出季,敖德萨人走进翻修一新的大剧院,看到的是新刮的灰泥和新刷的油漆;58部演出剧目,无论是《波希米亚人》还是《尤金·奥涅金》,人人都有机会买票观看。城市管理层无意让音乐剧剧目变得"罗马尼亚化"。标准的欧洲古典剧目占3/4,1/4是俄罗斯作品。[20]

/ 243

　　"潘提亚在敖德萨很受欢迎,"当地一位女演员在20世纪50年代末期回忆说:"即便在今天,人们依然记得他是个很讲感情的人。"[21] 人们源源不断地从罗马尼亚帝国来到这里,要亲眼见证这个邻近帝国的新试验。来自布加勒斯特大学的学生和教授,来自罗马尼亚教师协会的代表,以及来自罗马尼亚乡村、合唱队、舞蹈团和新闻界的代表在政府的资助下,来到这座城市参观访问。罗马尼亚铁路系统体育协会草地网球分会与应邀宾客进行了一场为期两天的比赛。甚至有一个受到表彰的布加勒斯特中学生团体,被选为罗马尼亚首都地区最有前景的学生代表,所获奖励是前往他们今后可能担任统治者的外省做一次旅行。

　　扬·安东内斯库视察过三次——一次在1942年,两次在1943年,以了解东方边疆正在创造的各种奇迹。[22] 游客人数太多,基层官员要求修建专门的游客招待所,以便为每个星期来自祖国的艺术家、音乐家、教育家、学生和显要人物提供食宿。[23]
总体而言，正如一位游客回忆的那样，这座城市新奇、充满活力，是一个"充满了年轻人"的地方，与欧洲东部其他占领区内空荡荡的街道和广场形成了鲜明的对照。[24]

不过，潘提亚对占领后第一年发生的事情不但一清二楚，而且深感不安。当犹太人被有组织地清除出敖德萨时，他写信给阿列克西阿努，对这一行动表示不满。"我已通过口头和书面向您报告过，"他写道，"本次驱逐行动错误至极，而且违反人道，因为正值隆冬时节，结局确实相当残忍。"他一边重述之前对安东内斯库说过的话，一边抱怨总督被顾问误导，以为犹太人会对这座城市构成威胁。潘提亚坚持认为，犹太人实际上为重建这座城市辛勤劳动。然而，因为一列列火车载着敖德萨犹太人，已经走在路上，潘提亚继而写道，他希望"尽自己最后的努力，以尽可能多地救下一些人"。除了仍旧住在城市里的约1000名卡拉伊姆人，他专门请求从驱逐名单中剔除犹太工匠和教师。没有为找出这两类人下过大力气，但卡拉伊姆人和过去一样，往往因为"从种族上说"不是犹太人（这种观点的发明人是纳粹的种族理论家，采用者是罗马尼亚人）而逃过一劫。[25]

但是，因为他对罗马尼亚的犹太人政策提出过反对意见，这位市长受到阿列克西阿努和他的上司甚至布加勒斯特的高度怀疑。他的身边全是罗马尼亚裔比萨拉比亚人，这些人因为出生在边疆地区，又会说罗马尼亚语和俄语两种语言，一直受到旧王国官员的怀疑，认为他们忠诚度不够，并在表述罗马尼亚民族主义理想方面存在不足。（早在1939年，罗马尼亚国防部就收集情报，对罗马尼亚裔比萨拉比亚人可能与苏联人结盟还是展开斗争进行评估。）[26]潘提亚把俄语作为市政府的工作语言，并将它用于向以说俄语为主的敖德萨人发布命令，以及其他行政措施。这种做法更加让人怀疑他的民族主义法令，尽管与此同时它确实让市政管理工作变容易了许多。

是的，市长办公室的行政人员多是原来的共产党员，他在写给阿列克西阿努的信中说道，但由于被苏联控制了二十多年，这完全是意料之中的事情。再说，共产党情报人员在这座城市偷偷摸摸干坏事这种说法纯粹是胡编乱造。"说当地人在造［罗马尼亚人的］反，这完全不是实情，"他写道，"相反，当地人已经干起正事儿，正从事各种各样的工作，他们实际上是在参与敖德萨的重建过程。说当地人在'造反'，特别是国家的各个秘密机构传得神乎其神，因为这完全符合他们挑起事端的兴趣，以此来证明他们的存在以及各项花费的合理性。这就是那些机构为什么要大肆谈论共产党员对敖德萨的威胁，谈论他们的密谋，还说地下墓穴躲藏的全是共产党员、犹太人等。"[27] 他指出，当地人急不可耐地开始检举揭发，罗马尼亚安全部门同样急不可耐地接受检举揭发，与其说是真的存在威胁，不如说是一种自利行为。前者是为了讨好新政权，后者希望让上级相信自己正在履行职责。正如他这个市长所了解的那样，敖德萨人和占领者陷入相互依赖而又相互利用的纠缠之中。

我们之所以了解阿列克西阿努和潘提亚的履职细节，是因为战争结束后他们俩都受到了审判。罗马尼亚军队撤出敖德萨——从理论上说，就把这座城市以及范围更广的德涅斯特河左岸地区还给了德国人——之后没多久，罗马尼亚就转了向。随着苏联人持续向西推进，以及轴心国的战争努力开始土崩瓦解，罗马尼亚国王米哈伊于 1944 年 8 月解除扬·安东内斯库职务，并宣布罗马尼亚将加入同盟国，从而及时避免了与正伺机发动闪电战的红军展开殊死交锋。战争接近尾声时，苏联人在罗马尼亚逐渐培植起共产党政权，它逼迫米哈伊退位，并于1947年离开罗马尼亚，由此巩固了自己的地位。新政权的首要任务之一是起诉——或者对很多人而言是再起诉——旧政权的领导人。

阿列克西阿努是四个被判犯有战争罪的被告人之一，他被判处死刑，并由共产党员执行了判决。其余的人——如权倾一时的部长会议副主席米哈伊·安东内斯库（Mihai Antonescu）、凶残的内政部副部长康斯坦丁·瓦西里乌（Constantin Vasiliu），以及所谓的"国家领袖"扬·安东内斯库——都曾经是家喻户晓的公众人物，既曾在罗马尼亚中央政府任职，也在根深蒂固的反犹思想、战争的紧迫性以及纳粹德国这个支持者的要求之间摇摆不定。他们对犹太人的憎恨，通常属于保守类型，在中欧地区传统的右翼政党身上——不一定要像纳粹鼓吹得那样狂热和激进——同样能够找到。把这种憎恨激活为政治计划的，是成为占领国的经历，以及党卫队、德国联络官和希特勒本人所具有的传染性的热情。然而，人们在审判过程中看到的，是在所有高级官员中，相对鲜为人知的阿列克西阿努——在他劳于公事、发布行政命令的大厅里，莱斯·沃龙佐娃举办过一场场闻名遐迩的社交聚会——或许才是最虔诚的真正的信奉者。

阿列克西阿努否认自己在1941年底的大屠杀中发挥过任何作用，把所有事情都推到秘密警察和宪兵身上。不过，他认同自己对德涅斯特河左岸地区的管理手段有利于罗马尼亚政权，尤其是把尽可能多的财富运回祖国；同时，只要有需要，就把他认为对公共秩序构成威胁的犹太人清除。[28] 与管理层级中数量众多的其他高层不一样，他似乎并没有通过自己在战争中扮演的角色牟取私利。调查人员发现，他住的是布加勒斯特一套比较简朴的公寓房，在国家的其他地方没有巨额财产，没有向外国银行汇出过资金，也没有利用秘密账户存放他接近三年的统治期内从被驱逐和处死的犹太人身上掠夺的物品。

他丝毫不带悔意，多是为他致力于发展该省经济的勤勉加以辩护——正是这个问题让他的职业生涯走到了尽头：1944 年 1 月，安东内斯库以不能胜任工作为由，解除了他的市长职务，没过多久，整个德涅斯特河左岸地区的冒险行动也画上了句号。[29]哪怕是面对死刑判决，他依然在为崇高的国家事业辩护，当时的新闻纪录片捕捉到了这一场景。站在联合行刑队前的瓦西里乌和米哈伊·安东内斯库显得焦躁不安，扬·安东内斯库则抬起小礼帽，戏剧性地与自己的战友和行刑者打了个招呼。身材单薄而剃净胡须的阿列克西阿努直挺挺地站在那里，脸上露出一丝抑郁。

潘提亚的命运有所不同。早在 1945 年，他就被发现以假名躲藏在罗马尼亚，随后因为被指控倒卖来自敖德萨犹太人墓地的墓碑而受到审判。第二年，他被无罪释放，但随着共产党上台执政，他再次躲了起来。他在一帮朋友之间不停走动，随身带着几份假的身份证明，以及一封写给安东内斯库对"报复行动"表示抗议的签名信件复制件——为应对酝酿中的那场风暴，他把它当成了某种护身符。

晚上，他多睡在布加勒斯特火车北站（Gara de Nord），以避免遭到搜捕。1949 年，他再次遭到逮捕；经过再次审讯，他被判犯有战争罪和反人类罪，并被判处十年苦役。那是一个时代的标志，他现在的主要罪名是"导致数千名工人的死亡"，而不再是屠杀犹太人或倒卖墓碑。[30]尽管他后来获释，但晚至 20 世纪 60 年代，他仍然受到秘密警察也就是安全局的跟踪，因为他时常和"反社会主义"分子混在一起。[31]

潘提亚本可以辞掉市长职务。在安排副手参加那些令人不快的驱逐会议之余，他本可以采取更多措施。他本可以让更多犹太人免遭杀害，只需要认证一下犹太人的基督教受洗证明——当聚居区清场行动开始之后，这成了很多人最后试图得到的逃生渠道。[32] 他本可以不只是写几封抗议信。当他看到临时绞刑架上依然悬挂着尸体时，他直言不讳地对安东内斯库说道："我不是要保护犹太人。"[33] 不过，由于上述理由，潘提亚成了他以市长身份监管的这座城市的独特代表。作为最令人厌恶的大屠杀始作俑者，除了上述行为，他的举动归根结底与经历战争、占领和暴行的诸多敖德萨人十分类似，那就是天生具有坚定意志，对眼前发生的事情视而不见。

仅仅从数字来看，乌克兰的其他地方遭受了更多苦难。在有些地区，超过 90% 的战前的犹太人死亡。据估计，在战争期间的敖德萨地区，犹太人口下降了 40%，这一比例肯定超过在市区遭到杀害的人口比例。[34] 德涅斯特河左岸地区总共有 30 万名犹太人，当苏联人重新获得这一地区的控制权时，仍然活着的犹太人大概有 50000 人。[35] 普通人要想活下来，要么使用假证件，要么取决于某位村民或邻居的善心及合宜之举，或者悄无声息而又心怀恐惧地在地窖里或阁楼上生活一段时间。没过多久，有的人甚至回到自己原来的家，和他们一起回来的，还有从中亚或苏联其他地方的避难所返回的被驱逐者。但是，他们的社区已经荡然无存。1944 年 11 月，也就是苏联红军接管敖德萨几个月之后，苏联官员清点到 48 名幸存的犹太人。[36]

第三部　怀旧与纪念

记忆与神话：马克·伯恩斯（Mark Burnes）（左）担任主演的《两个战士》（*Two Warriors*）（1943）的电影海报。俄罗斯国家图书馆 /ABA 传媒提供

1941 年与 1942 年之交的冬天，一个罗马尼亚密探报告说，有敖德萨人定期在普利沃兹市场集会，探讨这座城市的复兴事宜。因为苏联人已经失势，据说有人公开说过："敖德萨将再次成为自由港，在尊敬的罗马尼亚国王米哈伊殿下和尊敬的第三帝国最高领导人阿道夫·希特勒阁下的庇佑之下，它将重现沃龙佐夫伯爵和黎塞留公爵时代的黄金岁月。"[1]

当时，很少有人对占领者显得如此自作多情，或出于自我需要点头哈腰，但公众的伤感情绪并不罕见。只要有勇气并足够乐观的敖德萨人都可以想象，他们这座城市在今后有可能回归 18

/ 252

世纪的发展轨迹。怀旧不只是缅怀过去，它还要设想遥远而美好的未来。但是，任何人只要稍加注意就会明白，这一切只是暂时的空想。有用的时候，配合占领者，没有用的时候，就要避开他们。躲避和绕行本就是敖德萨人的习性，多年的战争经历只会强化这一古老的技能：避开海关人员、买通警察、尽量不向政府官员求情、宁可弯腰不可断头。活着是一种特殊形式的繁荣。

第二次世界大战接近尾声时，敖德萨不完全是一块白板，但十分接近：它主要的民族群体和宗教群体都已经荡然无存，余下的人大多躲在地下室，或者分散到周边的村镇。这座城市仍然在炮火打击、空中袭击、游击队的袭扰和残存犹太人的破坏中艰难前行。遭到驱逐的敖德萨人遍布苏联各地，有的远在乌兹别克斯坦。城里还有不到 20 万人，可能是战前人口的 1/3。楼房和基础设施被撤退的轴心国军队洗劫一空。剧院里的服装和座椅不知所踪。码头和谷物升降机被付之一炬。就连有轨电车也被弄去为罗马尼亚人服务了。[2]

罗马尼亚人曾经希望遏制但一直未能根除的犯罪现象，此时已经大肆卷土重来。曾经的游击队变成了匪帮，他们原本用于对付罗马尼亚人的袭扰行为，现在原封不动地用到苏联当局身上。偷盗和抢劫成了普遍现象，胆子够大的罪犯在城墙上给共产党当局涂鸦留言。"七点以前归你们管，"其中一句涂鸦写道："但晚上是我们的。"[3] 对那些为占领提供帮助并从中获取好处的人，政府展开了清算工作，小规模暴力与之相伴。苏联的档案人员和党务工作者认真审阅罗马尼亚当局保存的详细记录，以详细甄别受到指认的勾结者。那些判断力不够、没有跟随逃跑的罗马尼亚人一同离开的人，遭到逮捕、关押或者被枪决。哪怕战争期间有在敖德萨的生活经历，也会成为被怀疑的理由，因为活下来就意味着向法西斯分子做出了某种让步。城市里重新掀起了短暂的检举潮，那些有可能替"罗马－日耳曼野蛮人"（Romano-German barbarians）——这是那一时期对被驱逐的占领者的专门用语——工作或对其表示同情的人，遭到邻居的指认。[4]

与此同时，苏联官员着手将那些战争受害者的命运公之于世。为大量记载人员和财物损失，一个"非同寻常的国家委员会"在相当部分曾经被占领的苏联国土上开展工作，收集受害者数据。该委员会根据利用宣誓获得的口头证词，往往把报告写得十分详细。时至今日，被杀害者和被驱逐者名单依然堪称对战争死难者——尤其是敖德萨的犹太人——人数最详细的评估报告。例如，我们根据这些战后评估报告可以了解到，在战争中的某个时期，普希金大街 74 号至 76 号一共有 16 人遭到驱逐，其中户主有莱德曼、莱科尔曼、考特里亚、施瓦茨曼、考甘、费热尔曼、艾希肯纳兹、卡茨等。用证人的话来说，在施凯普诺伊（Shchepnoy）巷 9 号，有 23 人——上至 65 岁的卡伊姆·采佩尔曼（Chaim Tsyperman），下至 9 岁的露西亚·克拉维茨（Lusya Kravets），"遭到法西斯分子的驱赶。"

毫无疑问，向委员会提供证词的某些人，正是当初犹太人驱逐工作的促成者。在战后的受害者清理工作中，战时举报行为中的那些复杂动机也许仍然在起作用。既有仁慈、和睦与后悔，也有符合理性的自利行为。准确说明某个地址有人遭到驱逐的官方文件相当于一份废弃证明，在想方设法增加生活空间的邻居眼里，它就是一件重要工具。因为占领时期的人口相对较少，因此战争刚刚结束的时候，敖德萨出现房屋过剩现象。但 1945 年之后，由于遭到驱逐的犹太人和非犹太人纷纷返回家园，在匆忙建房的过程中，空置房产普遍溢价。

苏拉·斯图尔马克（Sura Sturmak）先是在战争期间被放逐到多马内维卡集中营。后来，她被限制居住在一个旧式农庄，而在此生活的犹太人只能居住在经过改造的猪棚里。她的姐妹、哥哥和母亲都已被杀害；她的丈夫是个红军战士，在作战过程中不知所踪。战争结束，当她回到敖德萨时，她家原来居住的公寓已经住进了几个俄罗斯人。不过，经过收集证词和其他有效文件，她拿到法院判决，赶走了房屋的擅自占用者，从而恢复了原来的生活空间。[5] 对幸存的犹太人而言，若原有财产被贪得无厌的邻居占用，现在要把它拿回来的关键性官方证据，是被列入"被驱逐者"名单。委员会收集的证词，既可能写在破纸片上，也可能写在撕下的书页上，作为有效的档案材料，放在若干年前形成的检举信之后。1941 年，若在犹太人名单之列，标有确切地址，且注明了全部家庭成员，很可能就是遭到驱逐并走向死亡的第一步。对 1945 年之后的幸存者而言，同样的名单上如果找不到自己的名字，实际上意味着失去了公寓和居住资格。在这两种情形下，官方记录意味着天壤之别，要么是真正的敖德萨人，要么是非法居民。

犹太人再无可能成为这座城市的主导族群。在 1959 年的苏联人口普查中，犹太人仅占敖德萨地区（含城区及众多小城镇）总人口的 12%；毋庸讳言，这一数字比战争年代有所增加，但它仅是战前数字的一小部分。随着犹太人迁往苏联的其他地方，或者前往海外寻求新的生活，同时因为乌克兰人和俄罗斯人迁入市中心和市郊工业区，上述比例持续下降。不过，正像敖德萨本地人一度担心的那样，如果罗马尼亚占领者走了，而犹太人又有权施以"报复"，那么将会发生什么事情，苏联官员想方设法对犹太人在战后回城的后果加以限制。

在苏联和东欧的其他新生共产主义国家，官方反犹主义都是战后生活的共同特征，有的遮遮掩掩，有的大张旗鼓。一个团体曾经被罗马尼亚人视作秘密共产党员，现在却被看作一群可靠性差、无所寄托的世界大同主义者；尤其在1948年建立以色列国之后，它更被视作秘密的民族主义者。犹太教尤其成了靶子。罗马尼亚和德国军队撤出之后，自发出现了必须10人以上参加的祈祷团体，战争刚一结束，苏联人就掀起了"祈祷班清算"（liquidate the minyans）运动。到20世纪50年代初期，就连战后重新获准开放的犹太教堂也再次被关闭，成为斯大林去世之前席卷苏联各地的螺旋式反犹热潮的内容之一。为了将犹太人的宗教行为和犹太人的民族抱负区分开来，赎罪日和逾越节祷告仪式中删除了"明年耶路撒冷见"这句祷告语。[6]

轴心国时代到来之前很久，敖德萨就已经存在反犹思想；它重归苏联版图后，这种思想依然存在。战争结束，遭到驱逐的犹太人回到这座城市时，索尔·博罗沃伊（Saul Borovoi）曾经听到敖德萨人谈论道："害虫又回来了。"[7]作家埃米尔·德雷泽尔（Emil Draitser）在战后跟随父母回到这座城市，亲历了它的战后重建过程。"犹太人都是懦夫，"据他回忆，自己的同学曾经揶揄道，"打仗的时候，他们都躲到了塔什干。"[8]对有的犹太人而言，如此残忍的嘲讽不无道理，而且幸亏如此。1941年秋天，一艘艘轮船驶离拥挤的码头，满载着数十万犹太人前往苏联的其他地区寻求安全居所，由此掀起了犹太人在20世纪的后续岁月里大规模前往俄罗斯和乌克兰的其他城市、以色列、美国，以及其他国家的外迁的浪潮。仅在1968~1980年，就有2.4万多名敖德萨犹太人——约占其犹太人总数的近1/4——永久性地离开苏联。在戈尔巴乔夫及其以后的时代里，更多的犹太人紧随其后。[9]

敖德萨犹太人的减少，形成了敖德萨犹太人散居各地的局面；在远离码头和德里巴索夫斯卡亚大街的地方，这座城市获得了崭新的生机。很快，敖德萨就被尊为苏联的"假想的密西西比三角洲"，它既是音乐怀旧和梦想怀旧的非凡孵化器，同时还是人们一旦逃离，其想象能力就能真正得以显现的地方。这座城市的作家伊萨克·巴别尔已经有了马克·吐温的味道，他领悟了一个时代的特色话语、社会习俗和各色人物，而这个时代的逝去很少让人真正地感到惋惜。他还缺少像罗伯特·约翰逊（Robert Johnson）或穆迪·沃特斯（Muddy Waters）那样用声音记录失落世界的音乐天分。第二次世界大战后，苏联的官方和民间文化都在着力从事巴别尔——他被追随斯大林的抓捕者枪杀近两年后，罗马尼亚军队挺进到他的老家——不可能预见的一项工作：把这座古老的城市改造成充满伤感旋律的怀旧对象。

当谢尔盖·爱森斯坦静下心来整理自己零碎而诗意的回忆录时，忧郁的他不禁想弄明白《战舰"波将金号"》中那几百名临时演员的命运；他曾经拿着大喇叭使劲吆喝，让这一群男男女女在敖德萨石阶上跑上跑下。他还记得很多人，因为他非常重视从一开始就尽量记住他（她）们的姓名。但是，影片最有名的演员，也就是躺在顺着血迹斑斑的石阶往下溜滑的婴儿车里的那个婴儿的身份一直是个谜。"他现在该有 20 岁了，"爱森斯坦在1946 年写道，

他——还是她——现在在哪里？我不知道，他是个小伙子，还是个大姑娘。

他现在在做什么？

他是个保卫过敖德萨的青年人，

还是被赶到外国成了一名女奴？
他在庆贺敖德萨的解放和光复，
还是躺在远方的某个大型墓地里？ 10

　　本来，上述结局均有可能，但这座城市已经见惯了反派人物和受害者。当红军脸上带着笑容，腰上挂着冲锋枪，正步走过黎塞留大街时，英雄万神殿就已经进入民间传说和共产党的历史书写中。在敖德萨保卫战中，内务人民委员部特工，一如声名显赫的莫洛佐夫－巴达耶夫（Molodtsov-Badayev）小组，从作为藏身之所的地下墓穴勇敢地发动袭击。杏仁眼狙击手柳德米拉·帕夫利琴科（Lyudmila Pavlichenko）创下的狙杀记录超过了每一个苏联士兵。布尔什维克从普列奥布拉任斯基大教堂废墟中收集大理石建造了一所学校，爱国男孩儿雅科夫·戈尔季延科（Yakov Gordiyenko）是它的毕业生，他向共产党的地下组织传递秘密情报，直至1942年被法西斯分子开枪打死。

　　上述故事没有不实之处。在罗马尼亚人完成占领后的前几个月里，由莫斯科提供装备并受其指挥的游击组织发挥了破坏作用。但战后以牺牲精神和勇敢行为为题编写的故事，往往拔高小人物在敖德萨的战时经历，并把小角色描写成这座城市英勇——只要早晚能取得胜利——抗击法西斯主义和外国侵略者的证据。在完成重建工作的城市里，有纪念意义的牌匾和雕塑成了私密回忆和更复杂记忆的公共替代品。游击队在某公寓中商讨过计划，苏联指挥官在某栋大楼里指挥过反围困行动；为了敖德萨记忆出错的英雄主义，它们都成为耳熟能详的纪念地。上述关于牺牲和成就的故事被陈列在新修建的敖德萨抵抗博物馆，每年吸引成千上万的参观者。11

敖德萨与列宁格勒、塞瓦斯托波尔和斯大林格勒一道，是被首批授予"英雄之城"荣誉称号的苏联城市之一。列宁格勒抵抗德国人的疯狂围困，持续了近两年半之久。塞瓦斯托波尔顶住了九个月的密集火力攻击。斯大林格勒是一块铁砧，最终碾碎了德国的东部防线。在第一批辉煌城市中，敖德萨显得十分古怪。它的大部分人口被疏散到东部，安全度过了战争岁月。其余的人多以种种方式，或主动，或勉强，与罗马尼亚人展开合作。不过，敖德萨是唯一被纳粹德国以外的侵略者占领的一座苏联中心城市。因此，不管如何模棱两可，它的殉道精神赋予它特殊的地位。

很快，这座"英雄之城"就自惭形秽。苏联人笔下的抵抗行为和英勇精神标志着敖德萨完全进入了怀旧时期。当时，它在第二次世界大战中神话般的经历与一系列据认为能对其加以定义的全新特征交织在一起，如友善的多民族性、优美的海滩、模仿的地中海式幽默，以及对生存的热情——这隐隐约约指的是犹太人吧。作为最受青睐且阳光明媚的工人度假胜地，敖德萨再度声名鹊起，因为它曾经是叶卡捷琳娜大帝有所打算的边疆目的地，是苏联南部沿海的重要景点。

敖德萨还没获得解放之前，它就开启了全部推倒重建的进程。就在戈尔曼·潘提亚监督敖德萨大剧院重建的过程中，就在格奥尔基·阿列克西阿努寻找最有效的办法从德涅斯特河左岸地区榨取利益的时候，苏联人正在拍摄另一部敖德萨电影。《两个战士》是一部波澜不惊的战争宣传片，制片人是收留了苏联被占地区的诸多电影制作人和演员的塔什干电影制片厂。这部片子相当于二流好莱坞影片，只要敢说自己有点了不起的影片，稍加运用埃罗尔·弗林（Errol Flynn）和约翰·韦恩（John Wayne）

的手法，即把复杂角色放入一套标准的海战片段中并加入爱国说教，就能让它黯然失色。

这部电影讲的是片名所说的两个战士，即阿尔卡季·久宾（Arkady Dzyubin）和沙夏·斯温佐夫（Sasha Svintsov）之间的故事，以及他们在列宁格勒被围困期间的冒险经历。这两人具有深厚的战地友谊；凭着这份友谊，久宾可以捉弄斯温佐夫，直至后者勃然大怒；还是凭着这份友谊，斯温佐夫不顾一切危险，两次把必死无疑的朋友救出险境。久宾是个优秀的后援。当不善言辞的斯温佐夫放弃对一位长着迷人金发、带着迷人笑容的列宁格勒女孩子的追求时，久宾主动代笔写了一封情书，赢得了她的芳心。

当影片于1943年发行时，评论界并不十分看好。往好处说，是它的情节十分松散，剧本中的音乐插入十分粗糙。但位于后方的苏联观众很快就哼唱起了它的主题曲，并被久宾和斯温佐夫的搞怪动作逗得哈哈大笑。它正是一部让人感觉舒心的电影，符合苏联当时的要求，哪怕它的西部地区处于外敌占领状态。在诗人叶甫根尼·叶夫图申科（Yevgeny Yevtushenko）看来，他们不只是演员，"而且是真正的人"，正在和苏联同胞一起经历同样的伤痛和每天的胜利。[12]

任何一个看过这部电影的人，都不会忽视它所传递的信息。斯温佐夫来自乌拉尔山脉，这里是俄罗斯欧洲部分的尽头，越过乌拉尔山，数百万身处战争的苏联公民把这里当作避难所。久宾来自敖德萨，这里是苏联的南方乐土，当时正遭受着法西斯铁蹄的践踏。他们俩来自不同的地方，但他们为之战斗的东西基本相同：斯温佐夫是为了守住苏联想方设法都要留住的东西，久宾是为了收回被外国侵略者掠夺的东西。除了爱国主义，影片的核心是它想让众多观影者共同拥有的一种愿望——结束战争并返回家园这一简单想法。之后的50年间，如果有人要苏联公民列举一下能代表敖德萨这座城市的人物姓名，他们很可能会说到阿尔卡季·久宾。现在，对自己的父辈和祖辈看过的电影有一丝怀旧的俄罗斯人仍然会这么做。他们一想到久宾，就会不由自主地想到创造这个角色的演员。

马克·伯恩斯扮演的角色十分完美。他面庞宽大，个性坦率，几丝皱纹预示他是个智慧的中年人；他是苏联的威廉·霍尔登（William Holden）或亨弗莱·鲍嘉（Humphrey Bogart），但他拥有一双带笑的眼睛，还带着一点斯宾塞·屈塞（Spencer Tracy）式的温和幽默。但至少在电影中扮演一个敖德萨人之前，伯恩斯既不是敖德萨人，也没说过自己是敖德萨人。1911年9月，他出生在乌克兰中北部切尔尼戈夫（Chernigov）附近的一个小镇，成长于这一地区的中心城市哈尔科夫。他的家族可能具有犹太血统——伯恩斯的影迷肯定会这么认为，尽管伯恩斯更喜欢说自己的祖先一直住在乌克兰，而不说属于具体的某个民族。他的父亲是个废品商，靠打零工为生。他的母亲是家庭的实际主心骨，在艰难的时代千方百计维持一家人的生计。她对儿子的期望是把他培养成会计或者小提琴手，但他在这两个方面都很令人失望。他很早就表现出对聚光灯的兴趣，尽管他从未接受过正规的舞台训练，但他似乎很喜欢家乡地区流传的歌曲和民间诗歌。15岁时，他第一次看到自己的戏剧作品，从此就爱上了舞台。他找了一份工作，给镇上的剧院张贴告示，并设法在多部作品中担任临时演员。凭着这段经历，他来到了莫斯科；到1930年时，他已经在大名鼎鼎的科什（Korsh）剧院占有一席之地。

十多年后，即将饰演久宾这一电影角色的伯恩斯名声仍不太响亮。他参加了公开选拔面试，两周后，他接到电话并被告知这个角色将由他来出演。接着，他就开始了他后来所说的真正的士兵生活。为了演好角色，他穿上了士兵制服，日常生活以士兵的定量供应为标准。他前往医院参观，听敖德萨人说话的口音，学习他们的发音和腔调，“g”音发得像“h”音，句末语调上翘，并伴之以耸肩和噘嘴。但在一个手艺生疏的理发师给他理了个十分难看——用他的话来说，是被人以敖德萨的方式戏耍了——的发型后，他才觉得自己终于做好了适应这一角色的准备。[13]

伯恩斯有能力完全按照苏联青年的记忆去塑造苏联的年轻人：为建设年轻的国家和抗击侵略者而努力奋斗，但奋斗过程中不乏在他们看来属于民族性格的幽默感和同志情。伯恩斯饰演的敖德萨人变成一名普通的苏联人。俄罗斯人和乌克兰人都认为他是个滑稽而又勇敢的英雄，深受爱国情感的激励，但又渴望战争结束。在其他人看来，久宾的犹太人身份是不言自明的。“我们知道你的成分，敖德萨人嘛。”《两个战士》里的一个炮手这样奚落久宾。不管是犹太观众还是非犹太观众，可能都听得懂这句话的真正含义。“你说，敖德萨人还能有什么成分？”带着焦躁和防备的久宾反问道，“你是指那些遭到德国人轰炸的妇女和孩子吗？……别说敖德萨的坏话。那儿正在流泪流血呢。”敖德萨人自认的素质，如世界主义、自由、韧性等，前所未有地被所在的国家据为己有。这座城市曾经是个充斥逃亡、流放和冒险的地方。现在，借着电影和战时迁移的魔力，每个苏联公民都可以想象自己具有了一点敖德萨人的性格。

电影的插曲《黑暗如夜》（*Dark Is the Night*）调子欢快而

伤感，但它与轴心国入侵、前线地区家庭分裂以及多年来看不到尽头的贫困与艰辛带给苏联大众的震颤形成共鸣。电影的另一首插曲《夏蓝迪》(*Shalandy*)巩固了伯恩斯作为地道的敖德萨人的地位。"Shaland"在俄语中是"平底船"的意思，黑海沿岸的渔民把鲻鱼拖到岸上的时候就要用到它。那是一段来自生活的无意义的小插曲，说的是科斯蒂亚(Kostya)这个喜欢及时行乐的水手，以及他对渔家女子索尼娅(Sonya)展开的追求。与当时的流行歌曲相比，这首插曲的前几句歌词确实写得相当平淡："船儿满载着鲻鱼。"但唱到合唱部分，你真可能要举起手中的啤酒杯："论敖德萨，我不想多说／因为它很伟大／但在摩尔达万卡和佩列瑟皮／人们崇拜的是科斯蒂亚。"当然，这是一种超级荒唐，但它是敖德萨的荒唐，而在恐怖与贫困时期，它可能让你发笑，甚至可能让你哭泣——那就是敖德萨版的《扬基小调》或《瓦尔森·玛蒂尔德》。对这座城市来说，它至今仍是最接近国歌的东西。

《两个战士》刚一放映，就在全苏联观众中引起巨大轰动——与二十年前刚一开场就陷入低迷的《战舰"波将金号"》形成鲜明对照。久宾成为苏联战士的代表人物，既为祖国英勇而战，又对自己的所爱充满甜蜜期待。伯恩斯凭着这个角色，获得了苏联政府颁发的红星勋章。影迷的来信讲述了这部电影给他们的生活带来的影响。"一位幸福的观影者向您致谢，"影片首映之后近二十年时，一位女性崇拜者在信中写道，"我一看到《两个战士》就认定，自己要找的丈夫只能是阿尔卡季·久宾这个类型。差不多十八年前，当他复员的时候，我找到了自己未来的丈夫。我们的约会很短暂，然后就结婚了。生活很不错，我们有了两个孩子。总之，我是这个世界上最幸福的女人。真棒，马克·

伯恩斯！"[14]

电影首映之后的一天晚上，伯恩斯来到位于伏尔加河畔的古比雪夫（Kuibyshev）市的一家文化俱乐部，登台讲述阿尔卡季·久宾这个角色。他回忆了自己在乌克兰度过的童年时光，但特别指出，自己在这段时间内从未到过敖德萨。

"错！"有人从大厅的后排大声说道。

"看来有人不赞同，"伯恩斯说道，"不过很奇怪，有人觉得比我还清楚这个问题，因为塑造这个角色的人是我。也许他可以说一下，那究竟是什么意思？"

一位年轻的军官走上前来，只见他全身上下穿着崭新的军装。

"是我！"他恳切地说道，"不过我要晚点才能说出理由。"

晚会节目结束后，那位军官来到后台，说自己是敖德萨人。他在看了《两个战士》之后十分激动，因此告诉自己年轻的未婚妻和她的姐妹们，伯恩斯是他的儿时伙伴，曾经在海滩上闲逛，还在摩尔达万卡追逐过流浪猫。他一直在玩弄这个诡计，直至伯恩斯在舞台上令人遗憾地予以承认。[15]

接着，伯恩斯成为俄罗斯民歌的主要"供应商"——既有充满渴望的感伤恋歌，也有关于犯罪的虚假浪漫主义和忧伤的斯拉夫小调。1969年他去世时，仿佛整座城市都已经随他而去。正如他的一位传记作者所说，他体现了敖德萨的核心本质："轻松的幽默感，讽刺中夹杂着柔软而伤感的深情，开放而质朴，这一切都体现在外向而敏锐的判断中。"[16]

伯恩斯是凭着敖德萨人这个身份从事赚钱的职业的多位苏联大众明星之一。实际上，有的人就来自这座城市。喜欢热闹，而且为人豪爽的莱昂尼德·乌特索夫（Leonid Utesov）——既是犹太人，又出生在敖德萨，还是 30 年代苏联爵士乐的创始人之一，就为躲过斯大林主义和战争而绞尽了脑汁。他在东部前线举办音乐会，并用自己创作的《夏蓝迪》和其他歌曲来提振厌战的观众的精神。他成为中心人物，在全苏联境内负责"旧时敖德萨"神话的传播工作，包括爵士乐最初形成于敖德萨这个匪帮出没、犹太人乐团众多和水手酒吧林立的大熔炉这样的传奇说法。他在自己充满对话和矫情的自传中写道："敖德萨与它渊源不浅。"

/ 264

> 但最重要的是有音乐。
>
> 他们从早唱到晚。
>
> 例如，就在我们的庭院里。
>
> 夏日清晨。敖德萨沐浴在温暖的阳光里。风儿是一剂补药。啜一口，你就能享受到大地的恩赏。在你的身体里，它穿透得那么顺畅。它还带给你一副金嗓子。清晨，庭院成为集市，充满音乐的集市：
>
> "切——西——瓜——呢！"一个摄人心魄的男低音朗声叫道。
>
> 一个异常兴奋的男子的高音加了进来。接着，另一个男中音加入了二重唱。
>
> "冻——冰——块！"
>
> "磨刀呢！修剃刀！"……
>
> 因此不足为奇，我从小就热爱音乐。[17]

一如他写的散文，乌特索夫笔下的管弦乐队拥有一种魔力，能把读者带到一个更加温暖而欢乐的地方，但那个把迷恋瑕疵和嘲弄权威当作惯常做法的地方除外。与他同时代的作家康斯坦丁·帕斯托夫斯基（Konstantin Paustovsky）热情赞美自己在这座城市度过的童年时代，并通过短篇小说和自传体故事，让战后新一代苏联人了解那个充满多民族欺诈行为的世界，以及它所培育的一批机智人物。从巴别尔时代到战后时代，中间似乎什么也不曾发生。第一次世界大战、斯大林主义、轰炸与占领，以及敖德萨的犹太特性被清洗得一干二净等，全都消失在浪漫回忆和选择性忘记这块幕布之后。这座英雄之城再次变成讨人喜欢的叛逆的无名之辈之家。

乌特索夫的音乐和他那些言语放肆的回忆录出版于 20 世纪60~70 年代，深受苏联听众和读者喜爱。和帕斯托夫斯基的作品一样，这些作品重构了一个没有人能够真切记得的世界，但正因为如此，它们所具有的力量才更强大。发生在本世纪上半叶的任何事情，都可以在下半叶以新颖、更有趣且发出金色光芒的形式付诸回忆。60 年代中期到 80 年代中期，至少有十几部发行量不菲的苏联影片要么发生在"旧时的敖德萨"——贯穿于第一次世界大战至 20 年代，要么取材于某个出生在敖德萨的人。自 30 年代以来，伊萨克·巴别尔的《敖德萨故事》在此期间首次重新出版，同样如此的还有伊尔夫和彼得罗夫以靠耍花招赚钱的奥斯塔普·本德尔为主要人物的多部小说，到 70 年代末，有些作品的印数已经高达 500 万册。[18]

一如这座英雄之城的神话本身，帕斯托夫斯基写出来的，以及伯恩斯和乌特索夫所表演的，没有一样完全失真。但自 20 世纪 50 年代开始，它就成为不断发展的文学、电影、通俗出版和旅游业的组成部分：用回忆和怀旧取代历史与记忆。在赫鲁晓夫和勃列日涅夫时代，不管你是在办公室办公还是在工厂做工，都可以拿着假期补贴，坐着火车、汽车或轮船来到这里，入住黑海沿岸的任何一家度假酒店。你既可以领略敖德萨石阶，也可以欣赏位于普里莫尔斯基（Primorsky）林荫道（在沙皇时代，这条道路名叫尼古拉耶夫斯基林荫道）尽头的普希金纪念碑；如果你参加的是官方代表团，还有可能前往舍甫琴科公园，为那位无名水手的纪念碑献上一个花环。乘坐公共汽车可以抵达地下墓穴的一个入口；它位于附近的一个村子，边上竖着一尊社会主义实干者的雕像——他们是一群地下抵抗者，穿着运动衫，戴着鸭舌帽，手里端着上膛的微型冲锋枪。

到了音乐季，坐落于盛大的摩尔式商品交易所内的剧院和交响乐团挤满了苏联公民；他们在这里总算知道，在苏联南方，高雅文化和海滩可以并存，这让西方帝国主义几乎不敢相信。"旅游是最好的休闲，"一份推介这座城市的标准宣传册上写道，"沿着旅游线路游览，往往可以丰富一个人的头脑，帮助他更深刻地认识我们祖国的昨天和今天，并给人一种美的愉悦……因此，来自我国的游客队伍年复一年地持续扩大。"[19] 每天傍晚日落时分，都能看到这支队伍，他们顺着略带斜坡的德里巴索夫斯卡亚大街，头发蓬乱，晒着太阳，来来回回地缓步而行。

在不远处的普利沃兹市场，常年可以买到新鲜的水果和蔬菜，这在苏联的其他城市几乎闻所未闻。摩尔达万卡的大型跳蚤市场十分繁荣，哪怕当时的苏联政府看不惯这样的非官方经济。不过，游客在这座城市的旅游体验经过了精心打磨。犯罪现象仍然是个大问题。如果你是苏联游客，哪怕在市中心地段，你也知道自己有可能遭到抢劫和被捅刺，而在别的城市，这种情况十分罕见。如果你碰巧来到当地的图书馆，你也不大可能找到很多关于这座城市的犹太传统的图书，因为热情高涨的图书管理员有可能把它们都搬走了，因为他们担心那些图书的内容宣扬犹太复国主义，而这与苏联的普适主义背道而驰。[20]这座城市与其犹太身份的关系仍然摇摆不定，哪怕为这个问题而提出质疑的犹太人已经所剩无几。

敖德萨招牌式怀旧的根源是19世纪；最好的时光已经成为过去，这种想法早就成了沃龙佐夫伯爵时代艺术和文化生活的一个特征。但是，"敖德萨妈妈"——一座被苏联歌手和作家吹捧为富有魅力的温暖母城——现在成了20世纪上半叶对这座城市具有决定意义的各种棘手现实的代名词。苏联版本的敖德萨式爱国主义涵盖的是更黑暗且逝去不久的过去：那是一种无法摆脱的现实，主要以符号形式——不计其数的故事、小说、戏剧、电影、漫画书、演唱会、音乐作品和其他粗俗语言——加以弘扬的犹太传统已经从那些活着的人的记忆中被有效删除，因此他们正想方设法对它加以重构。

现在，德里巴索夫斯卡亚大街依然是敖德萨游客光顾最多的地方。时尚咖啡厅、乌克兰餐馆、冰激凌摊和街头艺术家与全球化的"突击队"（shock troops）——如爱尔兰酒吧、麦当劳餐厅并处同一空间，以及21世纪无处不在的世界大同主义的标志，即一群演奏排笛的安第斯人。它已经没有苏联时代的干净和矜持模样，但即便在当时，德里巴索夫斯卡亚也是人们在海滩和神圣的爱国纪念景点短暂停留后所要前往的目的地。

离开德里巴索夫斯卡亚大街，来到城市公园——这是一片面积不大但修剪整齐的绿色空间，城市最漂亮高大的树木遮天蔽日，依旧能感受到战后旅游业的热闹与喧嚣。城市建成之后不久，就修建了这座公园。一如两个多世纪以来，它为市中心的喧闹生活提供了一片宁静的休憩地。在天气暖和的月份，人们在这里举行婚礼。观景台上是一支正在演奏的铜管乐队。年轻人坐在

/ 267

凳子上，一边四处张望，一边打情骂俏。不过，有两个景点属于
后苏联时期的老古董。

　　一个是一把空椅子，另一个是一尊雕像，只见一把小长椅上
坐了一个身材圆滚的人。这两个景点纪念的是梦想和创造所具有
的力量。前者是伊尔夫和彼得罗夫在小说《十二把椅子》(*The
Twelve Chairs*)和《金牛犊》中虚构的骗子奥斯塔普·本德
尔，这一文学形象已经成为普通敖德萨人的永恒代表：一个带着
东方人的狡黠并胸怀远大抱负的人，在一场流浪汉式的冒险中，
全力寻找一套据说装有巨额财宝的餐椅。后者是莱昂尼德·乌特
索夫这位爵士乐手，他伸展着双臂，每个游客都可以坐下来稍事
休息，或者拍一张快照。

　　尽管这两个纪念雕像都是在苏联解体后不久竖立的，但因为
人们的攀爬，或为祈求好运而随手触摸，它们仍然鲜亮如新。在
敖德萨乃至整个乌克兰，本德尔和乌特索夫为数不多的拥有纪念
雕像的两个人，在这里游客习惯于彬彬有礼地站着，并有序地排
队照相，以让自己和这座城市两位最著名的本地人有所关联。不
过，在两人雕像——一个纯粹是凭空想象出来的人物，另一个则
经过了精心雕饰——之间的狭窄空地上，是一座真实的城市曾经
走过的历程；和乌特索夫充满犹太元素的音乐作品一样，敖德萨
这座城市仍然相当即兴，在独奏与合奏之间大幅转换，而且随时
有失控的危险。

布鲁克林的敖德萨：2009 年 5 月，为庆祝苏联胜利日，佩戴勋章的众多俄罗斯二战老兵，在布鲁克林布莱顿海滩沿着康尼岛大道（Coney Island Avenue）游行。摄影：托德·梅塞尔/《纽约每日新闻》档案馆，Getty Images 供图

在从大西洋大道站开出的布莱顿快车上，我的身边坐着一位上了年纪的老人，蒜头鼻上的血管纹路清晰，膝盖上坐着一只毛发干净整齐的小狮子狗。

"这是开往羊头湾的列车吗？"他用俄语问道。驶出布鲁克林后，砖砌的中高层建筑和矮小的木头屋一掠而过。我告诉他，这正是那趟车；我还告诉他，快要到站的时候，我会提醒他一下。

"嘿，你会说俄语，"他说道，"看得出来，你过去是俄罗斯

/ **270**

人。"他挥动空着的那只手，在自己的眼前不停地画圈。"和他们不同。"他一边耸着鼻子，一边用手腕指了指戴着太阳镜、蓄着长头发，正坐在对面座位上高谈阔论的三名加勒比男子。

老人说，他在十年前从敖德萨来到这里，但一直没有觉得在这个新家有学习英语的必要。他刚才出发的地方在布莱顿海滩——这里是单一俄语环境，活下来不是什么难事——的地铁线附近，但他已经搬走了一段时间。

列车抵达他要前往的车站后，他慢慢地站起身来，把狗牵在手里，蹒跚着走向正在打开的车门。他说，自己刚搬入的社区的人更有"贵族气质"。他一边咕哝着说，原来住的社区有太多像他们那样的人，一边朝过道对面的几名加勒比男子歪了歪脑袋。

不过，又往前开了一站后，布莱顿海滩上似乎到处都是他那样的人。

海滩木板路上随处可见上了年纪的居民，一言不发地坐在木凳上，虽说是春季，但遇到炎热的日子，他们的皮肤也会晒得发红；男人们敞着衬衫，双腿岔开，女人们闭着眼睛，面部朝天。松软的沙滩帽和塑料鼻罩挡住了四月的阳光。平坦而潮湿的沙滩上，偶尔刮过一丝凉风，自西向东，依次吹过康尼岛上的高塔和拱形过山车车道。一家商店的招牌上写着一串俄语单词，下方的翻译——小镇美味冰激凌——直白而富于想象力。

普希金曾写道："在敖德萨，你能闻到欧洲的味道。"在布莱顿海滩，你能闻到敖德萨的味道。你从高于地面的车站站台往下走，一进入那条宽敞的大街，扑面而来的是透着鱼腥味的海风、旧式烹饪的油味、水果熟透后的甜味、黑乎乎的机油和车轱辘油印痕、茴香和芹菜味儿、廉价香水的酒精刺鼻味儿，以及老式汗衫的大胆复苏，这一切像个串在一起的蒜瓣花环，既不明确其来路，也不知道其原因。敖德萨的古怪和不协调依然有迹可循。在"儿童世界"玩具店和"特拉维夫水产市场"之间，突兀地开了一家星巴克。一群老太太推着手推车缓步而行，头顶是一列列穿梭而过的列车。

现在，旅游 T 恤衫给布莱顿海滩设计的推销语是"海边的小敖德萨"，不过在这个街区的创建者看来，上述用语显得有点古怪。威廉·A. 恩吉曼（William A. Engeman）看到它的第一眼就明白了很多事情。作为在美国内战期间向交战双方出售武器并大发横财的铁路员工和军火商人，恩吉曼于 1868 年在布鲁克林格雷夫森德（Gravesend）村附近购买了几百英亩的滨海土地。战后不久，这片地区就进入开发阶段，要在肮脏而阴郁的曼哈顿之外另寻去处的纽约人，被吸引到位于布鲁克林南端这一片未曾遭到破坏的海滩上。

但是，恩吉曼动作迟缓。康尼岛和曼哈顿海滩都正在发展为重要的旅游目的地。恩吉曼的开发项目夹在它们中间，几乎不可能超越它们。他需要一个噱头，并最终制造了若干噱头。除了码头、旅馆，以及后来的木板路，恩吉曼还修建了多处娱乐设施，有音乐厅、露天凉亭，以及一个被标榜为"全世界最漂亮的海滨剧院"的大剧场，它坐落在长 0.25 英里的码头区的尽头。同时，凭借自身和坦慕尼协会的关系，他还修建了一个赛马场。恩吉曼的天赋无法与邻近的建设项目直接抗衡，因为对方不时就登上报纸的头版头条。他的策略是通过提供廉价且足够耀眼的娱乐人员来吸引大量人群。随着他的开发项目变得越来越深入人心，恩吉曼举办了一场为开发项目取名的公开竞赛。中标的项目是"布莱顿海滩"，取自英国南部那个著名的海滨度假小镇。

1897 年恩吉曼去世时，游人已经络绎不绝。不过，他们的来路有些出乎已经逝去的开发者的意料。恩吉曼计划使布莱顿海滩的环境比它的竞争对手即康尼岛更具家庭友好性，从而把它打造成一个娱乐场地，在向纽约的中产阶级开放的同时，把那些给布鲁克林海滨其他地方带去卑污名声的乌合之众排除在外。在恩吉曼看来，此举相当于把犹太人及其他不受欢迎的人非正式地挡在门外。但在之后的世纪里，每当这个社区出现下滑的危险，即房价开始下跌、人口有所减少时，总有一波犹太移民及时挽救它。

早在新旧世纪之交，来自纽约下东区的犹太人就搬出位于德兰西大街逼仄的住房，陆续来到布莱顿海滩。在这个社区的三条主路两旁，先后出现了一栋栋公寓楼和小平房，它们规模不大，但通风良好，彼此相接，一共形成了 15 个街区，街区成为社区的外部边界。1903~1905 年，随着俄罗斯帝国发生屠杀事件，尤其是随着人们先后逃离敖德萨和乌克兰边境地区，更大规模的犹太移民潮接踵而至。到 1918 年时，显得有些陈旧并安排过一些名声最响的歌舞表演者在此演出的布莱顿海滩音乐厅，已经专门演出意第绪语戏剧，从而成为美国第一家夏季意第绪语剧场。有名的敖德萨演员雅各布·阿德勒就在这里表演节目，同样在此参加演出的还有悲剧女演员詹妮·戈德斯泰因（Jennie Goldstein）和男主演戴维·凯斯勒（David Kessler），不计其数的其他表演者，如曾在旧音乐厅登台演出的二十人犹太女子合唱队，作曲家和被誉为"意第绪语舞台上的欧文·伯林"（Irving Berlin）的乐池指挥约瑟夫·拉姆辛斯基（Joseph Rumshinsky）。[1]

更多的犹太移民浪潮接踵而至：其中一次出现在大规模屠杀犹太人事件之后，来到这里的幸存者把布莱顿海滩当作全体欧洲犹太人的避难所和大熔炉；另一次发生在苏联解体之后，来自俄罗斯、乌克兰、格鲁吉亚和其他独联体国家的犹太和非犹太移民小规模地重塑了被他们抛在身后的某些社会要素。各条主干道和连接道上的意第绪语标识换成了俄语标识。很快，纽约的警察主动走进当地的基督教青年会，开始学习俄语课程。[2]

据估计，布莱顿海滩近 3/4 的新移民来自乌克兰，其中以敖德萨等其他黑海沿岸城市为主。[3] 早在 20 世纪 70 年代晚期，就有新闻记者把这里称作"小敖德萨"，而且地如其名，云集于此的知识分子往往带着复杂的感情回顾自己的家乡。尼尔·西蒙的剧作《布莱顿海滩回忆录》(*Brighton Beach Memoirs*) 是恩吉曼生前所建社区最有名的成果之一，但当地的亚伯拉罕 - 林肯高中也培养出其他文化创造者——无论雅俗，既有亚瑟·米勒 (Arthur Miller) 和约瑟夫·海勒 (Joseph Heller)，也有梅尔·布鲁克斯 (Mel Brooks) 和尼尔·戴蒙德 (Neil Diamond) 等。"他们把犹太人从敖德萨赶到我们这里，"据报道，小提琴家艾萨克·斯特恩 (Isaac Stern) 在谈及移民和与苏联人之间的文化交流时说，"而我们也把来自敖德萨的犹太人送了回去"。这些人是在美国接受训练的音乐家、作家和艺术家，与敖德萨的根脉十分遥远（甚至全凭臆想）。[4]

成就与怪异成为布莱顿海滩的特色，一如它们原本也是敖德萨的特色。20 世纪初期，每到夏季，就有成群结队的人乘坐刚刚延长的铁路线上的列车来到这片海滩，看到的却是泥泞和灰尘，以及尚未铺砌的街道，但仍有很多人穿过布鲁克林，来到这里吹海风、看演出。住在海滨的福音传道者辟出店面，向来到海滩的人提供援助。《布鲁克林鹰报》在 1916 年夏末郑重其事地报道，一共有 379 人承认基督教，另有 762352 人在过去四年间聆听过福音布道，而这都是"小喇叭吹奏者"马里恩·布希内尔（Marion Bushnell）小姐率团队开展露天劝诱改宗活动的结果。[5]（较低的回头率似乎并没有让布希内尔小姐和她的伙伴们灰心丧气。）即便社区发展经历了高潮和低谷期：20世纪20年代，意第绪语文化欣欣向荣；世纪中叶，人口增长；60~70年代，城市出现萧条，人口外迁；苏联实行改革期间及其之后若干年间，俄语大举入侵——但它那混杂多彩的街头生活仍然保持不变。80年代，即便在布莱顿海滩大道闲逛的怪异之人和表演者——有些当地人称他们为"疯狂的异教徒"，据说至少会讲几句意第绪语。

现在，布莱顿海滩与敖德萨的相似性远远超出营销者的想象。这里依然充满响亮的声音和太多的食物，在春寒料峭的1月

1994年，纽约布鲁克林布莱顿海滩社区即"小敖德萨"高出地面的列车轨道下方的街头行人。斯蒂芬·费里/联络员/Getty Images供图

顶着薄雾沿着空旷的木板道闲逛的人，和 7 月傍晚成群结队前往海滩的人一样，都是城市生活的一部分。和德里巴索夫斯卡亚大街一样，这里的大街上也飘荡着俄式馅饼、饺子、数十种肉食、和面食以及有根蔬菜的味道。不过，这个地方同样介于现实与回忆之间。它主要是一个退休社区，至少在淡季，这里可能聚集了最多的步行辅助器和滑板式轮椅，仅次于佛罗里达州。早已度过黄金岁月的古老海滨小镇总有一段时间处于暮光之中，但在这条时而拥挤、时而空闲的木板道上，在穿过海风的康尼岛灯光的映照下，"小敖德萨"居民的影子显得异常清晰。

就很多方面而言，现在的敖德萨也是一座暮光之城，惴惴不安地坐落在新的国家之内，同时更加怡然自得地售卖自己遥远的过去，而非展示未来的城市面貌。不过，在过去 200 年间，敖德萨努力形成了与惴惴不安相互交织的地方文化——那是一种生活方式，能让它始终牢记教训，去应对夹心状态产生的创造性和破坏性力量。黎塞留和沃龙佐夫把敖德萨当作空白的调色板，用以实现他们在现代化和文化方面的启蒙。普希金嗅到的是异域芳香。亚博廷斯基和巴别尔一心想的是既躲开源头，又对它重新塑形。阿列克西阿努之流想方设法要连根抹去它的景观，在拥有一座满意之城的同时，轻而易举地驱逐众多碰巧生活在这里的人。马克·伯恩斯、莱昂尼德·乌特索夫与不计其数的无名滑稽演员和音乐家赋予怀旧情绪以艺术形式。边疆地区一次次地被重新塑形，恪守的是想要对它施以控制的那些人的理想，有的值得称许，有的糟糕透顶。不过，这些地方对精心制订的再造计划一直强烈抗拒。

敖德萨现在面临另一场变革。1991 年，乌克兰独立，敖德萨成为这个新兴国家最重要的客运港口。城市的管理者比以往的时代更加可亲。就诸多方面而言，他们张开双臂接纳这座城市五花八门的过往，而不是着力一洗了之。他们与苏联时期的前任一样，发现怀旧可以卖钱。不过，古老的冲动依然存在。即便在这座典型的混居城市，学校的教科书也会以直线加端点的形式讲述故事，说乌克兰人自古以来就是特征分明的民族，一直受到俄罗斯人和苏联人的压制，并在 20 世纪即将结束的时候，才以独立国家的形式得以光荣再现。

一如往常，敖德萨表现出抗拒。说俄语的人仍然使用自己的语言，而不去学习官方语言乌克兰语。博物馆仍然态度坚决地呈现自己对过去的认识，这与首都更多展现胜利性和民族性的版本大相径庭。当基辅的民众在 2004 年抗议示威，反对贪腐政客和舞弊选举——这一针对政府的和平变革现在被称作"橙色革命"（得名于抗议者穿戴的彩色围巾和 T 恤衫）时，敖德萨人依然出奇地平静。那并不是他们不支持抗议者——尽管很多敖德萨人心存疑虑，只是他们对发生在基辅的事情根本没有过多关注。

不过，敖德萨人依然经常以世界主义的种种挑战作为代价，追求简单十足的怀旧感。他们仍然投入相当多的精力重塑自己的过去，一如它们曾经在这片滨海大草原上以白手起家的方式建起一座大城市。对把本地历史、假想的故事和长久以来的好古癖融为一体的做法——这种行为在俄语里被称为 *kraevedeniye*，市民们表现出一种天生的亲和，甚至显得有些痴迷。

在以小印数出版历史指南、笑话集，以及与某些街道、建筑物、社区、家庭、商号、著名来访者和非著名历史人物相关的回忆录方面，没有哪座城市可以与之匹敌。夏季的周末，在德里巴索夫斯卡亚大街上，在经过复建并重新命名为斯帕索 - 普列奥布拉任斯基大教堂旁边一些肮脏的公园里，你都能看到当地的诗人正在兜售有关这座城市的自出版赞美诗集子，小贩（Kraeveds）拍打着他们刚收到的论文集，有的以 19 世纪的谷物产量为题，也有的讲述城市的第一套雨水收集系统，也有书商摆出多本想象中的"敖德萨语"词典，不过这是俄语加上乌克兰语词汇、意第绪语声调和一些帮派黑话。奥普迪蒙（Optimum）的出版社做得风生水起，重新出版了几十种已经绝版的作品，如德里巴斯的同事兼建筑师弗朗茨·德·沃兰德的回忆录、自 1894 年以来的历书，以及通俗类参考书《100 位了不起的敖德萨人》——它收录了各种各样的人，既有瓦西里·康定斯基（Wassily Kandinsky）和小提琴演奏家大卫·奥伊斯特拉赫（David Oistriakh）（这两人都在此度过童年），也有普希金、叶卡捷琳娜大帝和英国间谍西德尼·莱利（Sidney Reilly）。

敖德萨老拿著名人物说事儿，活像一位充满热情的营地顾问，既能一口气列举出犹太裔电影明星，也能对来自克利夫兰的著名运动员。凭着足够的研究和想象，很多天才人物都找到了与敖德萨的某种关联。不过，在过去的二十年间，这种情况也变成了回忆游戏，其结果不但显得滑稽，而且令人感到不安。

从逻辑上说，只要深挖这座城市的历史，敖德萨的真实源头就会自我显露出来。2005 年，沃龙佐夫一家人的骸骨被从位于郊区的墓地——伯爵和伯爵夫人被苏联人降格埋葬在这里——取出，在市内经过庄严的游行之后，被重新安放在斯帕索 - 普列奥布拉任斯基大教堂。三年后，当地的考古学家在离港口不远的普里莫尔斯基林荫道上开放了一家永久性陈列馆。玻璃罩下的物品包括一段残存的石墙、一只船锚、一块牛的腭骨、几块散放的陶片和几只破碎的双耳细颈酒罐，以及一块犬类头盖骨。根据随附的乌克兰语和英语说明文字，陈列物皆为古文化遗迹，其繁荣时期为公元前 5 世纪至前 3 世纪——也许是希腊人或罗马人，也可能是希腊－斯基泰人，甚至有可能是原始的哥萨克人。全凭参观者自行判断。但是，这完全是凭空捏造：那根本不是真实的露天发掘，不过是用模型摆拍的一个考古场景——通过这种臆想和凝固的场景，有意识地把现实的城市与真实却无关俄罗斯人的过去关联起来。不管多么富有想象力，有根有源仍旧会与敖德萨因之而兴也因之而灭的无根无源的世界大同主义呈抗衡之势。

从人口的角度来说，自 20 世纪 70 年代后期以来，敖德萨以乌克兰人为主。1970 年的人口普查显示，绝大多数人口为乌克兰人，占敖德萨地区总人口的比重为 49.97%。不过，最近这一事实已经无法说明这座城市的文化意义。甚至就在第二次世界大战之后，这座城市也让苏联的人口学家和社会工程师感到迷惑。到 1959 年，它已经成为乌克兰境内语言最复杂的地区。更多的人觉得自己的母语不同于本国其他地区自报的民族群体所使用的语言。在这座城市里，多数犹太人，以及超过一半的乌克兰人把俄语当作日常语言；近 1/3 的摩尔多瓦人使用乌克兰语；少数人群体，如保加利亚人、白俄罗斯人等在相互交往的过程中使用俄语、乌克兰语，或者纯粹使用其他语言。[6] 苏联体制的信仰基础是现代化必将使各民族之间的界限逐渐变得无足轻重。但在敖德萨，上述界限已经变得难以辨认，成为各民族、语言乃至宗教以种种无法预知的方式融合与交织的标志物。

犹太人的数量一直很少。1989 年，也就是苏联进行最后一次人口统计时，全敖德萨地区仅有不到 7 万名犹太人，多数居住在敖德萨市区。共产党失去执政地位后，随着犹太人以及其他邻居民族实现自由迁出，他们占总人口的比重——当时已经低于

4%——开始呈下降趋势。现在，没有人能够确切地知道这座拥有120万人口的城市中作为少数族群的犹太人的人数；有人估计为 3.6 万人，不过这一数字可能过高，因为根据乌克兰最后一次也就是 2001 年的人口统计数据，整个敖德萨地区仅有约 1.3 万名犹太人。[7]同时，格拉夫纳亚（Glavnaya）犹太大教堂在一定程度上恢复了旧时的辉煌，其宽大的地下室开了一家犹太美食餐馆。尚有足够的犹太遗存——或大众记忆——供旅行社开展所谓的"犹太敖德萨"之旅，包括把这座超级现代的犹太人居住中心当作一处逗留之地。

乌克兰人——至少是那些在人口统计中声称自己具有这一民族标签的人——现在占了绝大多数，在总人口中的比例已经接近2/3。不过，由于作为少数族裔的俄罗斯人数量不少，且几乎一致同意将俄语确定为这座城市的通用语，各政治派别在过去 20 年间针对纪念碑领域的公共记忆发生过争斗。在距离敖德萨石阶一个街区的地方，市政府拆除了苏联时期纪念"波将金号"起义的一座石碑。在这个地方重新竖起的，是这座城市的缔造者即叶卡捷琳娜二世的雕像，它曾被布尔什维克拆除，并代之以卡尔·马克思的一尊巨幅半身雕像。叶卡捷琳娜大帝的左手现在不仅指向港口，而且也指向北方的俄罗斯，众多敖德萨人——不管具有怎样的民族渊源——仍旧把那里当作自己的文化和精神家园。不出所料，示威活动——既有支持，也有反对——与揭幕过程相伴进行。

在别处，乌克兰人同样发起殿后（rear-guard）行动。有人为乌克兰民族主义的标志性人物，与这座城市并没有实质性关联的诗人伊万·弗兰科（Ivan Franko）竖起了雕像，也有人为 18 世纪的哥萨克首领且同样被视作原型的乌克兰英雄安东·霍洛瓦蒂（Anton Holovati）建起了纪念馆。德里巴索夫斯卡亚大街的上方装上了仿古的街道路牌，宣布该街道——至少经由官方——改名为德里巴斯夫斯克（Derybasivs'k）。这样的乌克兰语版本连敖德萨人都很少听人说起过。自苏联解体以来，据报道，市政府已经拆除了 148 座公共纪念碑（其中 101 座为列宁纪念碑），要么采用俄罗斯帝国时期的旧名——通常采用乌克兰语的拼写方式，要么另起他名，重新命名了 179 条街道。[8] "我是敖德萨人！"这一口号反复出现在旅游手册和当地的旅行指南中。但在为了族群、身份和记忆等问题而展开内部争斗的过程中，这座城市仍然在艰难地领会使其比自身更具合理性的根本神话。

最终，敖德萨的过去——得以诚实看待和正确理解——可被其新旧统治者，即乌克兰和俄罗斯当作一笔资产。对乌克兰来说，在这个年轻的国家寻求成为欧盟成员国并谋求从地理、文化和政治方面完全被承认为欧洲国家的道路上，敖德萨可以成为它的一个优势。在 19 世纪相当长的时期里，欧洲是全世界围绕土地、权力和民族问题而发生的一系列冲突的中心战场。现在，欧洲在面对刚刚出现的现实状况时，提出了各宗教和各民族群体携手共存的理想，以共同应对战争、匮乏、民族主义和遭遇失败的帝国梦想，尽管它们曾经相互憎恨和随意指责。欧洲人现在把自己想象得充满人道精神、宽宏大量和信奉大同主义，正是因为他们的祖辈在 19 世纪花了很长时间去完善那些与自己相反的价值观。如果乌克兰人能让自己下定决心，以同样的方式——在勇敢审视第二次世界大战的种种惨状的同时，着力复兴相对古老的共同生活智慧——看待自己的过去，那么把敖德萨视作它通往欧洲的道路的古老观点可能仍然具有生命力。

对俄罗斯而言，敖德萨提供了一种发展模式，它珍视怪异与不寻常，敢于自嘲，敢于对书写国家伟大精神的宏大叙事提出质疑——一如自己的前身苏联，俄罗斯似乎已经丢弃了这样的价值观。在共产党执政的时代，它不再像俄罗斯帝国那样，把敖德萨作为前哨。它成为一座古雅的区域性城市，它之前在帝国历史上作为全球性港口的身份不复存在。但是，俄罗斯也失去了最好的指望，无法用多民族、谦逊和稳定的自我性等词语来自我定义。对一个正在重新发现自己所具有的地区乃至全球影响力——目的是表明自己是石油和天然气生产者，是海军强国，且可以成为另一极而向西方展示"肌肉"——的国家来说，敖德萨具有一定的提示意义，旧港口的衰落意味着俄罗斯某种立国方式的衰落。

日常冲突能激发真正的天才，偶发的动乱会破坏家庭，导致族群的分裂，很多城市在这二者之间薄如蝉翼的分界线上维持平衡。尤其在东欧地区，也有很多城市积极改写自己的过去，试图掩盖城市文明的基本契约因为文化差异的重压而沦为牺牲品的过往。雅典曾经居住有大量穆斯林，塞萨洛尼基（Thessaloniki）入住过众多犹太人，第比利斯曾经是亚美尼亚的中心城市，它们现在最多不过是一些历史注脚，博物馆对此轻描淡写，在大众记忆里已被连根拔除。敖德萨具有同样的纯化冲动，尽管它以反叛精神和多元文化著称。第二次世界大战后，这座曾经代表一百多种不同生活方式——要么具有犹太教性质，要么具有基督教性质，要么二者全无——的城市，抛弃了生活方式多样化这一负累，换来了充满回忆和怀旧的简单特性。

需要通过专门努力——而不是简单回望——才能纪念人类成就屈服于自我毁灭冲动的时代。今天，你在拜访敖德萨的时候会感知到这个地方在 20 世纪中期已经熟练地掌握了自我吞噬的本领——虽然受累于自己过去的某些方面，但对别的方面却显得痛苦而无知。然而，不管一个人说话带口音，嗓门过大，还是莫名其妙地就成了你的邻居，他都能被热情接纳，这样的特性依然存在于敖德萨的街头，它甚至存在于后苏联时期的低俗艺术品、乌克兰对民族神话的专注以及俄罗斯对自己久远的帝国使命的重新迷恋之中。既注意黑暗时期又关注黄金岁月的敖德萨人可能会再次想出办法，从帝国的废墟之中形成接地气的爱国精神。毕竟，无论子辈或孙辈的乌克兰人、俄罗斯人，还是在第二次世界大战后扎根于这座城市的其他人——与来自土耳其、高加索、中东和东亚的新移民一道，现在都有机会构建自己不同于但复杂程度不亚于过去两个世纪的"敖德萨妈妈"的愿景。一如巴黎人、柏林人、威尼斯人和纽约人，他们甚至有可能让自己相信历代的敖德萨人都很难了解的某些东西：若能实现和睦与混乱的恰当结合，每座城市都真有可能成为最高等级的家园。

公元前 5 世纪	希罗多德记述生活在黑海沿岸地区的希腊人和斯基泰人
约 1250~1350 年	意大利人在黑海沿岸地区建立的商业殖民地进入鼎盛期
1415 年	文献中首次出现卡吉贝伊村
1453 年	君士坦丁堡落入奥斯曼人之手
约 1550~1650 年	哥萨克人对奥斯曼人展开海上袭击
1762~1796 年	叶卡捷琳娜二世在位
1768~1774 年	俄土战争
1787 年	叶卡捷琳娜二世在格里戈里·波将金的安排下隆重巡游克里米亚
1787~1792 年	俄土战争
1789 年 9 月	卡吉贝伊村落入何塞·德里巴斯率领的俄罗斯帝国军队之手
1794 年	卡吉贝伊村更名为"敖德萨"
1803 年	黎塞留被任命为敖德萨的市政官
1812~1813 年	鼠疫大暴发
1823 年	沃龙佐夫担任新俄罗斯总督
1823~1824 年	普希金住在敖德萨
1828~1829 年	俄土战争
1830~1840	犹太人开始大规模迁入敖德萨
1841 年	建成著名的户外石阶工程,现称作"波将金石阶"

1853~1856 年	克里米亚战争
1861 年	俄国废除农奴制
1871 年	反犹屠杀
1881 年	反犹屠杀
1887 年	新建成的剧院投入使用
1897 年	（据俄罗斯帝国人口普查）犹太人占敖德萨总人口的比重达到 34%
1905 年	暴乱及反犹屠杀；"波将金号"起义
1914~1918 年	第一次世界大战
1917 年 2 月	俄国二月革命
1917 年 10 月	俄国十月革命
1918~1920 年	苏俄内战；敖德萨名义上先后受到法国、乌克兰、白俄和布尔什维克军队的控制
1921 年	伊萨克·巴别尔发表《敖德萨故事》中的第一篇短篇小说
1922 年	苏维埃社会主义共和国联盟成立
1925 年	爱森斯坦拍摄《战舰"波将金号"》
1926 年	（据苏联人口普查）犹太人占敖德萨总人口的比重达到 36%
1935 年	弗拉基米尔·亚博廷斯基创作《五兄妹》
1939~1945 年	第二次世界大战
1940 年	巴别尔被处决；亚博廷斯基去世
1941 年 10 月～1944 年 4 月	轴心国占领敖德萨

1942 年 1 月　　　　罗马尼亚军队对犹太人聚居区实行清场
　　　　　　　　　　行动

1943 年　　　　　　马克·伯恩斯担纲《两个战士》的主演

1953 年　　　　　　约瑟夫·斯大林去世

1989 年　　　　　　（据苏联人口普查）犹太人占敖德萨总人
　　　　　　　　　　口的比重低于 4%、乌克兰人占 51%、俄
　　　　　　　　　　罗斯人占 36%

1991 年　　　　　　乌克兰宣布独立于苏维埃社会主义共和国
　　　　　　　　　　联盟

/ 致　谢

　　我曾经坐着小轿车、飞机、火车和轮船到过敖德萨，每一次旅行中，我都会感受到它的活力和热情——这座城市因此而声名远播。我要感谢敖德萨地区州立档案馆（尤其是副馆长莉莉娅·别洛索娃）和高尔基州立科学图书馆（尤其是"敖德萨"部）愿意与我分享它们的宝贵资料。沃罗基米尔·杜波维克抽出大量时间，领着我遍访他的家乡。由科伯基金会安排，并在米哈伊尔·托尔斯泰伯爵旧公馆迷人的园子里与理查德·冯·魏茨泽克共进的会议晚餐第一次激起我对"古老的"敖德萨具有的魅力和恐怖展开思考。

　　令我的作品富有创造性和增色的，还有其他多家档案馆和图书馆及其员工。它们包括国会图书馆、美国大屠杀纪念博物馆下辖的档案馆和图书馆、美国国家档案局、乔治敦大学劳因格图书馆（尤其是其馆际互借和图书馆联盟服务）、哥伦比亚大学珍本手稿图书馆、布鲁克林公立图书馆、纽约犹太历史中心（尤其是它的伊沃档案馆）、英国国家档案馆、罗马尼亚国家档案馆、耶路撒冷的亚德·瓦舍姆档案馆，以及特拉维夫的亚博廷斯基研究所。

　　在敖德萨，马丽娜·沃罗特纽克在收集影像资料和填补档案资料空白方面提供了宝贵援助。我在美国的研究助手安德鲁·罗巴茨和昆特·西蒙既有胆识，也有信息来源，他们两人是一对优秀人才的理想组合。安德鲁为完成自己的学位论文，亲自到访敖德萨，为我的最后一次拜访铺平了道路。昆特关于布莱顿海滩起源的优秀论文引发我对怀旧情绪的再生产问题展开思考。

　　帕特里夏·赫利希理应受到敖德萨每一位历史学者的尊重。

她差不多阅读过关于这座城市的每一本书——包括本书的全部手稿，而她自己写作的《敖德萨历史（1794~1914年）》也是一部重要著作。对涉足这一领域的人而言，这本书是暖心的智慧之源。我也要感谢美国"敖德萨学家"协会的其他成员，尤其是塔尼亚·理查森、罗莎娜·西尔维斯特、贾罗德·塔尼和斯蒂文·J.泽波斯坦，因为他们的研究成果对我的思考具有点拨作用（我在注释中进行了标注）。

其他朋友和同事阅读了本书的全部或部分，并提供了慷慨且宝贵的批评意见。他们是哈利·巴尔泽、霍利·凯斯、彼得·邓克利、约翰·格莱德希尔、塞恩·古斯塔夫森、约翰·麦克尼尔、弗拉基米尔·索罗纳瑞以及已经去世的理查德·斯泰茨。（理查德在赫尔辛基去世一个星期之后，我收到一个包裹，里面是一部完整的手稿，他那深刻而幽默的点评意见赫然在目。我对寄件人娜塔莉·巴施马科夫的感激难以言表。）埃里克·罗尔和凯瑟琳·艾福图霍夫在华盛顿组织过俄罗斯历史工作坊，参会者对两个章节的手稿提出过重要的评论意见。在由多米尼克·阿里尔召集的2010年世界民族研究会年会上，我宣读了这两个章节。我感谢与我有过助益性谈话并提出助益性意见的下列人士：托马索·阿斯塔丽塔、雅克·伯林纳布劳、比尼奥·比乃夫、杰弗里·博尔兹、丹尼尔·拜曼、阿德里安·西奥弗兰卡、多林·多布林库、安东·费德亚辛、尤金·费舍尔、史蒂夫·哈里斯、布鲁斯·霍夫曼、拉杜·伊奥尼德、安妮塔·孔多扬尼迪、贾利德·麦克布莱德、迈克尔·奥伦、布莱尔·卢布、汉纳·谢赖斯特、道格·史密斯、埃里克·斯坦哈特、汤姆·德瓦尔、拉里·沃尔夫和苏菲安·泽姆科夫。

在我出入敖德萨期间，劳伦斯·塔尔和艾米·塔尔夫妇、迈克尔·舒曼和苏珊·兰德维尔夫妇，以及（由托尼·格林伍德任所长的）土耳其美国研究所提供了亲切的招待服务。过去十五年间，乔治敦大学的外事服务处、欧亚－俄罗斯－东欧研究中心（CERES）和政府学院一直是我温暖的家。我要感谢向我提供支持的四位上司：罗伯特·加卢奇、卡罗尔·兰卡斯特、安吉拉·斯腾特和乔治·香博。我尤其要感谢詹妮弗·朗恩，是她把CERES管理得井井有条。我爱戴的麦吉·帕克松与本项目的众多其他参与者发现，尽管前后相差半个世纪，但弗拉基米尔·亚博廷斯基和巴哈欧拉好像是被关在阿卡监狱的同一间牢房。

我在利平科特－马西－麦克奎尔金公司的代理人威廉·利平科特是个聪颖而具有鼓动性的项目培养师。我在W.W.诺顿出版公司的编辑阿莱恩·萨利尔诺·梅森从一开始就对这个项目十分感兴趣，随着书稿的章节陆续摆上她的办公桌，她不断提出极具建设性的审读意见。她用铅笔做出的修改，让我的故事变得更加精彩，让我的文字变得更加犀利。丹尼斯·斯卡菲对本书的所有出版环节予以密切关注。在编辑阶段，玛丽·N.巴布科克的一双慧眼让我受益匪浅。已经与我在多个项目上有过合作的克里斯·罗宾逊绘制了漂亮的地图。

我将本书献给我母亲一方的亲人，尤其是我那几位热心肠的舅舅，因为他们信奉门诺派的曾祖父母对敖德萨的邪恶魅力确实有所了解。

缩写词

CUR	Columbia University Rare Book and Manuscript Library, New York
DCFRJ	Ancel, ed., *Documents concerning the Fate of Romanian Jewry during the Holocaust*
GAOO	State Archive of the Odessa Region, Odessa
JIA	Jabotinsky Institute Archives, Tel Aviv
JPJ	John Paul Jones Papers, Library of Congress, Washington, DC
NARA	National Archives and Records Administration, College Park, MD
NAUK	National Archives of the United Kingdom, Kew, London
PPSS	Pushkin, *Polnoe sobranie sochinenii*
SIRIO	*Sbornik Imperatorskago russkago istoricheskago obshchestva*
TGE	Theodore Gordon Ellyson Papers, Naval Historical Foundation Collection, Library of Congress, Washington, DC
USHMM	United States Holocaust Memorial Museum Archives, Washington, DC
YVA	Yad Vashem Archives, Jerusalem

引用敖德萨地区州立档案馆里的档案文件时使用的是标准俄语档案名称:
f. (*fond*), op. (*opis'*), d. (*delo*), l/ll. (*list/listy*).

1. Twain, *Innocents Abroad* in *Complete Travel Books of Mark Twain*, 1: 256.
2. Jabotinsky, "Memoirs by My Typewriter," in Dawidowicz, ed., *Golden Tradition*, 399.

第一章　凶险的海滨

1. Kohl, *Russia*, 417. See also Koch, *Crimea and Odessa*, 259.
2. Hommaire de Hell, *Travels in the Steppes of the Caspian Sea*, 2.
3. See Baschmakoff, *La synthèse des périples pontiques*; Boardman, *Greeks Overseas*; Nawotka, *Western Pontic Cities*; Tsetskhladze, ed., *North Pontic Archaeology*.
4. Herodotus, *Histories*, 232–33.
5. Pliny the Elder, *Natural History*, 10: 18.47–48.
6. Strabo, *Geography*, 7.3.7–9.
7. Ovid, "Tristia," in *Poems of Exile*, 3.13.28.
8. Pachymeres, *Relations historiques*, 5.30.
9. Polo, *Travels of Marco Polo*, 344.
10. Pegolotti, *La pratica della mercatura*, 24.
11. "The Journey of Friar John of Pian de Carpini to the Court of Kuyuk Khan, 1245–1247, as Narrated by Himself," in Komroff, ed., *Contemporaries of Marco Polo*, 8, 47–48.
12. Honcharuk, ed., *Istoriia Khadzhibeiia*, 5–8.
13. Beauplan, *Description of Ukraine*, 10–11.
14. Coxe, *Travels in Russia*, in Pinkerton, ed., *General Collection of the Best and Most Interesting Voyages*, 6: 889.

第二章　波将金与雇佣兵

1. Ligne, *Letters and Reflections*, 1: 46.
2. Montefiore, *Prince of Princes*, 65.
3. Ligne, *Letters and Reflections*, 1: 55.
4. Ségur, *Memoirs and Recollections*, 3: 8, 91–2; Ligne, *Letters and Reflections*, 1: 39; Coxe, *Travels in Russia*, in Pinkerton, ed., *General Collection of the Best and Most Interesting Voyages*, 6: 764.
5. Ligne, *Letters and Reflections*, 1: 66.
6. Ligne, *Letters and Reflections*, 1: 41. See also Dearborn, *Memoir of the Commerce*, 1: 117.
7. Ligne, *Letters and Reflections*, 1: 74.

8. Smith, ed. and trans., *Love and Conquest*, 262–63.

9. Aragon, *Le prince Charles de Nassau-Siegen*, 237.

10. Jones to de Ribas, Aug. 1, 1788, JPJ.

11. Astarita, *Between Salt Water and Holy Water*, 7, 319.

12. Sade, *Voyage d'Italie*, 1: 177.

13. Ségur, *Memoirs and Recollections*, 3: 19–20.

14. Jones to de Ribas, Aug. 1, 1788, JPJ.

15. Jones to Rileef, Apr. 2, 1789, JPJ.

16. Smith, ed. and trans., *Love and Conquest*, 297.

17. Honcharuk, ed., *Istoriia Khadzhibeiia*, 233–36. See also Skal'kovskii, *Pervoe tridtsatiletie*, 14–17. 有些资料称有 5 名俄国人死亡，32 人受伤，同时有 200 多名土耳其人死亡，但是这些数字的真实性让人怀疑。见 Skinner, "City Planning in Russia," 34。

18. Castelnau, *Essai sur l'histoire ancienne*, 3: 5–8.

19. Smith, ed. and trans., *Love and Conquest*, 360.

20. Byron, *Don Juan*, 8.120.

21. Honcharuk, ed., *Istoriia Khadzhibeiia*, 328–30.

22. Honcharuk, ed., *Istoriia Khadzhibeiia*, 339–40.

23. Honcharuk, ed., *Istoriia Khadzhibeiia*, 350; Herlihy, *Odessa*, 7. 很遗憾没有档案证明是叶卡捷琳娜亲自选出新城市的名字，但是她的干涉被早期的作者视为事实，例如 Stevens, *Account of Odessa*, 5; Vsevolozhskii, *ictionnaire géographique-historique*, 2: 35; and Lyall, *Travels in Russia*, 1: 161。

第三章　灯塔

1. Clarke, *Travels to Russia*, 502.

2. Stevens, *Account of Odessa*, 5.

3. Anthoine de Saint-Joseph, *Essai historique*, 62.

4. Sicard, *Pis'ma ob Odesse*, 47.

5. Bremner, *Excursions in the Interior of Russia*, 2: 507.

6. Richelieu, "Mémoire sur la Russie," *SIRIO* 54 (1886): 387.

7. Herlihy, *Odessa*, 20.

8. Castelnau, *Essai sur l'histoire ancienne*, 3: 26.

9. Lagarde, *Voyage de Moscou à Vienne*, 152.

10. Herlihy, *Odessa*, 36.

11. Stevens, *Account of Odessa*, 8–9.

12. Castelnau, *Essai sur l'histoire ancienne*, 3: 43.

268

13. My account of the plague of 1812–13 and its victims is based on Lagarde, *Voyage de Moscou à Vienne*, 167–99; Sicard, "Notice sur onze années de la vie du duc de Richelieu à Odessa pour servir à l'histoire de sa vie," *SIRIO* 54 (1886): 53–60; "Le duc de Richelieu à l'Empereur Alexandre," *SIRIO* 54 (1886): 367–68; and Morton, *Travels in Russia*, 312–30, who in turn based his work on that of a well-informed eyewitness, Gabriel de Castelnau.

14. *SIRIO* 54 (1886): vii.

15. Lagarde, *Voyage de Moscou à Vienne*, 167.

16. Morton, *Travels in Russia*, 319.

17. Morton, *Travels in Russia*, 326–28. Skal'kovskii, *Pervoe tridtsatiletie*, 认为有4038人感染，2632人死亡，但是他同意死亡率在10%左右。(p. 206)。mortality rate of around 10 percent (p. 206).

18. Morton, *Travels in Russia*, 326.

19. Stevens, *Account of Odessa*, 5.

20. Lagarde, *Voyage de Moscou à Vienne*, 155.

21. Kohl, *Russia*, 419.

22. Lagarde, *Voyage de Moscou à Vienne*, 153.

23. Herlihy, *Odessa*, 141; Skal'kovskii, *Pervoe tridtsatiletie*, 146.

24. "Le duc de Richelieu à M-r Sicard," *SIRIO* 54 (1886): 630.

第四章　总督与诗人

1. 这一描述是依据 Morton, *Travels in Russia*, 333–35。

2. Tolstoy, *Hadji Murat*, 41–42.

3. Quoted in Rhinelander, *Prince Michael Vorontsov*, 45–46. 感谢Rhinelander的著作，它帮助我重现沃龙佐夫的生活经历和职业生涯。

4. Pushkin to Wiegel, between Oct. 22 and Nov. 4, 1823, in *Letters of Alexander Pushkin*, trans. Shaw, 1: 139.

5. Pushkin to Lev Pushkin, Aug. 25, 1823, in *Letters of Alexander Pushkin*, trans. Shaw, 1: 136.

6. Morton, *Travels in Russia*, 202; Jesse, *Notes of a Half-Pay*, 1: 185.

7. Morton, *Travels in Russia*, 238.

8. Lyall, *Travels in Russia*, 1: 171.

9. Binyon, *Pushkin*, 158–60, quote to Wiegel on p. 158.

10. Vsevolozhskii, *Puteshestvie cherez iuzhnuiu Rossiiu*, 1: 94.

11. Morton, *Travels in Russia*, 355–58, describing two soirees in 1829.

12. Binyon, *Pushkin*, 162.

13. *PPSS*, 2: 420. For a brief description of the dacha, see Vsevolozhskii, *Puteshestvie cherez iuzhnuiu Rossiiu*, 1: 99.

14. Binyon, *Pushkin*, 173.

15. Quoted in Binyon, *Pushkin*, 175.

16. Bremner, *Excursions in the Interior of Russia*, 2: 500.

17. Spencer, *Travels in Circassia*, 2: 126.

18. Binyon, *Pushkin*, 176–77.

19. Pushkin to Vasilii Lvovich Davydov (?), first half of Mar. 1821, in *Letters of Alexander Pushkin*, trans. Shaw, 1: 79.

20. Moore, *Journey from London to Odessa*, 196.

21. Quoted in Binyon, *Pushkin*, 185.

22. Vorontsov, "Mémoires du prince M. Woronzow, 1819–1833," 78.

23. Morton, *Travels in Russia*, 368–85.

24. "Michele de Ribas to Prince Cassaro," Sept. 22, 1837, in de Ribas, *"Saggio sulla città di Odessa" e altri documenti*, 102.

25. Herlihy, *Odessa*, 144.

26. Hommaire de Hell, *Travels in the Steppes of the Caspian Sea*, 2.

27. Herlihy, *Odessa,* 140.

28. Innokentii, *Slovo pri pogrebenii*, 22.

第五章 "敖德萨没有民族色彩"

1. Zipperstein, *Jews of Odessa*, 35.

2. Herlihy, *Odessa*, 124; Reuilly, *Travels in the Crimea*, in *Collection of Modern and Contemporary Voyages*, 5: 82.

3. Frederick William Skinner, "Odessa and the Problem of Urban Modernization," in Hamm, ed., *City in Late Imperial Russia*, 214.

4. John Ralli to State, July 12, 1856, NARA, M459, Reel 1.

5. Hommaire de Hell, *Travels in the Steppes of the Caspian Sea*, 13.

6. Mendele Moykher-Sforim, *Selected Works*, 298.

7. Vsevolozhskii, *Puteshestvie cherez iuzhnuiu Rossiiu*, 1: 92.

8. La Fite de Pellepore, *La Russie historique*, 2: 299.

9. Polishchuk, *Evrei Odessy i Novorossii*, 22.

10. Tarnopol, *Notices historiques*, 65.

11. Zipperstein, *Jews of Odessa*, 56–64. Zipperstein 的开创性著作帮助我理解犹太启蒙和 "马斯基尔" 在敖德萨城市历史中的角色。

12. Jesse, *Notes of a Half-Pay*, 1: 225.

13. Hagemeister, *Report on the Commerce of the Ports of New Russia*, 74.

14. Tarnopol, *Notices historiques*, 74.

15. Guthrie, *Tour, Performed in the Years 1795–6*, 6.

16. Herlihy, *Odessa*, 124.

17. Guthrie, *Through Russia*, 1: 284.

18. Hommaire de Hell, *Travels in the Steppes of the Caspian Sea*, 7; Wikoff, *Reminiscences of an Idler*, 231; Koch, *Crimea and Odessa*, 256; Oliphant, *Russian Shores of the Black Sea*, 234; Olenin, *Vek*, 9; Stephens, *Incidents of Travel*, 56.

19. Jesse, *Notes of a Half-Pay*, 1: 211.

20. Spencer, *Turkey, Russia, the Black Sea, and Circassia*, 242.

21. "Le duc de Richelieu à M-r Sicard," *SIRIO* 54 (1886): 537.

22. Puryear, "Odessa: Its Rise and International Importance, 1815–50," 195–96.

23. Harvey, "Development of Russian Commerce," 101.

24. John Ralli to State, Apr. 1, 1845, Jan. 1, 1848, and Jan. 1. 1849, NARA, M459, Roll 1.

25. Puryear, "Odessa: Its Rise and International Importance, 1815–50," 206–7; John Ralli to State, Jan. 1, 1849, NARA, M459, Roll 1.

26. Harvey, "Development of Russian Commerce," 104.

27. Jesse, *Notes of a Half-Pay*, 1: 177.

28. Gadsby, *Trip to Sebastopol*, 37.

29. Brooks, *Russians of the South*, 21.

30. Jesse, *Notes of a Half-Pay*, 1: 204.

31. Vsevolozhskii, *Puteshestvie cherez iuzhnuiu Rossiiu*, 1: 100.

32. Smol'ianinov, *Istoriia Odessy*, 101.

33. Herlihy, "Odessa: Staple Trade," 189–91.

34. Vorontsov, "Mémoires du prince M. Woronzow, 1819–1833," 101.

35. Castelnau, *Essai sur l'histoire ancienne*, 3: 36.

36. Lyall, *Travels in Russia*, 1: 169.

37. Herlihy, *Odessa*, 237.

38. Anderson, *Naval Wars*, 577–80.

39. John Ralli to State, Mar. 1, 1854, and Apr. 1, 1854, NARA, M459, Roll 1.

40. John Ralli to State, Oct. 18, 1855, NARA, M459, Roll 1.

41. Gadsby, *Trip to Sebastopol*, 61; Cunynghame, *Travels in the Eastern Caucasus*, 87. 今天在普里莫尔斯基大道上的普希金雕像附近可以见在 "老虎号" 战舰上的一座大炮，同时黎塞留雕像的基座里面有一枚据说是在联军轰炸时射出的炮弹。

42. John Ralli to State, Apr. 4 and 7, 1856, NARA, M459, Roll 1.

43. Gadsby, *Trip to Sebastopol*, 61.

44. Harvey, "Development of Russian Commerce," 147.

45. Harvey, "Development of Russian Commerce," 185.

46. I am grateful to Patricia Herlihy, whose research published in her *Odessa* and elsewhere established Odessa's relative economic decline after the Crimean War.

47. Stephen Ralli to State, Dec. 28, 1859/Jan. 9, 1860, NARA, M459, Roll 2.

48. Fal'kner, *Samoubiistva v Odesse*, 8–10, 16, 22.

49. Shuvalov, *"Predany vechnomu zabven'iu,"* 7–10.

50. Kohl, *Russia*, 419.

第六章　阴谋与阴影

1. Trotsky, *My Life*, 48.

2. Trotsky, *My Life*, 58, 95.

3. Trotsky, *My Life*, 72.

4. See Adler, *Life on the Stage*.

5. Castelnau, *Essai sur l'histoire ancienne*, 3: 28.

6. Langeron, "Soobrazheniia gr. Lanzherona o neobkhodimosti obshirnyia prostranstva generalgubernatorstv: Pis'mo grafa Lanzherona k imperatoru Nikolaiu I," *Russkaia starina* (Jan.–March 1904), 228, quoted in Tanny, "City of Rogues and Schnorrers," 122.

7. Skinner, "Odessa and the Problem of Urban Modernization," in Hamm, ed., *City in Late Imperial Russia*, 209.

8. Hommaire de Hell, *Travels in the Steppes of the Caspian Sea*, 6.

9. Mendele Moykher-Sforim, "Fishke the Lame," in *Selected Works of Mendele Moykher-Sforim*, 292.

10. Jesse, *Notes of a Half-Pay*, 1: 208.

11. Cunynghame, *Travels in the Eastern Caucasus*, 86.

12. Hommaire de Hell, *Travels in the Steppes of the Caspian Sea*, 6; Scott, *Baltic*, 336; Stephens, *Incidents of Travel*, 56.

13. Heenan to State, May 7, Sept. 2, and Nov. 16, 1896, NARA, M459, Roll 6. 在他的信件中，这位领事所用的"服装"一词可能只是指"西装"，但隐含的意思是"旋风"需要一身特制的能够继续其表演专长的衣服。

14. Skinner, "Odessa and the Problem of Urban Modernization," in Hamm, ed., *City in Late Imperial Russia*, 212.

15. Skinner, "Odessa and the Problem of Urban Modernization," in Hamm, ed., *City in Late Imperial Russia*, 211.

16. *Odesskii listok*, Aug. 18 (31), 1899.

17. *Odesskii listok*, Aug. 28 (Sept. 9), 1899.

18. Sylvester, *Tales of Old Odessa*, 55.

19. *Odesskii listok*, June 25 (July 7), 1895.

20. See Sylvester, *Tales of Old Odessa*, chaps. 4–5. Sylvester 关于中产阶级价值观与重大犯罪之间的关系的研究对我帮助很大。

21. *Odesskii listok*, Sept. 26 (Oct. 8), 1894.

22. *Odesskii listok*, Oct. 7 (19), 1894.

23. Jabotinsky, "Memoirs by My Typewriter," in Dawidowicz, ed., *Golden Tradition*, 398.

24. Kokhanskii, *Odessa za 100 let*, 41–46.

25. Babel, "The End of the Almshouse," in *Complete Works of Isaac Babel*, 179.

26. Pallas, *Travels through the Southern Provinces*, 1: 489.

27. Stephens, *Incidents of Travel*, 53–55; Oliphant, *Russian Shores of the Black Sea*, 230; Hommaire de Hell, *Travels in the Steppes of the Caspian Sea*, 3–5; and Slade, *Records of Travels*, 1: 252.

28. Hommaire de Hell, *Travels in the Steppes of the Caspian Sea*, 5.

29. Gadsby, *Trip to Sebastopol*, 26.

30. Brooks, *Russians of the South*, 33; Oliphant, *Russian Shores of the Black Sea*, 230; Herlihy, *Odessa*, 141.

31. Metchnikoff, *Life of Élie Metchnikoff*, and Shum'ko and Anserova, eds., *Il'ia Il'ich Mechnikov*.

32. Quoted in Metchnikoff, *Life of Élie Metchnikoff*, 67–68.

33. See Mechnikov, *Etudes sur la nature humaine*, and *idem*, *Essais optimistes*.

34. Mechnikov to A. O. Kovalevsky, Jan. 13, 1883, in Mechnikov, *Pis'ma (1863–1916 gg)*, 114.

第七章　血腥与复仇

1. Adler, *Life on the Stage*, 6.

2. Weinberg, *Revolution of 1905 in Odessa*, 16–17.

3. Polishchuk, *Evrei Odessy i Novorossii*, 319–21.

4. Smith to State, Apr. 22, 1871, NARA, M459, Roll 3.

5. Zipperstein, *Jews of Odessa*, 122.

6. Smith to State, Apr. 22, 1871, NARA, M459, Roll 3; Herlihy, *Odessa*, 301–3.

7. John D. Klier, "The Pogrom Paradigm in Russian History," in Klier and Lambroza, eds., *Pogroms*, 13–38.

8. Herlihy, *Odessa*, 252.

9. References to Jabotinsky's *The Five* are to Michael R. Katz's sparkling translation published by Cornell University Press, 2005.

10. Jabotinsky, *Five*, 15.

11. Jabotinsky, *Five*, 138.

12. Weinberg, *Revolution of 1905 in Odessa*, 20–23. Patricia Herlihy 的研究首次清晰再现了敖德萨一直持续到 1905 年的经济困境，对我帮助很大。尤其见 , *Odessa*, chaps. 8–9。

13. Heenan to State, Sept. 27, 1904, NARA, M459, Roll 7.

14. Heenan to State, Jan. 2, 1906, NARA, M459, Roll 7.

15. Heenan to U.S. embassy in St. Petersburg, July 4, 1905, NARA, M459, Roll 7. See also Smith to Marquess of Landsdowne, Nov. 28, 1905, NAUK, FO 65/1712.

16. Washburn, *The Cable Game*, 95.

17. L. A. Girs Diaries, Oct. 19, 1905, Aleksei and Liubov' Girs Papers, Bakhmeteff Archive, CUR.

18. Savchenko, *Anarkhisty-terroristy*, 218–19.

19. See the survey in the guidebook by Kokhanskii, *Odessa za 100 let*.

20. Jabotinsky, *Five*, 170–71.

21. Katz, *Lone Wolf*, 13–21.

22. Jabotinsky, "Memoirs by My Typewriter," in Dawidowicz, ed., *Golden Tradition*, 399.

23. Jabotinsky, "Memoirs by My Typewriter," in Dawidowicz, ed., *Golden Tradition*, 401.

24. Quoted in Katz, *Lone Wolf*, 26.

25. Dubnow, *Kniga zhizni*, 1: 407.

26. Jabotinsky, *Povest' moikh dnei*, 44.

27. Shlaim, *Iron Wall*, 11–16.

28. Jabotinsky to Mussolini, July 16, 1922, JIA.

29. Jabotinsky, *Political and Social Philosophy of Ze'ev Jabotinsky*, 2–3.

30. See Stanislawski, *Zionism and the Fin de Siècle*, chap. 9.

第八章　新天地

1. Wightman, *Diary of an American Physician*, 156.

2. Kenez, *Civil War in South Russia, 1919–1920*, 185.

3. Derby to Curzon, June 14, 1919, NAUK, FO 608/207, 297–304.

4. Theodore Gordon Ellyson to Helen Ellyson, Feb. 9, 10, and 11, 1920, Box 3, Folder 3, TGE.

5. Rowan-Hamilton, *Under the Red Star*, 194. See also Sheridan, *Across Europe with Satanella*, 184.

6. "Statisticheskii otchet Odesskoi raionnoi komissii Evreiskogo obshchestvennogo komiteta o rezul'tatakh bezhenskoi massy, postradavshei ot pogromov," GAOO, f. R-5275, op. 1, d. 144, ll. 1–12 verso.

7. See Gatrell, *Whole Empire Walking*.

8. Polishchuk, *Evrei Odessy i Novorossii*, 345–46.

9. *Oktiabr'* 3 (1924): 196–97, quoted in Sicher, "Trials of Isaak," 15.

10. Babel, "The Father," in *Complete Works of Isaac Babel*, 163.

11. Babel, "Froim Grach," in *Complete Works of Isaac Babel*, 173.

12. Report of Mr. Simmonds (n.d.), NAUK, FO 371/22301, 198–208.

13. Eisenstein, *Beyond the Stars*, 179; Taylor, ed., *Eisenstein Reader*, 65.

14. Quoted in Barna, *Eisenstein*, 94.

15. Eisenstein, *Beyond the Stars*, 173.

16. Barna, *Eisenstein*, 98.

17. Seton, *Sergei M. Eisenstein*, 87.

18. Barna, *Eisenstein*, 111.

19. Eisenstein, *Beyond the Stars*, 162–66. The naval advisor on set was scandalized when Eisenstein first suggested adding the tarpaulin scene, since it deviated so radically from historical fact. Barna, *Eisenstein*, 98.

20. Taylor, ed., *Eisenstein Reader*, 62.

21. Quoted in Seton, *Sergei M. Eisenstein*, 78.

22. Taylor, ed., *Eisenstein Reader*, 65.

23. Pirozhkova, *At His Side*, 93.

24. Pirozhkova, *At His Side*, 113.

25. Borovoi, *Vospominaniia*, 71.

26. Koval'chuk and Razumov, eds., *Odesskii martirolog*, 1: 678.

第九章　德涅斯特河畔的田野

1. USHMM, RG-25.004M, Reel 150; Litani, "Destruction of the Jews of Odessa," 138.

2. See Macici to Iacobici, Oct. 27, 1941, and telegrams on the demining operation, USHMM, RG-25.003M, Reel 12.

3. Mazower, *Hitler's Empire*, 171.

4. USHMM, RG-25.003M, Reel 12; RG-25.004M, Reel 150. See also Litani, "Destruction of the Jews of Odessa," 139; Ioanid, *Holocaust in Romania*, 179.

5. Ioanid, *Holocaust in Romania*, 289; Deletant, *Hitler's Forgotten Ally*, 171.

6. Arad, "Holocaust of Soviet Jewry," 7; Levin, "Fateful Decision," 142.

7. Dennis Deletant, "Transnistria and the Romanian Solution to the 'Jewish Problem,' " in Brandon and Lower, eds., *Shoah in Ukraine*, 158, 182n.

8. See Litani, "Destruction of the Jews of Odessa," 135–54. 另在研究认为约有 35 万人离开敖德萨，大约为战前人口的一半。Manley, *To the Tashkent Station*, 57.

9. Pântea to Antonescu, n.d. [1941], USHMM, RG-25.004M, Reel 30.

10. Borovoi, *Vospominaniia*, 240.

11. On wartime evacuees, see the excellent treatment by Manley, *To the Tashkent Station*.

12. Testimony of Boris Kalika, YVA, O-3/5177.

13. Arad, *Holocaust in the Soviet Union*, 128; Angrick, *Besatzungspolitik und Massenmord*, 294–307.

14. Rubenstein and Altman, eds., *Unknown Black Book*, 115–18, 132.

15. Davidescu to "Vrancea I" (Military Command Odessa), Oct. 23, 1941, in Carp, *Cartea neagră*, 3: 214–15.

16. See the correspondence in USHMM, RG-25.003M, Reel 12, and Ioanid, *Holocaust in Romania*, 179–80.

17. Stănculescu to Tătăranu, Oct. 23, 1941, USHMM, RG-25.003M, Reel 12.

18. Dallin, *Odessa*, 74.

19. Angrick, *Besatzungspolitik und Massenmord*, 302.

20. Quoted in *Report of the International Commission on the Holocaust in Romania*, 5: 54.

21. See USHMM, RG-25.004M, Reel 150; Litani, "Destruction of the Jews of Odessa," 139; Ioanid, *Holocaust in Romania*, 182.

22. See Desbois, *Holocaust by Bullets*.

23. See Alexianu's report to Antonescu on the state of Odessa, Nov. 7, 1941, USHMM, RG-31.004M, Reel 1.

24. "Raport," Nov. 19, 1941, GAOO, f. R-2262, op. 1, d. 1, l. 2.

25. "Înțelegeri asupra siguranței, administrației si exploatarei economice a teritoriilor între Nistru și Bug (Transnistria) și Bug-Nipru (regiunea Bug-Nipru)," Aug. 30, 1941, USHMM, RG-25.003M, Reel 12.

26. "Ordonanța No. 35," Jan. 2, 1942, USHMM, RG-31.004M, Reel 1. See also "Instrucțiuni pentru evacuarea populației evreești din municipiului Odesa și împrejurimi," USHMM, RG-31.004M, Reel 1; ibid., RG 25.003M, Reel 394; Litani, "Destruction of the Jews of Odessa," 144–47; Ioanid, *Holocaust in Romania*, 208–10.

27. Arad, *Holocaust in the Soviet Union*, 244.

28. Velcescu to Transnistrian government, Feb. 13, 1942, USHMM, RG-31.004M, Reel 3.

29. USHMM, RG-25.003M, Reel 394.

30. "Ordinul C.2.A, Serv. Pretoral Nr. 4057/14.I.1942," USHMM, RG-25.003M, Reel 394, and "Ordin de zi, nr. 217," Feb. 9, 1942, USHMM, RG-25.003M, Reel 394.

31. Velcescu to Transnistrian government, Apr. 11, 1942, USHMM, RG-31.004M, Reel 3.

32. "Deciz 2927," Dec. 7, 1943, USHMM, RG-31.004M, Reel 3.

33. Litani, "Destruction of the Jews of Odessa," 152.

34. Dallin, *Odessa*, 162, fn56.

35. Werth, *Russia at War, 1941–1945*, 825.

36. Alexianu to Antonescu, Nov. 7, 1941, USHMM, RG-31.004M, Reel 1.

37. See USHMM, RG-31.004M, Reel 14.

38. Velcescu to Alexianu, Feb. 13, 1942, USHMM, RG-31.004M, Reel 3.

39. See correspondence between Alexianu and Inspectorate of the Gendarmerie, May 1942, and case files of Daria Ovselevici, 1943, USHMM, RG-31.004M, Reel 3.

40. See Case, *Between States*, and Solonari, *Purifying the Nation*.

41. "Ordonanța No. 89," Sept. 28, 1942, USHMM, RG-31.004M, Reel 1.

42. "Odesa de eri și de astăzi," *Gazeta Odesei*, Jan. 17, 1943, reproduced in *DCFRJ*, 4: 429–30.

43. I am grateful to Vladimir Solonari for several conversations about these issues.

44. See USHMM, RG-31.004M, Reel 2; and "Memoriu cu privire la problemele practice, pe care le ridică în toamna 1942 românii de peste Bug," Sept. 21, 1942, GAOO, f. R-2249, op. 3, d. 111, ll. 11–15.

45. Brătianu, "Notes sur un voyage en Crimée," 176–82.

46. "Raport," Nov. 19, 1941, GAOO, f. R-2262, op. 1, d. 1, l. 1.

第十章 "我希望您能关注以下事项"

1. See Cherkasov, *Okkupatsiia Odessy*.

2. GAOO, f. R-2262, op. 1, d. 1, ll. 3–8, 9–12.

3. "Raport," Nov. 28, 1941, GAOO, f. R-2262, op. 1, d. 1, l. 13.

4. "Raport," Nov. 28, 1941, GAOO, f. R-2262, op. 1, d. 1, l. 13.

5. "Raport," n.d. [1941], GAOO, f. R-2262, op. 1, d. 1, l. 32.

6. "Raport," Nov. 26, 1941, GAOO, f. R-2262, op. 1, d. 1, l. 36.

7. "Raport," Nov. 19, 1941, GAOO, f. R-2262, op. 1, d. 1, 1. 64. See also ibid., ll. 69, 153; ibid., d. 8, l. 38; ibid., d. 2, ll. 4-6.

8. "Comunicare," Feb. 22, 1942, USHMM, RG-31.004M, Reel 3.

9. See Sheila Fitzpatrick, "Signals from Below: Soviet Letters of Denunciation of the 1930s," in Fitzpatrick and Gellately, eds., *Accusatory Practices*, 85–120; Fitzpatrick, "Supplicants and Citizens"; and Fitzpatrick, *Tear Off the Masks!*.

10. "Raport," Nov. 20, 1941, GAOO, f. R-2662, op. 1, d. 2, l. 19. On the earlier history of denunciation, see Grünewald, "Jewish Workers in Odessa."

11. David Senyaver Collection, USHMM. See also Semyon Tarantor Collection and Efim Yurkovetski Collection, USHMM.

12. Liudmila Kalika, "Odessa. 820 dnei v podzeml'e," in Rashkovetskii, Naidis, Dusman, and Belousova, eds., *Istoriia Kholokosta v Odesskom regione*, 96–110.

13. "Raport," n.d. [Dec. 1941], GAOO, f. R-2262, op. 1, d. 3, l. 17. On "revenge" see also ibid., d. 22, l. 9.

14. "Raport," Apr. 15, 1942, GAOO, f. R-2262, op. 1, d. 8, l. 30; Ioanid, *Holocaust in Romania*, 187–94.

15. Litani, "Destruction of the Jews of Odessa," 150, 提到了他的大学背景。另一份关于潘提亚的个人信息及其在撤退过程中扮演了什么角色来自他本人于 1950 年 6 月 22 日向罗马尼亚共产主义政府签署的声明。USHMM, RG-25.004M, Reel 30, and Colesnic, *Sfatul Țării*, 231.

16. Pântea to Antonescu, n.d. [1941], USHMM, RG-25.004M, Reel 30.

17. See Pântea's own 1950 statement, cited above, as well as those of Matei Velcescu, Apr. 1 and June 17, 1950; and of Constantin Vidrașcu, June 17, 1950, USHMM, RG-25.004M, Reel 30.

18. Chelovan' to Odessa municipality, n.d. [1941], GAOO, f. R-2262, op. 1, d. 2, l. 35.

19. Dallin, *Odessa*, 91.

20. See "Dare de seama asupra activității subdirecției artelor pe lunile aprilie-mai-iunie [1943]," GAOO, f. R-2249, op. 3, d. 89, ll. 10–12; "Dare de seama despre reconstruirea Teatrului de opera și balet din Odessa [January 1943]," ibid., ll. 41–46; "Tablou de spectacole date de Teatrul de opera și balet Odessa în cursul trimestrului II-1943," ibid., ll. 115–16.

21. Declaration of Taisia Arnautu, July 23, 1956, USHMM, RG-25.004M, Reel 30. See also Fred Saraga, "În Transnistria: Primii pași: Odessa," *Sliha*, Apr. 5, 1956, reproduced in *DCFRJ*, 8: 547.

22. Dallin, *Odessa*, 85.

23. See GAOO, f. R-2249, op. 1, d. 266.

24. Werth, *Russia at War, 1941–1945*, 817.

25. Pântea to Alexianu, Jan. 20, 1942, USHMM, RG-25.004M, Reel 30.

26. See USHMM, RG-25.003M, Reel 10.

27. Pântea to Alexianu, Dec. 3, 1941, USHMM, RG-25.004M, Reel 30.

28. See Alexianu's postwar trial dossier in USHMM, RG-25.004M, Reel 33.

29. See USHMM, RG-25.004M, Reel 33.

30. See the Romanian high court decision of Jan. 1, 1956, USHMM, RG-25.004M, Reel 30.

31. See Pântea's file from the Romanian Information Service archives, USHMM, RG-25.004M, Reel 30.

32. 相反，潘提亚直接向阿列克西阿努请求指示。阿列克西阿努之后颁布法令称任何想要认证这一文件的人都显然是犹太人，因此应该逐出敖德萨。见 the Pântea-Alexianu correspondence, Feb. 4 and 14, 1942, USHMM, RG-31.004M, Reel 3。一位幸存者称潘提亚通过驱逐数千名犹太人而让他们免于被处死。虽然如此，仍然有很多人死去。Ioanid, *Holocaust in Romania*, 182.

33. Pântea to Antonescu, n.d. [1941], USHMM, RG-25.004M, Reel 30.

34. Alexander Kruglov, "Jewish Losses in Ukraine, 1941–1944," in Brandon and Lower, eds., *Shoah in Ukraine*, 284.

35. Jean Ancel, "'The New Jewish Invasion'—The Return of the Survivors from Transnistria," in Bankier, ed., *Jews Are Coming Back*, 231.

36. Blinov to Polianskii, July 19, 1945, YVA, M-46/11.

第十一章 英雄之城

1. E. T. Samoilov, "Informatsiia," Dec. 5, 1941, GAOO, f. R-2262, op. 1, d. 3, l. 46.

2. Dallin, *Odessa*, 245.

3. Testimony of Aleksandr Bakman, YVA, O-3/6054.

4. See YVA, M-33/19967.

5. Testimony of Sura Sturmak, YVA, O-3/5178. See also testimony of Boris Kalika, YVA, O-3/5177.

6. Yaacov Roi, "The Reconstruction of Jewish Communities in the USSR, 1944–1947," in Bankier, ed., *Jews are Coming Back*, 194. For overviews of

Communist and Soviet antisemitism, see Gross, *Fear*, and Kostyrchenko, ed., *Gosudarstvennyi antisemitizm*.

7. Borovoi, *Vospominaniia*, 290.
8. Draitser, *Shush!*, 18.
9. Tanny, "City of Rogues and Schnorrers," 303–4.
10. Eisenstein, *Beyond the Stars*, 177.
11. Yekelchyk, *Stalin's Empire of Memory*, 115.
12. Yevgeny Yevtushenko, "On liubil tebia, zhizn' . . . ," in Bernes-Bodrova, ed., *Mark Bernes*, 156.
13. Mark Bernes, "Odin iz 'dvukh boitsov,'" in Bernes-Bodrova, ed., *Mark Bernes*, 59–61.
14. Rybak, *Mark Bernes*, 60.
15. Andzhei Bin'kovskii and Ezhi Ol'shtyn'skii, "Mark Bernes," in Bernes-Bodrova, ed., *Mark Bernes*, 199–201.
16. N. Smirnova, "Obrazy i pesni Marka Bernesa," in Bernes-Bodrova, ed., *Mark Bernes*, 11; Rybak, *Mark Bernes*, 10–16.
17. Utesov, *Spasibo serdtse!*, 22–23.
18. Tanny, "City of Rogues and Schnorrers," 305, 309.
19. *Odesskaia turisticheskaia baza*, 4.
20. See Friedberg, *How Things Were Done in Odessa*, 10–15.

第十二章　黎明

1. *Brooklyn Eagle*, May 5, 1918.
2. *New York Daily News*, Dec. 14, 1979.
3. Annelise Orleck, "The Soviet Jews: Life in Brighton Beach, Brooklyn," in Foner, ed., *New Immigrants in New York*, 273.
4. Quoted in Michael Specter, "In Musical Odessa, Playing On for the Love of It," *New York Times*, Apr. 11, 1994.
5. *Brooklyn Eagle*, Sept. 25, 1916, and Sept. 10, 1918.
6. *Itogi vsesoiuznoi perepisi naseleniia 1959 goda: Ukrainskaia SSR*, 184.
7. Oleg Gubar and Patricia Herlihy, "The Persuasive Power of the Odessa Myth," in Czaplicka, Gelazis, and Ruble, eds., *Cities after the Fall of Communism*, 153.
8. Patricia Herlihy, "How Ukrainian is Odesa?" in Ramer and Ruble, eds., *Place, Identity, and Urban Culture*, 24, fn3.

档案

British National Archives, Kew
    Foreign Office Records
Brooklyn Public Library, New York
    Brooklyn Collection
Columbia University Rare Book and Manuscript Library, New York
    Aleksei and Liubov' Girs Papers, Bakhmeteff Archive
Library of Congress, Washington, DC
    Theodore Gordon Ellyson Papers
    John Paul Jones Papers
National Archives and Records Administration, College Park, MD
    Consular Despatches, Odessa
State Archive of the Odessa Region, Odessa
    Files from the Period of German-Romanian Occupation
        Directorate of Culture, Governorship of Transnistria
        Directorate of Economic Affairs, Governorship of Transnistria
        Directorate of Culture, Municipality of Odessa
        Odessa Central Prison
        Odessa Mayoralty
        Odessa Prefecture of Police
        Office of Military Propaganda, Military Command, Odessa
    Odessa District Commission, Jewish Public Committee for Aiding the
        Victims of Pogroms (Evobshchestkom)
    Odessa Regional Executive Committee, Soviet of Workers, Peasants, and
        Red Army Deputies (Okrispolkom/Oblispolkom)

United States Holocaust Memorial Museum Archives, Washington, DC
    Romanian National Archives Collection
    Romanian Ministry of Defense Archives Collection
    David Senyaver Collection
    State Archive of Odessa Region Collection
    Steven Spielberg Film and Video Archive
    Semyon Tarantor Collection
    Efim Yurkovetski Collection
Yad Vashem Archives, Jerusalem
    Council for Religious Matters in the Soviet Union Collection
    Extraordinary State Commission to Investigate German-Fascist Crimes
      Collection
    Central Archive for Public Organizations in Ukraine Collection
    Central Government Archive of Ukraine Collection
    Yad Vashem Photograph Archive
    Yad Vashem Testimonials
YIVO Institute Archives, Center for Jewish History, New York
    Dr. Joseph A. Rosen Papers
    Moisei Borisovitch Bernstein Papers

书、文章和其他资料

Abou-el-Haj, Rifaat A. "The Formal Closure of the Ottoman Frontier in Europe: 1699–1703." *Journal of the American Oriental Society* 89, no. 3 (July–September 1969): 467–75.

Adler, Jacob. *A Life on the Stage*. New York: Knopf, 1999.

Ainsworth, John. "Sidney Reilly's Reports from South Russia, December 1918–March 1919." *Europe-Asia Studies* 50, no. 8 (1998): 1447–70.

Alcock, Thomas. *Travels in Russia, Persia, Turkey, and Greece, in 1828–9*. London: E. Clarke and Sons, 1831.

Alexopoulos, Golfo. *Stalin's Outcasts: Aliens, Citizens, and the Soviet State, 1926–1936*. Ithaca: Cornell University Press, 2003.

Ancel, Jean. "Antonescu and the Jews." *Yad Vashem Studies* 23 (1993): 213–80.

———, ed. *Documents concerning the Fate of Romanian Jewry during the Holocaust*. 12 vols. New York: Beate Klarsfeld Foundation, 1986.

———. *The Economic Destruction of Romanian Jewry*. Jerusalem: Yad Vashem, 2007.

———. *Transnistria, 1941–1942*. 3 vols. Tel Aviv: Goldstein-Goren Diaspora Research Center, Tel Aviv University, 2003.

Anderson, R. C. *Naval Wars in the Levant, 1559–1853*. Liverpool: Liverpool University Press, 1952.

Angrick, Andrej. *Besatzungspolitik und Massenmord: Die Einsatzgruppe D in der südlichen Sowjetunion, 1941–1943*. Hamburg: Hamburger Edition, 2003.

Ansky, S. *The Enemy at His Pleasure: A Journey through the Jewish Pale of Settlement during World War I*. Joachim Neugroschel, trans. New York: Metropolitan Books, 2002.

Anthoine de Saint-Joseph, Antoine-Ignace. *Essai historique sur le commerce et la navigation de la Mer-Noire*. 2nd ed. Paris: L'Imprimerie de Mme. Veuve Agasse, 1820.

Arad, Yitzhak. *The Holocaust in the Soviet Union*. Lincoln and Jerusalem: University of Nebraska Press and Yad Vashem, 2009.

——. "The Holocaust of Soviet Jewry in the Occupied Territories of the Soviet Union." *Yad Vashem Studies* 21 (1991): 1–47.

Aragon, Le Marquis de. *Le prince Charles de Nassau-Siegen, d'après sa correspondance originale inédite*. Paris: E. Plon, Nourrit, et Cie., 1893.

Arrianus, Flavius. *Arrian's Voyage round the Euxine Sea, Translated; and Accompanied with a Geographical Dissertation, and Maps*. Oxford: J. Cooke, 1805.

Astarita, Tommaso. *Between Salt Water and Holy Water: A History of Southern Italy*. New York: W. W. Norton, 2005.

Atlas, D. G. *Staraia Odessa: Ee druz'ia i nedrugi*. Odessa: Tekhnik, 1991; reprint Odessa: Lasmi, 1992.

Babel, Isaac. *The Complete Works of Isaac Babel*. Peter Constantine, trans. New York: W. W. Norton, 2002.

——. *Isaac Babel: The Lonely Years, 1925–1939*. Andrew R. MacAndrew and Max Hayward, trans. New York: Farrar, Straus, 1964; reprint Boston: Verba Mundi, 1995.

Balard, Michel. *La Romanie génoise (XIIe-début du XVe siècle)*. 2 vols. Rome: Ecole Française de Rome, 1978.

Bankier, David, ed. *Jews Are Coming Back: The Return of the Jews to Their Countries of Origin after WWII*. Jerusalem: Yad Vashem, 2005.

Barna, Yon. *Eisenstein*. Bloomington: Indiana University Press, 1973.

Baron, Nick, and Peter Gatrell. "Population Displacement, State-Building, and Social Identity in the Lands of the Former Russian Empire, 1917–1923." *Kritika* 4, no. 1 (2003): 51–100.

Baschmakoff, Alexandre. *La synthèse des périples pontiques: Méthode de precision en paléo-ethnologie*. Paris: Librairie orientaliste Paul Geuthner, 1948.

Bascomb, Neal. *Red Mutiny: Eleven Fateful Days on the Battleship Potemkin*. New York: Houghton Mifflin, 2007.

Beauplan, Guillaume Le Vasseur, Sieur de. *A Description of Ukraine*. Andrew B. Pernal and Dennis F. Essar, trans. Cambridge, MA: Harvard Ukrainian Research Institute, 1993.

Begicheva, N. *Ot Odessy do Ierusalima: Putevyia pis'ma*. St. Petersburg: Tipografiia Glavnago upravleniia udelov, 1898.

Belousova, L. G., and T. E. Volkova, eds. *Evrei Odessy i iuga Ukrainy: Istoriia v dokumentakh*. Odessa: Studiia Negotsiant, 2002.

Bergan, Ronald. *Eisenstein: A Life in Conflict*. New York: Overlook Press, 1997.

Berkhoff, Karel C. *Harvest of Despair: Life and Death in Ukraine under Nazi Rule*. Cambridge, MA: Belknap Press of Harvard University Press, 2004.

Bernes-Bodrova, L. M., ed. *Mark Bernes*. Moscow: Iskusstvo, 1980.

Binyon, T. J. *Pushkin: A Biography*. New York: Knopf, 2003.

Bloom, Harold, ed. *Isaac Babel: Modern Critical Views*. New York: Chelsea House Publishers, 1987.

Boardman, John. *The Greeks Overseas: Their Early Colonies and Trade*. London: Thames and Hudson, 1980.

Borovoi, Saul [S. Ia.]. *Gibel' evreiskogo naseleniia Odessy vo vremia fashistskoi okkupatsii*. Kiev: Institut istorii Ukrainy, 1991.

——. *Vospominaniia*. Moscow and Jerusalem: Jewish University in Moscow, 1993.

Braham, Randolph L., ed. *The Tragedy of Romanian Jewry*. New York: Columbia University Press, 1994.

Brandon, Ray, and Wendy Lower, eds. *The Shoah in Ukraine: History, Testimony, Memorialization*. Bloomington: Indiana University Press, 2008.

Brătianu, Gheorghe Ioan. *La mer Noire: Des origines à la conquête ottomane*. Munich: Romanian Academy Society, 1969.

——. "Notes sur un voyage en Crimée." *Revue historique du sud-est européen* 19, no. 1 (1942): 176–82.

Bremner, Robert. *Excursions in the Interior of Russia*. 2 vols. London: Henry Colburn, 1839.

Brooks, Shirley. *The Russians of the South*. London: Longman, Brown, Green, and Longmans, 1854.

Brower, Daniel R. *The Russian City between Tradition and Modernity, 1850–1900*. Berkeley: University of California Press, 1990.

Brown, James Baldwin. *Memoirs of Howard, Compiled from His Diary, His Confidential Letters, and Other Authentic Documents*. Abridged ed. Boston: Lincoln and Edmands, 1831.

Brown, Kate. *A Biography of No Place: From Ethnic Borderland to Soviet Heartland*. Cambridge, MA: Harvard University Press, 2004.

Brumfield, William Craft, Boris V. Anan'ich, and Yuri A. Petrov, eds. *Commerce in Russian Urban Culture, 1861–1914.* Washington, DC, and Baltimore: Woodrow Wilson Center Press and Johns Hopkins University Press, 2001.

Bryer, Anthony, ed. *The Byzantine Black Sea.* Special issue of *Archeion Pontou* 35 (1979).

Cameron, Evan P. *Goodbye Russia.* London: Hodder and Stoughton, 1934.

Carp, Matatias. *Cartea neagră: Suferinţele evreilor din România, 1940–1944.* 2nd ed. 3 vols. Bucharest: Editura Diogene, 1996.

Case, Holly. *Between States: The Transylvanian Question and the European Idea during World War II.* Stanford: Stanford University Press, 2009.

Castelnau, Gabriel de. *Essai sur l'histoire ancienne et moderne de la Nouvelle Russie.* 3 vols. Paris: Rey et Gravier, 1820.

Cesarani, David. *Port Jews: Jewish Communities in Cosmopolitan Maritime Trading Centres, 1550–1950.* London: Frank Cass, 2002.

Charyn, Jerome. *Savage Shorthand: The Life and Death of Isaac Babel.* New York: Random House, 2005.

Cherkasov, A. A. *Okkupatsiia Odessy: god 1941.* Odessa: Optimum, 2007.

Chistovich, N. Ia. *I. I. Mechnikov.* Berlin: Z. I. Grzhebina, 1923.

Clarke, Edward Daniel. *Travels to Russia, Tartary, and Turkey.* New York: Arno Press, 1970; reprint of vol. 1 of his *Travels in Various Countries of Europe, Asia, and Africa,* London: 1811.

Clogg, Richard, ed. *Balkan Society in the Age of Greek Independence.* Totowa, NJ: Barnes and Noble Books, 1981.

Colesnic, Iurie. *Sfatul Ţării: Enciclopedie.* Chisinau: Museum, 1998.

Cox, Cynthia. *Talleyrand's Successor.* London: Arthur Baker, 1959.

Coxe, William. *Travels in Russia,* from his *Travels in the Northern Countries of Europe.* London, 1802. In John Pinkerton, ed., *A General Collection of the Best and Most Interesting Voyages and Travels in All Parts of the World.* 17 vols. London: Longman, Hurst, Rees, and Orme, 1808–1814.

Craven, Elizabeth Lady. *A Journey through the Crimea to Constantinople.* Dublin: H. Chamberlaine, et al., 1789; reprint New York: Arno Press, 1970.

Cunynghame, Sir Arthur Thurlow. *Travels in the Eastern Caucasus.* London: John Murray, 1872.

Czaplicka, John, Nida Gelazis, and Blair Ruble, eds. *Cities after the Fall of Communism: Reshaping Cultural Landscapes and European Identity.* Washington, DC, and Baltimore: Woodrow Wilson Center Press and Johns Hopkins University Press, 2009.

Dallin, Alexander. *Odessa, 1941–1944: A Case Study of Soviet Territory under Foreign Rule.* Iaşi: Center for Romanian Studies, 1998.

Davies, Brian L. *Warfare, State, and Society on the Black Sea Steppe, 1500–1700*. London: Routledge, 2007.

Dawidoff, Nicholas. *The Fly Swatter: How My Grandfather Made His Way in the World*. New York: Pantheon, 2002.

de Madariaga, Isabel. *Russia in the Age of Catherine the Great*. New Haven: Yale University Press, 1981.

De-Ribas, L. M., ed. *Iz proshlago Odessy: sbornik statei*. Odessa: L. Kirkhner, 1894.

de Ribas, Michele. *"Saggio sulla città di Odessa" e altri documenti dell'Archivio di Stato di Napoli*. Giovanna Moracci, ed. Genoa: Cassa di Risparmio di Genova, 1988.

de Voland, Franz. *Moia zhizn' v Rossii*. Odessa: Optimum, 2002.

Dearborn, Henry A. S. *A Memoir of the Commerce and Navigation of the Black Sea, and the Trade and Maritime Geography of Turkey and Egypt*. 2 vols. Boston: Wells and Lilly, 1819.

Deletant, Dennis. *Hitler's Forgotten Ally: Ion Antonescu and His Regime, Romania 1940–1944*. Basingstoke, UK: Palgrave Macmillan, 2006.

Deribas, Aleksandr. *Staraia Odessa: zabytie stranitsy*. Kiev: Mistetstvo, 2004.

Desbois, Patrick. *The Holocaust by Bullets*. New York: Palgrave Macmillan, 2008.

Deutscher, Isaac. *The Prophet Armed: Trotsky, 1879–1921*. New York: Oxford University Press, 1954.

——. *The Prophet Outcast: Trotsky, 1929–1940*. New York: Oxford University Press, 1963.

Diller, Aubrey. *The Tradition of the Minor Greek Geographers*. New York: American Philological Association, 1952.

Dobroliubskii, Andrei, Oleg Gubar', and Andrei Krasnozhon. *Borisfen-Khadzhibei-Odessa: Istoriko-arkheologicheskie ocherki*. Odessa and Chisinau: Vysshaia antropologicheskaia shkola, 2002.

Dontsova, Tat'iana. *Moldavanka: Zapiski kraeveda*. Odessa: Druk, 2001.

Draitser, Emil. *Shush! Growing Up Jewish under Stalin*. Berkeley: University of California Press, 2008.

Dubnow, S. M. *Kniga zhizni*. 3 vols. Riga and New York: Jaunātnes Grāmata and Soiuz russkikh evreev, 1934–57.

Duțu, Alesandru, and Petre Otu, eds. *Pe Țărmul nord pontic (17 iulie 1941–4 iulie 1942)*. Bucharest: Editura Fundației Culturale Române, 1999.

Eisenstein, Sergei. *Beyond the Stars: The Memoirs of Sergei Eisenstein*. Richard Taylor, ed. Calcutta: Seagull Books, 1995.

——. *Notes of a Film Director*. New York: Dover, 1970.

Faitel'berg-Blank, Viktor, and Tat'iana Kolesnichenko. *Zolotoi vek iuzhnoi Pal'miry*. Odessa: Optimum, 2006.

Fal'kner, I. S. *Samoubiistva v Odesse*. Odessa: Tipografiia "Odesskago Listka," 1890.

Feinstein, Elaine. *Pushkin: A Biography*. Hopewell, NJ: Ecco, 1998.

Finlay, George. *History of the Greek Revolution*. Reprint ed. 2 vols. London: Zeno, 1971.

Fisher, Julius S. *Transnistria: The Forgotten Cemetery*. London: Thomas Yoseloff, 1969.

Fitzpatrick, Sheila. *The Cultural Front: Power and Culture in Revolutionary Russia*. Ithaca: Cornell University Press, 1992.

———. *Everyday Stalinism*. New York: Oxford University Press, 1999.

———, ed. *Stalinism: New Directions*. London: Routledge, 2000.

———. "Supplicants and Citizens: Public Letter-Writing in Soviet Russia in the 1930s." *Slavic Review* 55, no. 1 (Spring 1996): 78–105.

———. *Tear Off the Masks! Identity and Imposture in Twentieth-Century Russia*. Princeton: Princeton University Press, 2005.

———. "The World of Ostap Bender: Soviet Confidence Men in the Stalin Period." *Slavic Review* 61, no. 3 (2002): 535–57.

Fitzpatrick, Sheila, and Robert Gellately, eds. *Accusatory Practices: Denunciation in Modern European History, 1789–1989*. Chicago: University of Chicago Press, 1997.

Fitzpatrick, Sheila, Alexander Rabinowitch, and Richard Stites, eds. *Russia in the Era of NEP*. Bloomington: Indiana University Press, 1991.

Foner, Nancy, ed. *New Immigrants in New York*. New York: Columbia University Press, 2001.

Formaleoni, Vincenzio Antonio. *Histoire philosophique et politique du commerce, de la navigation, et des colonies des anciens dans la Mer-Noire, avec l'hydrographie du Pont-Euxin, publiée d'après une carte ancienne conservée dans la Bibliothèque de S. Marc*. Le Chev. d'Henin, trans. 2 vols. Venice: Charles Palese, 1789.

Friedberg, Maurice. *How Things Were Done in Odessa: Cultural and Intellectual Pursuits in a Soviet City*. Boulder, CO: Westview, 1991.

Gadsby, John. *A Trip to Sebastopol, Out and Home*. London: Gadsby, 1858.

Gaivoron, Arkadii. *Odessa, moi gorod rodnoi*. Odessa: Odesskoe knizhnoe izdatel'stvo, 1963.

Gallenga, Antonio. *A Summer Tour in Russia*. London: Chapman and Hall, 1882.

Gamaleia, N. F. *Kholera v Odesse*. Odessa: Tipografiia Aktsionernago iuzhno-russkago obshchestva pechatnago dela, 1909.

Gatrell, Peter. *A Whole Empire Walking: Refugees in Russia during World War I*. Bloomington: Indiana University Press, 1999.

Gerasimov, Ilya. "My ubivaem tol'ko svoikh: prestupnost' kak marker mezhet-nicheskikh granits v Odesse nachala XX veka." *Ab Imperio* 1 (2003): 208–60.

Geyer, Michael, and Sheila Fitzpatrick, eds. *Beyond Totalitarianism: Stalinism and Nazism Compared*. Cambridge: Cambridge University Press, 2009.

Gitelman, Zvi, ed. *Bitter Legacy: Confronting the Holocaust in the USSR*. Bloomington: Indiana University Press, 1997.

Goldman, Wendy Z. *Terror and Democracy in the Age of Stalin*. Cambridge, UK: Cambridge University Press, 2007.

Gorod vechnoi iunosti. Odessa: Knizhnoe izdatel'stvo, 1960.

Grill, Tobias. "Odessa's German Rabbi: The Paradigmatic Meaning of Simon Leon Schwabacher (1861–1888)." *Jahrbuch des Simon-Dubnow-Instituts* 2 (2003): 199–222.

Gross, Jan T. *Fear: Anti-Semitism in Poland after Auschwitz*. New York: Random House, 2006.

——. *Neighbors: The Destruction of the Jewish Community in Jedwabne, Poland*. Princeton: Princeton University Press, 2001.

Grünewald, Jörn. "Jewish Workers in Odessa: Cultural Practices and Beliefs in the 1920s." *Jahrbuch des Simon-Dubnow-Instituts* 2 (2003): 315–32.

Gubar', Oleg. *Novye voprosy o staroi Odesse*. Odessa: Optimum, 2007.

Guthrie, Katherine Blanche. *Through Russia*. 2 vols. London: Hurst and Blackett, 1874; reprint New York: Arno Press, 1970.

Guthrie, Marie. *A Tour, Performed in the Years 1795–6, through the Taurida, or Crimea*. London: T. Cadell, Jr., and W. Davies, 1802.

Hagemeister, Julius de [Iulii Andreevich Gagemeister]. *Report on the Commerce of the Ports of New Russia, Moldavia, and Wallachia*. T. F. Triebner, trans. London: Effingham Wilson, 1836.

Hamm, Michael F., ed. *The City in Late Imperial Russia*. Bloomington: Indiana University Press, 1986.

——, ed. *The City in Russian History*. Lexington: University Press of Kentucky, 1976.

Harvey, Mose Lofley. "The Development of Russian Commerce on the Black Sea and Its Significance." PhD dissertation. University of California, Berkeley, 1938.

Herlihy, Patricia. *Odessa: A History, 1794–1914*. Cambridge, MA: Harvard University Press and Harvard Ukrainian Research Institute, 1986.

——. "Odessa: Staple Trade and Urbanization in New Russia." *Jahrbücher für Geschichte Osteuropas* 21, no. 2 (1973): 121–32.

——. "Port Jews of Odessa and Trieste: A Tale of Two Cities." *Jahrbuch des Simon-Dubnow-Instituts* 2 (2003): 183–98.

Herodotus. *The Histories*. Aubrey de Sélincourt, trans. New ed. London: Penguin, 1996.

Higham, Robin, and Frederick W. Kagan, eds. *The Military History of the Soviet Union*. New York: Palgrave, 2002.

Hilbrenner, Anke. "Nationalization in Odessa: Simon Dubnow and the Society for the Dissemination of Enlightenment among the Jews in Russia." *Jahrbuch des Simon-Dubnow-Instituts* 2 (2003): 223–39.

Hofmeister, Alexis. "Palestinophilism and Zionism among Russian Jews: The Case of the Odessa Committee." *Jahrbuch des Simon-Dubnow-Instituts* 2 (2003): 241–65.

Holderness, Mary. *New Russia: Journey from Riga to the Crimea, by Way of Kiev*. London: Sherwood, Jones, 1823.

Holquist, Peter. "Violent Russia, Deadly Marxism? Russia in the Epoch of Violence, 1905–21," *Kritika* 4, no. 3 (2003): 627–52.

Hommaire de Hell, Xavier. *Travels in the Steppes of the Caspian Sea, the Crimea, the Caucasus, &c.* London: Chapman and Hall, 1847.

Honcharuk, T. H., ed. *Istoriia Khadzhibeiia (Odesi), 1415–1796 rr. v dokumentakh*. Odessa: AstroPrynt, 2000.

Horowitz, Brian. *Jewish Philanthropy and Enlightenment in Late-Tsarist Russia*. Seattle: University of Washington Press, 2009.

Horwitz, Gordon. *Ghettostadt: Łódź and the Making of a Nazi City*. Cambridge, MA: Harvard University Press, 2008.

Hough, Richard. *The Potemkin Mutiny*. Annapolis: Naval Institute Press, 1960.

Il'f, Iliia, and Evgenii Petrov. *The Golden Calf*. New York: Random House, 1962.

——. *The Twelve Chairs*. New York: Vintage Books, 1961.

Iljine, Nicolas V., ed. *Odessa Memories*. Seattle: University of Washington Press, 2003.

Inalcik, Halil, ed., with Donald Quataert. *An Economic and Social History of the Ottoman Empire*. 2 vols. Cambridge, UK: Cambridge University Press, 1997.

Innokentii, Archbishop of Kherson and Tavrida. *Slovo pri pogrebenii generalfel'dmarshala, svetleishago kniazia, Mikhaila Semenovicha Vorontsova*. Odessa: P. Frantsov, 1856.

Ioanid, Radu. *The Holocaust in Romania*. Chicago: Ivan Dee, 2000.

Itogi vsesoiuznoi perepisi naseleniia 1959 goda: Ukrainskaia SSR. Moscow: Gosstatizdat, 1963.

Itogi vsesoiuznoi perepisi naseleniia 1970 goda. Moscow: Statistika, 1973.

Itogi vsesoiuznoi perepisi naseleniia 1979 goda. Moscow: Goskomitet statistiki, 1989.

Iurenev, R. N. *Eizenshtein v vospominaniiakh sovremennikov*. Moscow: Isskustvo, 1974.

Jabotinsky, Vladimir. *The Five*. Michael R. Katz, trans. Ithaca: Cornell University Press, 2005.

——. *Kritiki Sionizma*. Odessa: Kadima, 1906.

——. "Memoirs by My Typewriter." In Lucy S. Dawidowicz, ed. *The Golden Tradition: Jewish Life and Thought in Eastern Europe*. New York: Schocken Books, 1984.

——. *Nedrugam Siona*. 3rd ed. Odessa: S. D. Zal'tsman, 1906.

——. *A Pocket Edition of Several Stories Mostly Reactionary*. Paris: n.p., 1925.

——. *The Political and Social Philosophy of Ze'ev Jabotinsky: Selected Writings*. Mordechai Saris, ed. London: Vallentine Mitchell, 1999.

——. *Polnoe sobranie sochinenii*. Vol. 1. Minsk: Met, 2008.

——. *Povest' moikh dnei*. Tel Aviv: Biblioteka-Aliia, 1985.

Jesse, William. *Notes of a Half-Pay in Search of Health: or Russia, Circassia, and the Crimea, in 1839–40*. 2 vols. London: James Madden, 1841.

Jones, George Matthew. *Travels in Norway, Sweden, Finland, Russia, and Turkey; Also on the Coasts of the Sea of Azov and of the Black Sea*. 2 vols. London: John Murray, 1827.

Jones, John Paul. *Life of Rear-Admiral John Paul Jones*. Philadelphia: Grigg and Elliot, 1846.

Kappeler, Andreas, Zenon E. Kohut, Frank E. Sysyn, and Mark von Hagen, eds. *Culture, Nation, Identity: The Ukrainian-Russian Encounter (1600–1945)*. Edmonton: Canadian Institute of Ukrainian Studies Press, 2003.

Kataev, Valentin. *A Mosaic of Life, or the Magic Horn of Oberon*. Moira Budberg and Gordon Latta, trans. Chicago: J. Philip O'Hara, 1976.

Katz, Shmuel. *Lone Wolf: A Biography of Vladimir (Ze'ev) Jabotinsky*. 2 vols. New York: Barricade Books, 1996.

Kenez, Peter. *Civil War in South Russia, 1918*. Berkeley: University of California Press, 1971.

——. *Civil War in South Russia, 1919–1920*. Berkeley: University of California Press, 1977.

Khodarkovsky, Michael. *Russia's Steppe Frontier: The Making of a Colonial Empire, 1500–1800*. Bloomington: Indiana University Press, 2002.

Khrushchov, G. K. *Velikii russkii biolog I. I. Mechnikov*. Moscow: Pravda, 1951.

Kiaer, Christina, and Eric Naiman, eds. *Everyday Life in Early Soviet Russia*. Bloomington: Indiana University Press, 2006.

King, Charles. *The Black Sea: A History*. Oxford: Oxford University Press, 2004.

Klier, John D. *Russia Gathers Her Jews*. DeKalb: Northern Illinois University Press, 1986.

Klier, John D., and Shlomo Lambroza, eds. *Pogroms: Anti-Jewish Violence in Modern Russian History*. Cambridge, UK: Cambridge University Press, 1992.

Koch, Karl. *The Crimea and Odessa*. London: John Murray, 1855.

290

Kohl, J. G. *Russia*. London: Chapman and Hall, 1844.

Kokhanskii, V. *Odessa za 100 let*. Odessa: Tipografiia P. Frantsova, 1894.

Komroff, Manuel, ed. *Contemporaries of Marco Polo*. New York: Dorset Press, 1989.

Kostyrchenko, G. V., ed. *Gosudarstvennyi antisemitizm v SSSR ot nachala do kul'minatsii, 1938–1953*. Moscow: Mezhdunarodnyi fond "Demokratiia," 2005.

Koval'chuk, L. V., and G. A. Razumov, eds. *Odesskii martirolog*. 3 vols. Odessa: OKFA, 1997–2005.

Kriwaczek, Paul. *Yiddish Civilization: The Rise and Fall of a Forgotten Nation*. New York: Vintage, 2005.

La Fite de Pellepore, Vladimir de [Piotre Artamof]. *La Russie historique, monumentale et pittoresque*. 2 vols. Paris: Imprimerie de Ch. Lahure, 1862–65.

Lagarde, Auguste, comte de. *Voyage de Moscou à Vienne*. Paris: Treuttel et Würtz, 1824.

Lancaster, Jordan. *In the Shadow of Vesuvius: A Cultural History of Naples*. London: I. B. Tauris, 2005.

Lechevalier, Jean-Baptiste. *Voyage de la Propontitude et du Pont-Euxin*. 2 vols. Paris: Dentu, 1800.

Levin, Dov. "The Fateful Decision: The Flight of the Jews into the Soviet Interior in the Summer of 1941." *Yad Vashem Studies* 20 (1990): 115–42.

Libin, Aleksandr, and Natal'ia Makovets, eds. *Sto velikikh odessitov*. Odessa: Optimum, 2009.

Ligne, Charles-Joseph de. *Letters and Reflections of the Austrian Field-Marshal Prince de Ligne*. 2 vols. D. Boileau, trans. Philadelphia: Bradford and Inskeep, 1809.

——. *Mémoires*. Paris: Edouard Champion, 1914.

Litani, Dora. "The Destruction of the Jews of Odessa in Light of Rumanian Documents." *Yad Vashem Studies* 6 (1967): 135–54.

Livezeanu, Irina. *Cultural Politics in Greater Romania: Regionalism, Nation Building, and Ethnic Struggle, 1918–1920*. Ithaca: Cornell University Press, 1995.

Lyall, Robert. *Travels in Russia, the Krimea, the Caucasus, and Georgia*. 2 vols. London: T. Cadell, 1825.

Makolkin, Anna. *A History of Odessa, the Last Italian Black Sea Colony*. Lewiston, NY: Edwin Mellen Press, 2004.

——. *The Nineteenth Century in Odessa*. Lewiston, NY: Edwin Mellen Press, 2007.

Malakhov, V. P., and B. A. Stepanenko. *Odessa, 1900–1920: Liudi, sobytiia, fakty*. Odessa: Optimum, 2004.

———. *Odessa, 1920–65: Liudi, sobytiia, fakty*. Odessa: Nauka i tekhnika, 2008.

Manley, Rebecca. *To the Tashkent Station: Evacuation and Survival in the Soviet Union at War*. Ithaca: Cornell University Press, 2009.

Marigny, E. Taitbout de. *Atlas de la Mer Noire et de la Mer d'Azov*. Odessa: Nitzsche, 1850.

———. *Plans de golfes, baies, ports et rades de la mer Noire et de la mer d'Azov*. Odessa: Lithographie de Alexandre Braun, 1850.

———. *Three Voyages in the Black Sea to the Coast of Circassia: Including Descriptions of the Ports, and the Importance of Their Trade*. London: John Murray, 1837.

Materialy k serii "Narody Sovetskogo Soiuza": Perepis' 1939 goda. 15 vols. Moscow: Akademiia Nauk SSSR, 1990.

Mayer, David. *Sergei M. Eisenstein's Potemkin: A Shot-by-Shot Presentation*. New York: Grossman, 1972.

Mazower, Mark. *Hitler's Empire: How the Nazis Ruled Europe*. New York: Penguin, 2008.

McNeill, William. *Europe's Steppe Frontier, 1500–1800*. Chicago: University of Chicago Press, 1964.

Mechnikov, Ilya [Elie Metchnikoff]. *Essais optimistes*. Paris: A. Maloine, 1907.

———. *Etudes sur la nature humaine*. Paris: Masson, 1903.

———. *Pis'ma (1863–1916 gg)*. Moscow: Nauka, 1974.

———. *Pis'ma k O. N. Mechnikovoi (1900–1914)*. Moscow: Nauka, 1980.

Mendele Moykher-Sforim. *Selected Works of Mendele Moykher-Sforim*. Marvin Zuckerman, Gerald Stillman, and Marion Herbst, eds. N.p.: Pangloss Press, 1991.

Merry del Val, Diego. *El súbdito de la Zarina*. Barcelona: Roca Editorial, 2008.

Metchnikoff, Olga. *The Life of Élie Metchnikoff, 1845–1916*. London: Constable, 1921.

Minns, Ellis H. *Scythians and Greeks: A Survey of Ancient History and Archaeology on the North Coast of the Euxine from the Danube to the Caucasus*. Cambridge, UK: Cambridge University Press, 1913.

Montefiore, Simon Sebag. *Prince of Princes: The Life of Potemkin*. London: Weidenfeld and Nicolson, 2000.

Moore, John A. *A Journey from London to Odessa*. Paris: A. and W. Galignani, 1833.

Morton, Edward. *Travels in Russia, and a Residence at St. Petersburg and Odessa, in the Years 1827–1829*. London: Longman, Rees, Orme, Brown, and Green, 1830.

Morton, Jamie. *The Role of the Physical Environment in Ancient Greek Seafaring*. Leiden: Brill, 2001.

Moskvich, Grigorii. *Illiustrirovannyi prakticheskii putevoditel' po Odesse*. Odessa: Tipografiia L. Nitche, 1904.

Moss, Kenneth B. *Jewish Renaissance in the Russian Revolution*. Cambridge, MA: Harvard University Press, 2009.

Nadler, V. K. *Odessa v pervyia epokhi eia sushchestvovaniia*. Odessa: V. V. Kirkhner, 1893; reprint Odessa: Optimum, 2007.

Nakhimovsky, Alice. "Vladimir Jabotinsky, Russian Writer." *Modern Judaism* 7, no. 2 (1987): 151–73.

Nathans, Benjamin. *Beyond the Pale: The Jewish Encounter with Late Imperial Russia*. Berkeley: University of California Press, 2002.

Nawotka, Krzysztof. *The Western Pontic Cities: History and Political Organization*. Amsterdam: Adolf M. Hakkert, 1997.

Nekliudov, N. *Chernoe more: Spravochnik-putevoditel'*. Moscow: Narkomvod, 1936.

Nistor, Ion. *Istoria Bucovinei*. Bucharest: Humanitas, 1991.

Odessa 1794–1894. Odessa: A. Shul'tse, 1895.

Odessa: Kto est' kto, 1794–1994. Odessa: Okfa, 1999.

Odesskaia turisticheskaia baza. Odessa: Maiak, 1972.

Ofer, Dalia. "Life in the Ghettos of Transnistria." *Yad Vashem Studies* 25 (1996): 229–74.

Olenin, K. L. *Vek: Odesskii istoricheskii al'bom, 1794–1894*. Odessa: Tipografiia G. N. Karakta, 1894.

Oliphant, Laurence. *The Russian Shores of the Black Sea in the Autumn of 1852*. 3rd ed. London: Redfield, 1854; reprint New York: Arno Press, 1970.

Orbach, Alexander. *New Voices of Russian Jewry*. Leiden: E. J. Brill, 1980.

Orlov, A. *Istoricheskii ocherk Odessy s 1794 po 1803 god*. Odessa: A. Shul'tse, 1885.

Ostapchuk, Victor. "The Human Landscape of the Ottoman Black Sea in the Face of the Cossack Naval Raids." *Oriente Moderno* 20, no. 1 (2001): 23–95.

Ovid. *Poems of Exile*. Peter Green, trans. New York: Penguin, 1994.

Pachymeres, George. *Relations historiques*. Vitalien Laurent, trans. 2 vols. Paris: Belles Lettres, 1984.

Pallas, Peter Simon. *Travels through the Southern Provinces of the Russian Empire, in the Years 1793 and 1794*. 2 vols. London: T. N. Longman and O. Rees, et al., 1802–3.

Paustovsky, Konstantin. *The Story of a Life*. New York: Pantheon, 1964.

Paxson, Margaret. *Solovyovo: The Story of Memory in a Russian Village*. Bloomington and Washington, DC: Indiana University Press and Woodrow Wilson Center Press, 2005.

Pegolotti, Francesco Balducci. *La pratica della mercatura*. Allen Evans, ed. Cambridge, MA: Medieval Academy of America, 1936.

Phillips, Edward J. *The Founding of Russia's Navy: Peter the Great and the Azov Fleet, 1688–1714*. Westport, CT: Greenwood Press, 1995.

Pinkerton, Robert. *Russia*. London: Seeley and Sons, 1833.

Pirozhkova, A. N. *At His Side: The Last Years of Isaac Babel*. Anne Frydman and Robert L. Busch, trans. South Royalton, VT: Steerforth Press, 1996.

———. "Years at His Side (1932–1939) and Beyond." *Canadian Slavonic Papers* 36, nos. 1–2 (1994): 169–240.

Pliny the Elder. *Natural History*. H. Rackham, trans. Cambridge, MA: Harvard University Press, 1949.

Polishchuk, Mikhail. *Evrei Odessy i Novorossii*. Moscow: Mosty kul'tury, 2002.

Polo, Marco. *The Travels of Marco Polo*. Ronald Latham, trans. Harmondsworth, UK: Penguin, 1958.

Ponting, Clive. *The Crimean War: The Truth behind the Myth*. London: Chatto and Windus, 2004.

Proctor, Edna Dean. *A Russian Journey*. Boston: James R. Osgood, 1872.

Prousis, Theophilus C. "Demetrios S. Inglezes: Greek Merchant and City Leader of Odessa." *Slavic Review* 50, no. 3 (1991): 672–79.

Puryear, Vernon T. "Odessa: Its Rise and International Importance, 1815–50." *Pacific Historical Review* 3, no. 2 (1934): 192–215.

Pushkin, Alexander. *The Letters of Alexander Pushkin*. J. Thomas Shaw, trans. and ed. 2 vols. Madison: University of Wisconsin Press, 1967.

———. *Polnoe sobranie sochinenii*. 2nd ed. 19 vols. Moscow: Voskresen'e, 1994–97.

Putevoditel' po Odesse. Odessa: Tipografiia L. Nitche, 1867.

Putevoditel' po Pushkinu. St. Petersburg: Akademicheskii proekt, 1997.

Ramer, Samuel C., and Blair A. Ruble, eds. *Place, Identity, and Urban Culture: Odesa and New Orleans*. Kennan Institute Occasional Paper 301. Washington, DC: Woodrow Wilson International Center for Scholars, 2008.

Rashkovetskii, Mikhail, Inna Naidis, Leonid Dusman, and Liliia Belousova, eds. *Istoriia Kholokosta v Odesskom regione*. Odessa: Migdal' and Studiia Negotsiant, 2006.

Reikhel't, Nikolai N. [N. Lender]. *Po Chernomu moriu*. St. Petersburg: A. S. Suvorin, 1891.

Report of the International Commission on the Holocaust in Romania, 2004. Available at http://yad-vashem.org.il/about_yad/what_new/data_whats_new/report1 .html.

Reuilly, Jean, Baron de. *Travels in the Crimea, and along the Shores of the Black Sea, Performed during the Year 1803*. In *A Collection of Modern and Contemporary Voyages and Travels*. Vol. 5. London: Richard Phillips, 1807.

Rhinelander, Anthony L. H. *Prince Michael Vorontsov: Viceroy to the Tsar*. Montreal: McGill-Queen's University Press, 1990.

Richardson, Tanya. *Kaleidoscopic Odessa: History and Place in Contemporary Ukraine*. Toronto: University of Toronto Press, 2008.

Romm, James S. *The Edges of the Earth in Ancient Thought: Geography, Exploration, and Fiction*. Princeton: Princeton University Press, 1992.

Rothstein, Robert A. "How It Was Sung in Odessa: At the Intersection of Russian and Yiddish Folk Culture." *Slavic Review* 60, no. 4 (2001): 781–801.

Rowan-Hamilton, Norah. *Under the Red Star*. London: Herbert Jenkins, 1930.

Rubenstein, Joshua, and Ilya Altman, eds. *The Unknown Black Book: The Holocaust in the German-Occupied Soviet Territories*. Bloomington: Indiana University Press, 2008.

Ruble, Blair A. *Second Metropolis: Pragmatic Pluralism in Gilded Age Chicago, Silver Age Moscow, and Meiji Osaka*. Cambridge, UK: Cambridge University Press, 2001.

Rybak, Lev. *Mark Bernes*. Moscow: Isskustvo, 1976.

Sade, Marquis de. *Voyage d'Italie*. 2 vols. Paris: Fayard, 1995.

Sapozhnikov, I. V., and G. V. Sapozhnikova. *Zaporozhskie i chernomorskie kazaki v Khadzhibee i Odesse*. Odessa: OKFA, 1998.

Sargent, A. J. *Seaways of the Empire: Notes on the Geography of Transport*. London: A. and C. Black, 1918.

Savchenko, Viktor. *Anarkhisty-terroristy v Odesse (1903–1913)*. Odessa: Optimum, 2006.

Schechtman, Joseph B. *Fighter and Prophet: The Vladimir Jabotinsky Story*. New York: Thomas Yoseloff, 1961.

——. "The Jabotinsky-Slavinsky Agreement: A Chapter in Ukrainian-Jewish Relations." *Jewish Social Studies* 17, no. 4 (1955): 289–306.

——. *Rebel and Statesman: The Vladimir Jabotinsky Story*. New York: Thomas Yoseloff, 1956.

Scott, Charles Henry. *The Baltic, the Black Sea, and the Crimea*. London: Richard Bentley, 1854.

Sebastian, Mihail. *Journal, 1935–1944*. Patrick Camiller, trans. Chicago: Ivan R. Dee, 2000.

Ségur, Louis-Philippe, comte de. *Memoirs and Recollections of Count Ségur, Ambassador from France to the Courts of Russia and Prussia*. 3 vols. London: H. Colburn, 1825–1827.

Seton, Marie. *Sergei M. Eisenstein*. New York: A. W. Wyn, 1952.

Sheridan, Clare. *Across Europe with Satanella*. New York: Dodd, Mead, 1925.

Shilov, Konstantin V. *Mark Bernes v vospominaniiakh sovremennikov*. Moscow: Molodaia gvardiia, 2005.

Shkliaev, Igor'. *Odessa v smutnoe vremia*. Odessa: Studiia Negotsiant, 2004.

Shlaim, Avi. *The Iron Wall: Israel and the Arab World*. New York: W. W. Norton, 2001.

Sholem Aleichem. *The Letters of Menakhem-Mendl and Sheyne-Mendl and Motl, the Cantor's Son*. New Haven: Yale University Press, 2002.

Shternshis, Anna. *Soviet and Kosher: Jewish Popular Culture in the Soviet Union, 1923–1939*. Bloomington: Indiana University Press, 2006.

Shum'ko, L. V., and N. M. Anserova, eds. *Il'ia Il'ich Mechnikov, 1845–1916*. Moscow: Nauka, 2005.

Shuvalov, R. A. *"Predany vechnomu zabven'iu."* Odessa: OKFA, 1998.

Sicard, Charles [Karl Sikar']. *Pis'ma ob Odesse*. St. Petersburg: Tipografiia Karla Kraia, 1818.

Sicher, Efraim. "The Trials of Isaak: A Brief Life." *Canadian Slavonic Papers* 36, nos. 1–2 (1994): 7–42.

Sidorov, Vasilii. *Okol'noi dorogoi: Putevyia zametki i vpechatleniia*. St. Petersburg: Tipografiia A. Katanskago, 1891.

Siegelbaum, Lewis. "The Odessa Grain Trade: A Case Study in Urban Growth and Development in Tsarist Russia." *Journal of European Economic History* 9, no. 1 (1980): 113–51.

Siniaver, Moisei. *Arkhitektura staroi Odessy*. Leningrad: Izdatel'stvo Leningradskogo oblastnogo soiuza sovetskikh khudozhnikov, 1935.

Skal'kovskii, A. *Pervoe tridtsatiletie istorii goroda Odessy, 1793–1823*. Odessa: Gorodskaia tipografiia, 1837; reprint Odessa: OKFA, 1995.

Skinner, Frederick William. "City Planning in Russia: The Development of Odessa, 1789–1892." PhD dissertation. Princeton University, 1973.

Slade, Adolphus. *Records of Travels in Turkey, Greece, etc., and of a Cruise in the Black Sea, with the Capitan Pasha, in the Years 1829, 1830, and 1831*. 2 vols. Philadelphia: E. L. Carey and A. Hart, 1833.

Smith, Douglas, ed. and trans. *Love and Conquest: Personal Correspondence of Catherine the Great and Prince Grigory Potemkin*. DeKalb: Northern Illinois University Press, 2004.

Smol'ianinov, Konstantin. *Istoriia Odessy*. Odessa: Gorodskaia Tipografiia, 1853; reprint Odessa: Optimum, 2007.

Sokolyansky, Mark. "Reflecting Odessa's Jews: The Works of Saul Borovoi, 1903–1989." *Jahrbuch des Simon-Dubnow-Instituts* 2 (2003): 359–72.

Solonari, Vladimir. " 'Model Province': Explaining the Holocaust of Bessarabian and Bukovinian Jewry." *Nationalities Papers* 34, no. 4 (2006): 471–500.

——. *Purifying the Nation: Population Exchange and Ethnic Cleansing in Nazi-*

Allied Romania. Baltimore and Washington, DC: Johns Hopkins University Press and Woodrow Wilson Center Press, 2010.

Spencer, Edmund. *Travels in Circassia, Krim-Tartary, &c., Including a Steam Voyage down the Danube, from Vienna to Constantinople, and round the Black Sea*. 3rd ed. 2 vols. London: Henry Colburn, 1839.

———. *Turkey, Russia, the Black Sea, and Circassia*. London: George Routledge, 1854.

Stadelmann, Matthias. "Von jüdischen Ganoven zu sowjetischen Helden: Odessas Wandlungen in den Liedern Leonid Utesovs." *Jahrbuch des Simon-Dubnow-Instituts* 2 (2003): 333–58.

Stanislawski, Michael. *Zionism and the Fin de Siècle: Cosmopolitanism and Nationalism from Nordau to Jabotinsky*. Berkeley: University of California Press, 2001.

Stanton, Rebecca Jane. "Odessan Selves: Identity and Mythopoesis in Works of the 'Odessa School.' " PhD dissertation. Columbia University, 2004.

Starodinskii, David Z. *Odesskoe getto: Vospominaniia*. Odessa: Khaitekh, 1991.

Starr, S. Frederick. *Red and Hot: The Fate of Jazz in the Soviet Union, 1917–1980*. New York: Limelight Editions, 1985.

Stephens, J. L. *Incidents of Travel in Greece, Turkey, Russia, and Poland*. Edinburgh: William and Robert Chambers, 1851.

Stevens, Robert. *An Account of Odessa*. Newport, RI: William Simons, 1819.

Stites, Richard. *Soviet Popular Culture*. Cambridge, UK: Cambridge University Press, 1992.

———, ed. *Culture and Entertainment in Wartime Russia*. Bloomington: Indiana University Press, 1995.

Strabo. *The Geography of Strabo*. Horace Leonard Jones, trans. 8 vols. New York: G. P. Putnam's Sons, 1917–1932.

Stremenovskii, S. N. *Mestnoe samoupravlenie g. Odessy v seredine XIX stoletiia*. Odessa: Iurydychna literatura, 2002.

Sunderland, Willard. *Taming the Wild Field. Colonization and Empire on the Russian Steppe*. Ithaca: Cornell University Press, 2004.

Sylvester, Roshanna P. *Tales of Old Odessa: Crime and Civility in a City of Thieves*. DeKalb: Northern Illinois University Press, 2005.

Tanny, Jarrod Mitchell. "City of Rogues and Schnorrers: The Myth of Old Odessa in Russian and Jewish Culture." PhD dissertation. University of California, Berkeley, 2008.

———. "The Many Ends of Old Odessa: Memories of the Gilded Age in Russia's City of Sin." Berkeley Program in Soviet and Post-Soviet Studies Working Paper, University of California, Berkeley, 2007.

Tarnopol, Joachim. *Notices historiques et caractéristiques sur les Israelites d'Odessa*. Odessa: A. Braun, 1855.

Taylor, Richard, ed. *The Eisenstein Reader*. London: British Film Institute, 1998.

Thomas, Evan. *John Paul Jones*. New York: Simon and Schuster, 2003.

Tilley, Henry Arthur. *Eastern Europe and Western Asia*. London: Longman, Green, Longman, Roberts, and Green, 1864.

Tolmacheva, Marina A. "The Cossacks at Sea: Pirate Tactics in the Frontier Environment." *East European Quarterly* 24, no. 4 (1990): 483–512.

Tolstoy, Leo. *Hadji Murat*. Hugh Alpin, trans. London: Hesperus Classics, 2003.

Treaties and Other Documents Relating to the Black Sea, the Dardanelles, and the Bosphorus: 1535–1877. London: Harrison and Sons, 1878.

Troinitskii, N. A., ed. *Obshchii svod po imperii rezul'tatov razrabotki dannykh 1-i vseobshchei perepisi naseleniia*. 2 vols. St. Petersburg: N. L. Nyrkin, 1905.

Trotsky, Leon. *My Life*. Mineola, NY: Dover Publications, 2007.

Tsetskhladze, Gocha R., ed. *The Greek Colonisation of the Black Sea Area: Historical Interpretation of Archaeology*. Stuttgart: Franz Steiner, 1998.

———, ed. *North Pontic Archaeology: Recent Discoveries and Studies*. Leiden: Brill, 2001.

Twain, Mark. *The Complete Travel Books of Mark Twain*. 2 vols. Garden City, NY: Doubleday, 1966–67.

Tyrkova-Williams, Ariadna. *Zhizn' Pushkina*. 2 vols. Paris: n.p., 1929.

United States War Department, Military Intelligence Division. *Russia: Black Sea Entrances to Russia*. Washington, DC: Government Printing Office, 1919.

Utesov, Leonid. *Spasibo serdtse!* Moscow: Vagrius, 1999.

Veidlinger, Jeffrey. *Jewish Public Culture in the Late Russian Empire*. Bloomington: Indiana University Press, 2009.

Von Geldern, James, and Richard Stites, eds. *Mass Culture in Soviet Russia*. Bloomington: Indiana University Press, 1995.

Vorontsov, Mikhail. "Mémoires du prince M. Woronzow, 1819–1833." *Arkhiv kniazia Vorontsova* 37 (1891): 65–102.

Vsesoiuznaia perepis' naseleniia 1926 g.: Kratkie svodki. 10 vols. Moscow: TsSU SSSR, 1927.

Vsesoiuznaia perepis' naseleniia 1939 g.: Osnovnye itogi. 5 vols. Moscow: Gosplan SSSR, 1940.

Vsevolozhskii, N. S. *Dictionnaire géographique-historique de l'empire de Russie*. 2nd ed. 2 vols. Moscow: Imprimerie d'Auguste Semen, 1823.

———. *Puteshestvie cherez iuzhnuiu Rossiiu, Krym i Odessu*. 2 vols. Moscow: Tipografiia Avgusta Semena, 1839.

Washburn, Stanley. *The Cable Game: The Adventures of an American Press-Boat in Turkish Waters during the Russian Revolution*. Boston: Sherman, French, 1912.

Weinberg, Robert. *The Revolution of 1905 in Odessa: Blood on the Steps*. Bloomington: Indiana University Press, 1993.

Weiner, Amir. *Making Sense of War: The Second World War and the Fate of the Bolshevik Revolution*. Princeton: Princeton University Press, 2001.

Werth, Alexander. *Russia at War, 1941–1945*. New York: E. P. Dutton, 1964.

Wightman, Orrin Sage. *The Diary of an American Physician in the Russian Revolution 1917*. New York: Brooklyn Daily Eagle, 1928.

Wikoff, Henry. *The Reminiscences of an Idler*. New York: Fords, Howard, and Hulbert, 1880.

Yekelchyk, Serhy. *Stalin's Empire of Memory*. Toronto: University of Toronto Press, 2004.

Zapadnyi tsentral'nyi komitet samooborona Paole-Zion. *Odesskii pogrom i samooborona*. Paris: Ch. Noblet, 1906.

Zipperstein, Steven J. *Imagining Russian Jewry: Memory, History, Identity*. Seattle: University of Washington Press, 1999.

———. *The Jews of Odessa: A Cultural History, 1794–1881*. Stanford: Stanford University Press, 1986.

———. "Reflecting on the Writing of Odessa Jewry's History." *Jahrbuch des Simon-Dubnow-Instituts* 2 (2003): 373–84.

（此部分页码为原书页码，即本书页边码）

图书在版编目（CIP）数据

一座梦想之城的创造与死亡：敖德萨的历史 /（美）
查尔斯·金（Charles King）著；李雪顺译. -- 北京：
社会科学文献出版社, 2020.5

书名原文: Odessa: Genius and Death in a City
of Dreams

ISBN 978-7-5201-6292-0

Ⅰ. ①一… Ⅱ. ①查… ②李… Ⅲ. ①城市史－敖德
萨 Ⅳ. ①K951.13

中国版本图书馆CIP数据核字（2020）第035789号

一座梦想之城的创造与死亡：敖德萨的历史

著　　者 /　〔美〕查尔斯·金（Charles King）
译　　者 /　李雪顺

出 版 人 /　谢寿光
责任编辑 /　周方茹
文稿编辑 /　肖世伟

出　　版 /　社会科学文献出版社·联合出版中心（010）59367151
　　　　　　地址：北京市北三环中路甲29号院华龙大厦　邮编：100029
　　　　　　网址：www.ssap.com.cn
发　　行 /　市场营销中心（010）59367081　59367083
印　　装 /　北京盛通印刷股份有限公司

规　　格 /　开　本：787mm×1092mm 1/16
　　　　　　印　张：20.75　字　数：245千字
版　　次 /　2020年5月第1版　2020年5月第1次印刷
书　　号 /　ISBN 978-7-5201-6292-0
著作权合同
登 记 号 /　图字01-2019-1964号
定　　价 /　68.00元